마법의
투자
시나리오

일러두기

- 본문의 이해를 돕기 위한 '참고자료'를 책 후면에 별도로 첨부하였습니다.
- '참고자료'의 정확한 위치(쪽)는 본문에 표시하였습니다.

월급만으로 돈을 굴리는 눈덩이 시스템 투자법

마법의 투자 시나리오

김성일 지음

다산
북스

당신의 포트폴리오 비율은?

[%]

[%]

[%]

[%]

[%]

[%]

시장을 예측하려고 하지 마라!

네이트 실버는 저서 『신호와 소음』에서 '예측'과 '예상'이라는 단어의 차이점이 지질학 분야에서 민감하게 드러난다고 설명하면서 다음과 같이 말했다.

예측prediction이나 예상forecast이라는 단어는 여러 분야에서 다른 의미로 사용된다. 동일한 의미로 사용되는 경우도 있지만, 몇몇 분야에서는 철저하게 구분된다. 지질학만큼 이 두 단어의 차이점에 민감한 분야는 없어 보인다. 지질학자에게 예측과 예상은 다음과 같은 차이가 있다. 예측은 지진이 언제 그리고 어디에서 일어날 것인지 구체적이고 명시적으로 말하는 것이다. '대규모 지진이 6월 28일에 일본 교토를 강타할 것이다'가 예측이다. 예상은 확률적 진술이며 대개는 장기적 차원의 발상이다. '지진이 30년 안에 캘리포니아 남부 지역에서 일어날 확률은 60%다'가 예상이다. '지진을 예

측할 수는 없어도 예상할 수는 있다'는 것이 미국지질조사소의 공식 입장이다.[1]

금융 투자 분야에서도 예측과 예상은 지질학 못지않게 민감한 차이가 있다.

'연말까지 주가지수는 27% 추가 하락하며 전 고점 대비 반토막 수준을 보일 것이다.'
'○○전자 주가는 실적 발표 시즌에 맞춰 전일 종가 대비 38% 상승할 것이다.'

이런 식의 '예측'은 대상에 따른 시점과 수준을 구체적이고 명시적으로 언급함으로써 미래를 알고 싶은 욕망에 사로잡힌 사람들의 이목을 끌며 예측가들의 인기를 치솟게 만든다.

　이와 반대로 금융 시장에 대한 '예상'은 확률적이며 장기적인 관점에서 표현되기 때문에 사람들의 시선을 끌지 못한다. "주식 시장은 20년에 한두 번꼴로 50% 가깝게 하락하는 경향이 있으니 대비해야 한다"와 같은 예상에 주의를 기울이는 투자자는 극히 드물다. "주식과 국채는 장기적으로 낮은 상관관계를 보여 포트폴리오의 위험을 낮출 수 있다"와 같은 말보다는 "2022년 상반기에 드디어 주식과 국채의 낮은 상관성은 무너졌고, 이제 두 자산은 동시에 폭락한다"와 같은 제목의 게시물이 더 많은 조회수를 기록한다.

　투자에서 '좋은 수익'을 내기 위해 중요한 것은 예측이 아니라 예상이다. 좋은 수익이란 장기적으로 반복적이며 지속 가능한 수익이다. 성공적인 투자는 확률 게임이며, 높은 확률에 지속적으로 베팅하는 것이 최종적인 승리의 가능성을 높이는 방법이다. 따라서 확률적이며 장기적인 관점인 '예상'을 투자에 활용하는 것이 더 유리하다.

　문제는 인간의 본성이다. 시장의 숱한 예측은 단기적이며 인간의 본성에 부합하는 경우가 많아 쉽게 받아들여지지만, 예상은 먼일이거나 불편한 진실인 경우가 많다. 사람의 뇌는 자신의 생명과 안전을 지키기 위해 반드시 필요한 내용일지라도 그것이 받아들이기 불편한 진실이라면 고의로 눈을 감아버린다. 무게 1500g의 단백질 조직인 사람의 뇌는 게을러서 평소에 자신이 생각하던 내용과 비슷한 정보가 들어오면 선뜻 수용해 버린다. 편안하기 때문이다. 하지만 생명과 재산을 지키기 위해 꼭 필요한 사실이라도 그것이 불편한 진실이면 이를 외면해 버린다.

　이 책의 1부는 바로 그러한 불편한 진실들을 다룬다. 받아들이기 불편하겠지만 생존을 위해 꼭 알아두어야 할 내용이며, 아무리 강조해도 지나치지 않은 내용이라고 생각한다. 물론 1부만 보면 "도대체 어쩌라는 거지?"라는 질문이 나올 수 있다. 투자를 해야 한다고 말하면서 막상 하지 말아야 할 것과 조심해야 할 것만 잔뜩 언급했으니 말이다.

그 대안으로 2부에서는 '자산배분'이라는 투자 방법에 대해 구체적으로 살펴본다. 경영학과와 경제학과 학생들이 배우는 '투자론'처럼 설명한다면 열에 아홉은 이 책을 덮을 테니 '시나리오scenario'를 쓰듯 아주 쉽게 풀어서 썼다. 더불어 '자산배분 투자'를 실천할 때 반드시 알아야 할 요소들도 빠짐없이 다루고자 노력했다.

끝으로 3부에서는 지난 수년간 자산배분에 관해 책을 쓰고 강의를 하며 현장에서 들어온 질문에 대한 답을 풀어보았다. 많은 독자와 선배 투자자들의 경험이 녹아 있으니 이 책의 독자들에게도 분명 도움이 되리라 생각한다.

늘 어려운 점은 '쉽고 간결하게' 설명하는 것이다. 이번엔 과연 성공했을지 미지수지만, 필자의 고심과 노력이 독자에게 가닿기를 기원할 뿐이다. 많은 분이 필자의 졸저들을 아껴주신 덕분에 또 한 번 책을 쓸 힘을 낼 수 있었다. 독자들에게 진심으로 감사드린다. 이 책을 통해 투자에 대한 이해가 넓어지고, 더욱 안정적으로 투자할 수 있기를 기대한다. 출판을 허락해 주고 긴 시간을 기다려준 다산북스 출판사에도 감사드린다. 서귀포에 계신 부모님과 부산에 계신 장모님, 하늘나라에 계신 장인어른께도 감사의 말씀을 전한다. 이 책을 쓰는 동안 일에 집중할 수 있도록 응원해 준 '내조의 여왕' 안영희 님께 감사드린다. 사이좋은 남매로 자라고 있는 열여섯 살 지민, 열두 살 지호에게도 사랑한다는 말을 남긴다.

2022년 11월

지민지호 아빠 김성일

| 차 례 |

1부
당신의 투자 방식을 의심하라
우리가 철석같이 믿어왔던 투자의 미신 13

첫 번째 투자의 거짓말: 절대 떨어질 리 없다던 당신에게

두 번째 투자의 거짓말: '나 정도면 평균 이상'이라며 자신하던 당신에게

2부
시스템은 배신하지 않는다
시황 걱정 없이 부를 끌어당기는 마법의 투자 시나리오 6

3부
두 번의 실패는 없다
무너진 자산을 다시 일으켜 세울 엑시트 시나리오 10

단돈 100만 원만 있다면
지금이 투자 시나리오를 그릴 때다

실수하지 않는 투자, 실패하지 않는 투자

"미국 주식에 장기투자하면 되는 거 아닌가요? 올해 초부터 시작했는데 20% 넘게 손실을 봤어요. 어떻게 해야 할까요?"

"대장주는 안 빠지잖아요? 삼성전자가 '10만전자' 된다고 해서 7만 원대에 샀는데 5만 원대까지 내려갔어요. 더 빠져서 '3만전자' 되면 어떡하죠?"

"작가님 책 보고 자산배분 투자를 시작했는데요. 시작하자마자 손실이 났어요. 장기적으로 봐야 한다고 하셨는데 실제로 마이너스가 나니까 너무 걱정되고 신경 쓰여요. 이럴 때 작가님은 어떻게 대처하

시나요?"

제 블로그와 유튜브에는 이런 질문들이 자주 올라옵니다. 이 책은 구독자와 독자 여러분의 다양한 궁금증에 대해 같이 고민해 보고 제가 찾은 답변이나 힌트를 공유하고자 썼습니다.

투자를 공부하다 보면 다양한 책과 전문가를 접하게 됩니다. 그들이 이야기하는 투자 대상이나 투자 방식은 모두 제각각입니다. 서로 상반된 주장을 하는 경우도 부지기수입니다. 누구는 방망이를 짧게 잡으라며 '단타'로 접근하라고 하고, 누구는 '장투'가 더 유리하다고 합니다. 한쪽에서는 종목 분석을 강조하며 '보텀업'으로 접근하라고 하고, 다른 쪽에서는 '톱다운'이 유리하다고 합니다. 또 '집중투자'를 권하는가 하면 '분산투자'가 필수라고도 말합니다.

혹시 테니스나 탁구를 쳐보셨나요? 아마추어 탁구나 테니스 경기에서 승리하는 쪽은 화려하고 강한 공격을 하는 팀이 아니라 실수를 줄이고 상대의 공을 잘 받아넘기는 팀인 경우가 많습니다. 진정한 프로가 누구인지 우열을 가릴 수 없는 투자의 세계에서는 대부분의 플레이어가 아마추어입니다. 즉, 실수만 줄여도 투자 성과는 크게 개선되죠. 이 책의 독자들이나 저 역시 마찬가지입니다. 실수를 줄이는 것이 성공으로 가는 길임을 명심하기 바랍니다. 따라서 시장에 떠도는 투자 이야기 중 잘못되었거나 과학적 근거가 없는 미신들을 잘 살펴야 합니다(이 책의 1부에서 그 미신들에 대해 상세히 다뤘습니다. 혹 곧바로 마법의 투자 시나리오를 배우고 싶은 분이라면 2부부터 보셔도 상관없지만, 원래 사람은 자신이 모르는 것이 무엇인지 잘 모르는 법이죠. 그러니 자신의 투자 습관과 상식을 점검하고 싶다면 1부의 내용을 꼭 읽어보시기 바랍니다).

실제 투자로 수십억 원의 돈을 벌었다는 이들의 책과 강의는 매우 흥미롭게 다가오지만 요즘 시기에 안 맞거나 내가 따라 할 수 없는 경우도 많습니다. 특정 시점에 행운이 따른 경우도 있는데 이를 객관화하지 못할 때도 많고요. 연구자나 학자들의 책은 일반화되어 있고 잘 증명되어 있지만 지금 당장 내가 따라 할 수 있는 구체적인 종목이나 매매 방식을 언급해 주지 않아 아쉬움이 있습니다. 이 책은 실전 투자자의 책과 학자의 책, 그 둘 사이의 중간적인 형태를 취하고자 합니다. 일반화된 이론이나 객관적인 정보를 다루지만 지금 당장 독자들이 실제 투자에 활용할 수 있는 내용도 담았습니다.

"저는 투자로 100억 원을 벌었습니다. 제 책에 모든 노하우가 담겨 있습니다. 제 강의를 보고 따라만 하면 됩니다!"

이런 문구는 투자자들을 설레게 합니다. 아쉽게도 저는 그리 큰 돈을 벌지는 못했습니다. 그런 제가 투자책을 써온 이유는 자산배분 투자가 실수를 줄이고 장기적인 성공을 가져오는 방법이라고 생각했기 때문입니다. 저의 졸저 『마법의 돈 굴리기』, 『마법의 연금 굴리기』 등을 읽은 독자들이 흔히 하는 질문은 "작가님은 책에 나온 방법으로 투자를 하고 있나요? 실제로 수익을 내고 있는지 궁금해요"와 같은 것들입니다. 저 역시 투자 공부를 할 때 그런 궁금증이 있었기에 제 투자 성과를 매달 공개하고 있습니다.

ETF^{Exchange Traded Fund}를 이용해 자산배분 투자를
실제로 운용하고 있는 제 개인형퇴직연금(IRP) 계
좌의 누적수익률은 35.85%입니다. 이는 계좌를 개
설한 2019년 1월부터 2022년 8월 말까지 3년 7개월간의 성과로, 연
복리로 계산하면 연 8.72%의 수익률을 내고 있는 것입니다. 다른 하
나는 연금저축펀드 계좌인데, ETF에 비해 상품군이 다양하지 못하
다는 한계가 있지만 대출을 활용하기 위해 펀드로 운용하고 있습니
다. 연금저축펀드 계좌의 수익률은 누적 21.01%로 연 5.34%의 수익
률입니다. 계좌 인증 내용은 QR 코드의 제 유튜브에서 상세히 확인
할 수 있습니다.

제 투자 성과가 항상 안정적이기만 한 것은 아닙니다. 이 시기 동
안 크게 두 번의 위기가 있었습니다. 첫 번째는 2020년 3월 무렵 시
작된 코로나19 대유행 때입니다. 주식, 채권, 금 가릴 것 없이 거의 모
든 자산이 하락했죠.

그리고 두 번째 위기는 현재 진행 중입니다. 2022년 초부터 수십
년 만의 역대급 인플레이션이 전 세계를 강타하고 있습니다. 물가를
잠재우기 위한 금리 인상 등으로 금융 시장은 무척 어려운 시기를 지
나고 있습니다. 개인 투자자들 역시 고난의 시간을 견디고 있고요.
어떤 분들은 이 어려운 시장에서 저런 수익이 꾸준히 난다는 게 대단
하다고 합니다. 또 다른 분들은 연 5~8% 수익으로 언제 부자가 되느
냐며 못마땅해합니다.

수익률은 실력과 비례하지 않는다

저 역시 더 높은 수익을 올릴 수 있다고 기대한 적이 있습니다. 저는 2002년에 공대를 졸업해 은행에 취업했습니다. 은행원이 되긴 했지만 IT 관련 부서에서 근무했고, 금융에 대해선 문외한이었습니다. 처음엔 예금 금리보다 적금 금리가 더 높은 이유를 이해하지 못했습니다. 그러다 우연히 영업점 동기의 부탁으로 펀드에 가입했습니다. 당연히 펀드니 주식이니 하는 것들도 전혀 몰랐고요. 1년쯤 지났을 때 계좌를 조회하다 펀드 수익률을 보았는데 20% 이상의 수익이 나 있었습니다. 깜짝 놀랐죠. 그때부터 제 투자 여정이 시작됐습니다. 닥치는 대로 공부를 했습니다. 펀드투자상담사 자격증 시험에서는 5000명 중 7등을 해 시험 주관 기관으로부터 상품을 받았던 기억도 납니다. 내 돈이 들어 있으니 공부가 더 잘되었던 것 같습니다.

자신감이 붙은 저는 그때까지 모은 재산 전부를 투자했습니다. 2000년대 초중반 한국에는 '펀드 광풍'이 불었습니다. 수많은 펀드가 이때 출시됐죠. 저는 다양한 펀드를 이용해 분산투자를 했습니다.

"여보, 내 투자 성과가 꽤 좋으니 당신은 회사를 그만두는 게 어때?"

수익률이 높아지자 저는 임신 중이던 아내에게 이런 말도 했습니다. 아내가 회사를 그만두고 출산과 육아를 준비하던 당시가 2007년이었습니다. 맞습니다. 기억하시는 분들이 있을 겁니다. 2000년 초반

IT 버블이 꺼지며 시장에 풀린 유동성이 '브릭스BRICs'를 비롯한 신흥 시장으로 유입됐습니다. 브릭스는 브라질Brazil, 러시아Russia, 인도India, 중국China을 통칭하는 단어로, 세계적인 투자은행인 미국의 골드만삭스가 처음 사용했습니다. 골드만삭스는 브릭스 국가들이 2050년까지 세계 경제를 이끌어나갈 가장 강력한 잠재력을 갖고 있다고 말했죠. 2002년부터 2007~2008년 정점까지 브릭스 국가들의 주가지수는 MSCI(세계적인 주가지수로 투자의 기준이 되는 대표적인 지표 중 하나) 기준 5.4~6.8배나 상승했습니다. 약 6년간 매년 30~40%의 상승이 이어졌죠. 금융 시장에 엄청난 버블이 발생한 시기였습니다. 제 수익률은 제 실력으로 이룬 결과가 아니었던 겁니다. 시장이 뜨겁게 달아올라서 덩달아 같이 수익이 났던 것 뿐이죠.

그런데 얼마 지나지 않아 버블이 터졌습니다. 버블을 터뜨린 방아쇠는 미국 모기지 대출(부동산을 담보로 한 장기주택자금 대출)과 파생상품 시장이었습니다. 주가는 어느 나라 할 것 없이 반토막이 났습니다. 브릭스 국가들은 버블이 컸던 만큼 더 크게 폭락했습니다. 브라질과 중국은 고점 대비 65%가 하락했고, 인도는 69%, 러시아는 무려 78%나 급락했습니다. 제 계좌요? 저 역시 폭락을 피해가지 못했습니다. 그때 알았습니다. 제가 한 분산은 제대로 된 분산이 아니었다는 것을요. 주식 시장이 하락할 때 하락폭을 줄여주고 변동성을 낮춰주는 게 진짜 분산인데 저는 그러한 분산을 제대로 못 했던 거죠. 열심히 공부했다고 생각했지만 역시나 부족했고 시장은 저의 오만을 냉정하게 가르쳐주었습니다.

2008년 금융위기 때 저는 시장에 비싼 수업료를 지불했고, 많은 교훈을 얻었습니다. 이후 더욱 철저하게 공부했습니다. 현금성 자산의 필요성을 알게 되었고 국채가 위기 상황에 얼마나 도움이 되는지, 특히 달러 투자가 한국 투자자에게 매우 중요하다는 사실을 알게 되었습니다. 금융의 역사를 다시 공부했고, 투자자의 심리가 미치는 영향에 대해서도 더 많이 조사했습니다.

그러던 중 재직하고 있던 은행에서 MBA 과정에 보내주는 제도에 합격해 대학원에 진학하게 되었습니다. 투자를 더 진지하게 공부해보자는 마음으로 금융공학을 전공했습니다. 다양하게 공부를 하면 할수록 자산배분 포트폴리오 투자의 묘미에 이끌렸고 석사논문도 관련 내용으로 썼습니다. 마침 시장에는 다양한 ETF 상품이 출시되어 있어서 그것들을 이용해 저만의 자산배분 투자 전략을 만들어 직접 투자를 했습니다.

이렇게 제가 공부했던 내용을 엮어 만든 첫 책이 바로 『마법의 돈 굴리기』입니다. 평범한 사람들도 자산배분 투자에 관해 알게 되기를 바라는 마음이었습니다. 그리고 이 책을 읽으신 분들이 제게 연금저축펀드와 IRP 계좌에서도 ETF 투자가 가능하도록 제도가 바뀌었다는 이야기를 전해주셨습니다. 그 덕분에 연금에 대해 분석해 연금 투자를 시작했습니다. 그렇게 제가 공부한 내용을 엮은 두 번째 책이 2019년에 나온 『마법의 연금 굴리기』입니다.

시나리오 없는 투자는 모래성과 같다

하지만 직접 투자를 하며 공부를 해도 늘 부족함을 느꼈습니다. 2020년엔 박사과정에 입학해 관련 분야의 연구를 계속하고 있습니다. 지금은 20년간 다닌 국책은행을 그만두고 투자자문사에서 최고 투자책임자로 일하고 있습니다. 많은 분들이 어려워하는 투자에 좀 더 쉽게 접근할 수 있도록 도와드리고자 평소 존경하던 이코노미스트인 홍춘욱 박사님과 의기투합해 함께 일하고 있습니다.

이 책 『마법의 투자 시나리오』는 『마법의 돈 굴리기』와 『마법의 연금 굴리기』에 이어 제가 지난 수년간 투자와 강의, 연구 및 상담을 진행하고 분산 투자에 대한 새로운 정보와 자료를 입수해 축적한 풍부한 데이터를 바탕으로 펴낸 자산배분 투자 전략의 최신판입니다. 각 자산의 특성과 자산 간 상관관계는 물론이고, 무수한 백테스팅 자료를 바탕으로 한국의 개인 투자자들이 따라 할 수 있는 포트폴리오와 그에 기반한 투자 시나리오를 설계해 보았습니다. 영화의 대본을 말하는 시나리오는 영화의 이야기가 어떻게 흘러가는지를 보여줍니다. 연기자, 제작자, 감독 등 서로 다른 관점으로 세상을 바라보는 사람들이 시나리오를 읽으며 어떤 영화가 탄생할지 상상하죠. 시나리오에는 영화의 주제와 이야기는 물론 등장인물의 성격 묘사 등 영화를 이루는 모든 요소가 포함되어 있습니다. 그래서 시나리오를 잘 쓰는 것이 매우 중요합니다.

문제는 속도가 아니라 방향입니다. 올바른 방법만 터득한다면 평생 저절로 알을 낳는 나만의 포트폴리오를 구축할 수 있습니다. 단, 제대로 공부를 한다는 전제하에 말이죠. 잘 정립된 투자 철학과 그에 기반한 투자 전략, 그 전략을 실천할 수 있도록 구축된 포트폴리오는 우리의 투자 성과를 꾸준히 개선시킬 것입니다. 이것이 바로 시스템에 의한 투자입니다. 시스템에 의해 굴러가는 투자는 남들보다 뒤처질지 모른다는 초조함과 스트레스로부터 우리를 해방시켜 주고 궁극적으로 우리 가정을 경제적 자유로 이끌 것입니다.

신발이나 옷을 사는 데도 수없이 가격 비교를 하고 다양한 시나리오를 그리는데, 정작 투자를 할 때는 왜 아무도 시나리오를 쓰지 않는 걸까요? 왜 아무런 계획과 분산 없이 투자를 시작하는 걸까요? 지금도 늦지 않았습니다. 수중에 단돈 100만 원만 있다면 바로 지금이 당신만의 투자 시나리오를 그릴 때입니다. 저와 함께 시작하시죠.

역사는 그대로 반복되지 않는다.

다만 그 흐름은 반복된다.

- 마크 트웨인

과거를 기억하지 못하는 사람은

그것을 반복할 수밖에 없다.

- 벤저민 그레이엄

1부

당신의 투자 방식을
의심하라

우리가 철석같이 믿어왔던 투자의 미신 13

"아무리 그래도
예적금이 가장 안전하겠죠?"

'설마 은행이 망하겠어?'

본격적으로 '마법의 투자 시나리오'를 그리기에 앞서 우리를 둘러싼 투자의 미신들을 하나씩 격파해 나가고자 한다. 우선 가장 거대한 착각, 은행과 예금에 대한 미신들부터 살펴보자.

　예금이 안전하다고 말하는 이유는 소유자가 아닌 이상 그 누구도 건드릴 수 없고, 언제 어디서든 돈을 찾을 수 있기 때문이다. 게다가 한국에는 '예금자보호법'이라는 것이 있어서, 은행이 파산하거나 지불 능력을 상실해도 예금보험공사가 예금주에게 원금과 이자를 보장해 준다. 이렇게 법이 내 소중한 돈을 지켜주고 있다고 생각하니 '역시 예금이 가장 안전하군, 은행이 짱이야!'라고 생각할지도 모른다. 하지만 은행이라고 해서 무조건 안전한 것만은 아니다. 왜 그런지 하나씩 살펴보자.

우선 예금보험공사는 예금한 돈을 전부 다 보장해 주지는 않는다. 공사가 보증하는 금액은 딱 5000만 원까지다. '5000만 원? 그렇게 큰돈을 구경이라도 해보면 좋겠네!'라고 생각하는 독자도 많겠지만 가까운 미래에 당신의 통장에도 그 돈이 찍힐 것이다. 남 이야기가 아니라 머지않은 미래의 내 이야기라는 말이다.

'설마 은행이 망하겠어?'라고 생각하는 사람도 많을 것이다. 겪어보지 않았으니 그렇게 생각할 수 있다. 하지만 은행도 망한다. 이미 전 세계적으로 다양한 사례가 있었고, 한국에서도 이미 발생했던 일이다. 대표적인 사례는 2011년 상호저축은행 영업정지 사건이다. 이 사건은 금융위원회가 2011년 2월 17일부터 같은 달 22일까지 모두 7개의 저축은행에 영업정지 처분을 내리면서 시작되었다. 이후 정부는 7월 4일 '하반기 저축은행 경영건전화 방안'을 발표하고, 이에 따라 9월 18일 국제결제은행(BIS) 자기자본비율 1% 미만인 제일저축은행과 토마토저축은행을 비롯한 7개 저축은행을 '부실금융기관'으로 지정하여 6개월간의 영업정지 조치를 내렸다.

저축은행 부실은 '부동산 프로젝트파이낸싱(PF) 대출'에서 비롯되었다. 2000년대 들어 저축은행들은 건설사 대출 사업인 PF 대출에 적극적으로 나서기 시작했다. PF 대출은 부동산 바람을 타고

2005~2007년 동안 집중적으로 이뤄졌으나, 2008년 말 본격화된 글로벌 금융 위기와 부동산 경기 위축 등으로 부실화되기 시작했으며 여기서 시작된 파장은 결국 저축은행 전체의 재무 부실로 이어졌다. 특히 부산저축은행의 경우 예금자들의 예금액 절반인 4조 5942억 원을 불법적으로 각종 PF에 대출해 줬다. 현행법상 저축은행이 부동산에 직접 투자하는 것은 불법인데도 일부 저축은행들은 아랑곳하지 않고 대규모 건설 공사 사업 등에 뛰어들어 막대한 손실을 입었다. 심지어 거래대금의 일부를 비자금으로 조성하는 등 다양한 불법 행위를 자행했다.

이후 수십 개의 저축은행이 연쇄적으로 영업정지를 당했다. 예금 금액 중 5000만 원이 넘는 금액은 돌려받지 못한다는 사실 때문에 저축은행에 예금한 사람들의 불안감이 커졌다. 예금을 인출하려는 사람들로 은행 영업점이 인산인해를 이뤘고, 굉장히 큰 사회적 문제가 됐다. 이 사건으로 예금보험공사는 27조 원의 자금을 투입했고, 31개의 부실저축은행을 정리했다. 겉으로 드러난 규모만 이 정도지 실제 예금자들의 피해 규모가 어느 정도였을지 상상도 되지 않는다.

다행히 '보장 한도 5000만 원'은 은행마다 적용되는 기준이다. 여러 은행에 돈을 나눠 예금하면 더 큰 금액도 보장받을 수 있다. 예를 들어 2억 원이 있을 때 5000만 원씩 4개의 은행에 나누어 예금을 하는 것이다. 물론 이자까지 보장받아야 하니 은행별 예금 금액이 5000만 원보다 적어야 한다. 저축은행 사태를 겪었던 세대들의 경우

돈을 여러 은행에 나누어 보관하기도 한다. 그렇다면 이렇게 예금을 은행별로 분산해 보관하면 100% 안전한 걸까?

사전을 찾아보면 안전은 '위험이 생기거나 사고가 날 염려가 없음'을 뜻하고, 위험은 '해로움이나 손실이 생길 우려가 있음'을 뜻한다. 예금이 우리에게 손실을 안겨주지 않아야 진정으로 '안전'하다고 말할 수 있을 것이다. 예금자보호법의 보호를 받고자 여러 은행에 5000만 원 이하씩 돈을 나눠 보관했다고 치자. 그럼에도 불구하고 예금은 우리에게 손실을 안겨줄 수 있다. 이게 무슨 말일까?

실질금리가 마이너스라고요!

애써 모은 돈이 우리도 모르는 사이에 슬금슬금 사라지고 있다. 소리 없이 내 돈을 갉아먹는 존재는 바로 '인플레이션'이다. 인플레이션을 우리말로 풀어 쓰면 '물가상승'이다. 예를 들어 휘발유가 1리터에 1000원일 때는 1만 원이면 10리터를 살 수 있었다. 그런데 물가가 상승해, 즉 휘발유의 가격이 상승해 리터당 2000원이 되면 1만 원으로 살 수 있는 양이 5리터로 줄어든다(실제 휘발유 가격은 2020년 5월 17일 1247원에서 2022년 7월 3일 2145원으로 72%나 상승했다). 이처럼 '물가가 상승한다'는 것은 곧 '돈의 가치가 하락한다'는 의미다. 이는 같은 물건을 사기 위해 더 많은 돈을 지불해야 한다는 말이기도 하다.

물가상승(인플레이션)=돈 가치 하락

금리란 빌려준 돈에 붙는 이자를 말한다. 대출을 통해 은행은 우리에게 돈을 빌려주고, 우리는 은행에 이자를 낸다. 이와 반대로 예금은 우리가 은행에 돈을 빌려주는 것과 같다. 그래서 예금을 하면 은행이 우리에게 이자를 준다.

- 예금액: 1000만 원
- 1년 후 잔고: 1050만 원
- 이자: 50만 원 (1050만 원-1000만 원)
- 금리: 5% (50만 원÷1000만 원)

A 씨는 보너스로 받은 1000만 원으로 소형차를 살까 고민하다가 1년 후로 구입 시기를 미루기로 결정하고 그 돈을 예금에 넣었다. 금리 5%인 예금에 1000만 원을 넣으면 1년 후 만기에 1050만 원을 찾을 수 있으니 A 씨는 재산이 5% 늘었다고 생각했다. 하지만 이것은 착각이다. 1000만 원이 1050만 원으로 불어난 기간 동안 물가가 얼마나 올랐는지에 따라 이야기가 달라지기 때문이다.

만약 물가가 2% 상승했다면 1000만 원이던 소형차 가격이 1020만 원이 되었을 것이다. 다르게 표현하면 돈의 가치가 2%만큼 하락했다는 뜻이다. 따라서 실제 재산이 얼마나 증가했는지 알아보려면, 그리고 실질적인 금리를 따지려면 다르게 계산해야 한다.

- 예금액: 1000만 원

- 예금 당시 소형차 가격: 1000만 원

- 1년 후 잔고: 1050만 원

- 1년 후 소형차 가격: 1020만 원

- 이자: 50만 원 (1050만 원-1000만 원)

- 명목금리: 5% (50만 원÷1000만 원)

- 물가상승률: 2% (1020만 원-1000만 원)

- 실질금리: 3% (5%-2%)

명목금리와 실질금리라는 말을 들어보았는가? 예금에 가입할 때 통장에 찍혀 있는 금리는 '이름뿐인 금리' 즉 명목[nominal]금리다. 이 명목금리에서 물가상승률을 빼면 '진짜 금리' 즉, 실질[real]금리가 된다. 이러한 계산법을 '피셔 방정식'이라고 부른다. 피셔 방정식은 경제학자 어빙 피셔가 1930년에 저술한 책 『이자론』에서 언급하며 널리 알려졌다(우리는 경제학 전공자가 아니므로 그냥 이런 것이 있다는 사실 정도만 알고 넘어가자).

그렇다면 실질금리만큼 우리의 재산이 불어난 걸까? 아직 아니다. 실제 수익률을 계산하려면 아직 하나 더 남았다. 이자 소득에 붙는 세금인 '이자소득세'를 차감해야 한다.

5%짜리 예금이 만기됐을 때 A 씨 통장에 찍히는 잔고는 1050만 원이 아니다. 이자 50만 원의 15.4%인 7만 7000원이 이자소득세로 원천징수된 뒤 잔금인 1042만 3000원이 통장에 찍힌다. 즉, 이자소득세를 감안한 세후수익률은 5%가 아니라 4.23%인 것이다. 이자소득세의 세율은 1996년 1월부터 1997년 12월까지 16.5%, 1998년 1월부터 1998년 9월까지 22%, 1998년 10월부터 1999년 12월까지 24.2%로 꾸준히 올랐고, 다시 2000년 1월부터 12월까지 22%, 2001년 1월부터 2004년 12월까지 16.5%로 내려갔다. 그리고 2005년 1월부터 현재(2022년 11월 기준)까지는 15.4%로 유지되고 있다.

그럼 이제 우리나라 정기예금의 진짜 수익률을 계산해 보자. 우선 예금 이자에서 이자소득세를 차감한 '세후예금이자'를 구한다. 그런 다음 다시 물가상승률을 빼주면 예금의 실질수익률(혹은 실질금리)이 나온다.

[그래프 1]에서 볼 수 있듯이 1990년대 후반의 실질금리는 4~6% 수준으로 꽤 높았다. 물가상승률을 고려하더라도 예금에만 돈을 넣어도 내 재산이 불어나던 시절이었다. 1998년에는 IMF 외환위기로 인해 인플레이션과 이자율이 급격히 떨어졌다. 여기에 이자소득세도 올라가면서 실질금리가 떨어졌지만 그래도 2%는 넘었다.

하지만 2020년 11월부터 2022년 5월까지 실질금리가 계속 마이너스를 보이고 있다. 물론 과거에도 실질금리가 마이너스를 기록했던 적은 여러 번 있었다. 2004년 카드 사태, 2008년 미국발 글로벌 금융

[그래프 1] 실질금리 추이

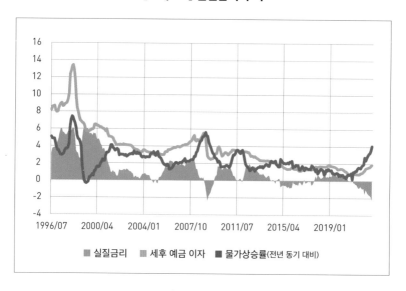

기간: 1996년 7월 ~ 2021년 12월
출처: 한국은행, 프리즘투자자문

위기, 2011년 남유럽 사태 때 국내 실질금리는 마이너스로 곤두박질 쳤다. 특히 2008년에는 대한민국 최저의 실질금리를 기록하기도 했다. 2014년부터 2018년까지 무려 5년간 실질금리는 마이너스였다. 2019년 무렵에는 실질금리가 조금 오르나 싶더니 2020년 코로나19 팬데믹 이후부터 최근까지 다시 마이너스를 이어오고 있다.

이런 시기를 '실질금리 마이너스 시대'라고 표현하기도 한다. 실질금리 마이너스란 (명목)금리가 물가상승률을 따라가지 못한다는 말이다. 다시 말해 예금만으로는 내 돈의 가치를 지킬 수가 없다는 뜻이다.

소중한 내 돈을 지키려면 어떻게 해야 할까? 투자를 통해 물가상 승률을 넘어서는 추가적인 수익률을 올려야 한다. 자, 다시 물어보겠 다. 예금은 정말 '안전'한가?

펀드나 ETF가 예금보다 안전하다?

물가상승률 이상의 수익률을 통해 내 돈을 지키려면 투자를 해야 한 다는 건 잘 알겠다. 그럼 어떤 투자를 해야 할까? 우선 접근성이 가장 좋은 투자 방법으로 펀드나 ETF 상품 같은 '간접 투자'가 있다. 그런 데 예금자보호법에 의해 보호되는 은행 예금처럼 펀드나 ETF도 보 호 장치가 있을까?

펀드나 ETF 같은 투자 상품은 예금이 아니기 때문에 예금자보호 법에 의해 보호되지 않는다. 그 대신에 '신탁업법 등 투자 상품 관련 법률'에 의해 운용 실적에 따른 '해당 금액'을 보호받을 수 있다.

증권사에서 ETF를 매수해 투자한 경우를 예로 들어보자. 고등학 교 동창인 고 씨와 양 씨와 부 씨는 투자 자금을 서로 다른 방법으로 관리하고 있다. 고 씨는 1억 원을 A 증권사 계좌에 입금해 B 자산운 용사가 운용하는 미국 주식 ETF를 매수했다. 이때 고 씨의 1억 원은 어디에 있을까?

① A 증권사

② B 자산운용사

둘 다 아니다. 실제로 투자 자금이 보관되는 곳은 은행이다. 이때의 은행을 '신탁업자'라고 부르는데, 신탁업자인 은행은 투자자들의 자금(집합투자재산)을 보관 및 관리하고, B 자산운용사의 지시에 따라 자산의 취득 및 처분 등을 이행한다.

① 투자자 고 씨가 1억 원을 A 증권사에 입금

② A 증권사에서 B 자산운용사의 상품 매수 → 1억 원은 C 은행에 보관

③ B 자산운용사가 운용 지시 → C 은행은 지시대로 이행

④ 투자자 고 씨가 매도 요청 → C 은행에 있던 잔고가 A 증권사로 이동

투자가 진행되는 과정을 간단히 요약하면 위 1~4번과 같다. 이 과정에서 B 자산운용사는 고 씨의 돈을 보관하지 않는다. 즉, 증권사나 자산운용사가 망해도 고 씨의 투자금은 C 은행에 보관되어 있어 안전하다. 만약 C 은행이 파산하면 어떻게 될까? 예금자보호법을 적용받을 수 없으니 못 돌려받을 것 같지만, 오히려 예금보다 안전하다. 신탁업자인 C 은행은 위탁받은 1억 원을 별도의 계정에서 은행 예금

[표 1] 예금자보호법과 신탁업법의 보장 및 위험 차이

구분	보장	위험
예금	(예금자보호법에 의해) 금융회사 파산 시 5000만 원까지 보호	원리금 포함해 5000만 원 초과분은 보호 안 됨, 실질금리 마이너스 위험
펀드/ETF	(신탁업법에 의해) 금융회사 파산 시 투자 결과 전액 보호	투자 결과에 따라 원금 손실 위험

등과 분리하여 관리한다. 따라서 은행이 파산하더라도 고 씨는 1억 원(및 투자 성과 포함)을 문제없이 돌려받을 수 있다.

앞의 내용들을 다시 정리해 보면 C 은행이 파산할 경우 1억 원을 맡긴(신탁한) 고 씨는 전액 돌려받는다. C 은행에 3000만 원을 예금한 양 씨 역시 전액 돌려받는다. 그러나 1억 원을 예금한 부 씨는 5000만 원을 돌려받지 못한다. 양 씨와 부 씨는 예금자보호법을 적용받아 각각 다른 금액을 받게 되는 것이고, 고 씨는 신탁업법에 의해 전액 돌려받는 것이다. 예금자보호법보다 신탁업법이 더 좋다거나, 투자가 무조건 유리하다는 이야기를 하려는 게 아니다. 예금자보호법이 무조건 안전한 것만은 아니니 특징과 위험을 잘 이해하자는 말이다.

저축성 보험의 '공시이율'이 은행 '금리'보다 높은 이유

어떤 이들은 저축성 보험이야말로 가장 안전하고 수익성이 높은 재테크라고 말하기도 한다. 그런데 이런 상품을 권유받을 때 자주 강조되는 부분이 공시이율(보험사가 가입자에게 지급을 약속한 이자)이다. 은행 금리보다 1% 이상 높게 제시된 공시이율에 혹해서 상품에 가입하고서는, 처음에 납입한 금액보다도 적은 금액이 들어 있는 잔고를 보고 당황하는 경우가 종종 있다. 저축성 보험은 은행 예적금 상품과 달리 '사업비(보험 모집 등에 활용되는 비용과 각종 수수료, 사망 보장을 위한 위험 보험료 등)' 등을 미리 떼고 나머지 금액을 저축하는 형태이기 때문에 공시이율만큼의 이자를 받더라도 처음에 낸 금액보다 잔고가 줄어들 수 있는 것이다.

금융감독원에 따르면, 저축성 보험의 실제 적립금은 월 납입보험료의 85~95% 수준이라고 한다. 예금 금리가 1.5%인 상황에서 공시이율이 2.5%라는 말을 듣고 저축성 보험에 가입했다고 가정하자. 1000만 원을 저축성 보험에 보험료로 납입했으면 그중에 10% 정도인 100만 원이 사업비로 미리 빠진다. 실제 적립금은 900만 원이 되고, 1년 후 잔고는 900만 원에 공시이율(2.5%)만큼의 이자(22만 5000원)가 붙은 922만 5000원이 된다. 1000만 원을 은행 예금에 가입했을 때의 잔고(1015만 원)에 비하면 92만 5000원이나 낮은 금액이고, 최초 원금에 비하면 오히려 손실이 난 것과 같다.

따라서 보험사의 '공시이율'이나 은행의 '(명목)금리'만 볼 것이 아니라, 늘 납입 원금 대비 잔고의 관점에서 실질수익률(실질금리)을 생각해 봐야 한다. 저축성 보험의 각종 비용, 수수료 등은 보험 가입 시 제공하는 상품설명서 내 '공제금액 공시'에 자세히 기재되어 있다. 가입자는 이를 반드시 확인해야 하지만 자세히 읽어보지 않는 경우가 대부분이다. 이러한 비용, 수수료 등으로 인해 저축성 보험은 은행의 예적금과 달리 가입 초기(10년 이내)에 상대적으로 낮은 환급률을 기록할 수밖에 없다. 환급률(환급금÷납입 보험료 전액)이란 납입 보험료 대비 만기 또는 해지 시점에 돌려받는 금액의 비율을 뜻한다.

생명보험협회 공시실에서 조회한 자료에 따르면 10년 거치 조건의 저축성 보험의 사업비율은 5~10% 수준이다. 조회 당시인 2022년 3월 12일 기준 공시이율은 2.15~2.50%로 시중은행 정기예금(1.15~1.45%)보다 1% 정도 높은 수준이다. '적립률'이란 납입한 보험료를 기준으로 계산한 실질수익률이며, 보험 가입 기간(10년)을 채웠을 때의 누적수익률이다. 이를 연수익률로 환산하면 1.11~2.19%가 나온다. 물론 가입 기간이 짧을 경우 오히려 손해가 발생하기도 한다.[2]

저축성 보험에 가입할 때는 공시이율의 높은 이자만 생각하지 말고, 장기간 유지할 수 있는지도 검토해 봐야 한다. '공제금액 공시'를 통해 본인이 부담하는 비용, 수수료 등을 보험 가입 전에 정확히 확인해야 한다. 저축성 보험은 어디까지나 보험 상품이기 때문에 가입

[표 2] 저축성 보험 공시이율 및 적립률 비교(2022년 11월 기준)

회사명	상품명	사업비율	공시이율	적립률	연수익률
KDB생명	(무)KDB플러스저축보험	10.70%	2.15%	111.63%	1.11%
신한라이프	모아모아VIP저축보험 (무배당)	9.10%	2.38%	119.08%	1.76%
한화생명	한화생명 스마트V 저축보험(무)	8.50%	2.35%	116.29%	1.52%
동양생명	(무)수호천사라이프플랜 재테크보험	8.20%	2.40%	121.24%	1.94%
흥국생명	(무)흥국생명 프리미엄 드림저축보험	7.50%	2.30%	117.34%	1.61%
삼성생명	삼성 스마트저축보험 2.3(무배당)	7.20%	2.25%	116.47%	1.54%
교보생명	(무)교보First저축보험Ⅲ	6.70%	2.50%	120.09%	1.85%
NH농협생명	행복모아NH저축보험 (무배당)_2104	6.40%	2.34%	118.50%	1.71%
ABL생명	(무)보너스주는 e저축보험	5.70%	2.50%	124.24%	2.19%

초기에 해지할 경우 '해지공제'로 인해 해지 환급금이 매우 적거나 없을 수도 있다. 해지공제란, 보험 계약 해지 시 보험사가 보험 계약자에게 지급할 환급금에서 보험 모집인에게 이미 지급한 계약 체결

비용(모집 수당 등)을 공제하는 제도다. 일부 보험사는 온라인 전용 상품으로 해지공제가 없고 일반 저축성 보험보다 비용이 낮은 상품을 판매하고 있으니 사전에 찾아보길 바란다.

저축성 보험의 비용을 줄일 수 있는 방법 중 하나는 보험 계약 체결 시 매월 계속 납입하기로 한 보험료인 기본 보험료의 두 배 이내에서 보험료를 추가로 납입하는 '보험료 추가 납입' 기능을 활용하는 것이다. 추가 납입 보험료(기본 보험료 외 보험 기간 중에 추가로 납입하는 보험료)에는 보험 모집 과정에서 발생하는 비용인 '계약 체결 비용'이 부과되지 않으므로, '기본 보험료'만 납입하는 것보다 '기본 보험료 +추가 납입 보험료'로 납입할 경우 '계약 체결 비용'을 절감할 수 있다. 참고로 '계약 체결 비용'은 보험 계약자가 납입하는 비용 중 가장 높은 비중을 차지하며, 일반적으로 보험료 비례 형태로 부과된다.

참고로 저축성 보험에 가입할 때는 여러 상품을 비교해 보는 게 좋다. '보험다모아(e-insmarket.or.kr)' 또는 '생명보험협회 공시실(pub. insure.or.kr)' 사이트 등을 활용할 수 있다. 그러나 무엇보다 중요한 건 내가 필요해서 관심을 갖게 되었는지, 아니면 상담사가 전화로 추천을 해서 관심을 갖게 되었는지 헷갈리지 말아야 한다는 사실이다.

자, 이렇게 투자에 대해 우리가 타파해야 할 가장 기본적인 미신들을 알아봤다면, 이제는 좀 더 본격적으로 우리가 투자에 대해 잘못 알고 있었던 '그릇된 상식들'을 하나씩 파헤쳐 보자.

첫 번째 투자의 거짓말

절대 떨어질 리 없다던 당신에게

'대장주'에 장기투자 하라고?

대체 우량주의 기준이 뭘까?

주식 투자자가 가장 많이 듣는 말이 "우량주에 장기투자하라"이다. 이것은 내로라하는 투자 전문가들이 가장 많이 하는 말이기도 하다. 그런데 대체 '우량주'란 어떤 주식일까? 그리고 얼마나 오래 투자하라는 걸까?

우량주: 수익과 배당이 높은 일류 회사의 주식

우량주의 사전적 정의다. '주가 상승'과 '높은 배당'은 우리가 어떤 회사의 주식에 투자했을 때 보상으로 얻길 바라는 결과다. 즉, '우량주에 투자하라'는 말은 그런 보상을 안겨줄 투자 대상으로 '일류 회사'의 주식을 사라는 뜻이다. 그런데 일류 회사는 어떤 회사를 말하는 걸까? 소개팅 주선자가 이야기하는 '괜찮은 사람'이라는 말만큼이나 애매모호한 표현이다.

일부 투자 전문가들은 일류 회사를 시가총액이 높은 회사로 정의하곤 한다. 한국 시장에서는 삼성전자가 대표적이다. 미국 주식에 투자하는 '서학개미'들에겐 페이스북Facebook, 아마존Amazon, 애플Apple, 넷플릭스Netflix, 구글Google 등이 일류 회사일 것이다. 이 회사들의 머리글자를 따서 만든 단어가 'FAANG(팡)'이다. 한동안 '팡' 주식이 인기를 끌었다. 페이스북이 사명을 메타Meta로 바꾸면서 'FAANG'이 아닌 'MAANG(망)'이라는 단어가 유행하기도 했다. 누군가는 여기에 마이크로소프트와 테슬라까지 더해야 한다고도 말한다. 모두 이름만 들어도 알 만한 회사들이고 한국인뿐 아니라 전 세계 사람들에게 잘 알려져 있는 회사들이다. 각 분야에서 최고의 위치를 점하고 있으니 일류 회사라고 칭하기에 이견은 없을 것 같다. 그렇다면 이런 회사들에 투자하면 높은 수익이 날까? 수익이 발생하는 것은 미래의 일이므로 현재 이런 회사에 투자하는 게 좋은지 나쁜지는 알 수 없다. 다만 과거에 이들처럼 '일류였던 회사들'에 투자했다면 어땠을지는 확인해 볼 수 있다.

먼저 글로벌 기업부터 살펴보자. 2007년 글로벌 시총 상위 10위 기

[표 3] 글로벌 시총 상위 회사 투자 결과

구분	엑슨 모빌	GE	MS	AT&T	씨티 그룹	BOA	S&P 500
누적 수익률	-29%	-65%	932%	-36%	-79%	1%	360%
연환산 수익률	-2%	-7%	18%	-3%	-10%	0%	12%

기간: 2008년 1월 ~ 2021년 12월(수정종가 기준)

업은 엑슨모빌, GE, 마이크로소프트, 셸(영국), AT&T 씨티그룹, 가
스프롬(러시아), BP(영국), 도요타자동차(일본), 뱅크오브아메리카 순
이었다. 당신이 2008년에 미국 주식에 투자할 수 있는 계좌를 갖고
있었다고 치자. 2007년 글로벌 시총 10위 기업 발표를 보고 그중 미
국 기업들에 투자했다면 결과가 어땠을까? 그 결과는 [표 3]과 같다.
당시 시총 1위였던 엑슨모빌은 -29% 손실이 났고, 다른 기업들의 손
실 규모는 더 컸다. 뱅크오브아메리카 역시 물가상승률을 감안하면
실질 수익률은 마이너스다. 이와 반대로 13년간 미국 주가지수(S&P
500)는 360%의 수익이 났다. 이들 시총 상위 10개 기업 중 미국 주가
지수보다 높은 성과를 낸 기업은 마이크로소프트가 유일하다.

만약 당신이 신의 손을 가지고 있어서 마이크로소프트만 딱 집어
낸 것이 아니라면, 13년간의 이 '묻지 마' 우량주 장기투자는 처참한

손실로 이어졌을 것이다.

2022년 1월 1일 기준 글로벌 시총 상위 10개 기업은 이들이다.

애플, 마이크로소프트, 알파벳(구글), 사우디아람코, 아마존, 테슬라, 메타(페이스북), NVIDIA, 버크셔해서웨이, TSMC.[3]

자, 과연 이 중에서 어떤 기업이 10년 후 당신의 계좌를 풍족하게 해줄까? 당신은 그 기업을 골라낼 수 있을 것이라고 자신하는가? 나는 잘 모르겠다.

대장주는 반드시 오른다?
삼성전자에 몰빵한 동학개미들의 결과

우리나라의 경우는 어땠을까? 내가 대학에 입학하던 1995년 국내 시가총액은 한국전력공사, 삼성전자, 포항종합제철, 대우중공업, 한국이동통신, LG전자, 현대자동차, 유공, 신한은행, 조흥은행 순으로 컸다. 만약 당시 내가 시총 1위였던 한국전력에 투자해 2021년 말까지 27년간 갖고 있었다면 총 26%의 수익을 얻었을 것이다. 연환산 수익률은 1%가 채 되지 않으며, 이 숫자는 물가상승률조차 따라잡지 못하는 성과다. 심지어 이들 기업 중 일부는 해체됐고, 일부는 인수합

병이 되기도 했다.

그렇다면 이렇게 반문하는 사람도 있을 것이다. '삼전은 건재한데 요?' 당시 시총 2위였던 삼성전자는 2007년부터 2021년까지 15년 연속 국내 시가총액 1위 자리를 지켰다. 스마트폰이 세상에 나온 이후 줄곧 삼성전자 제품만 사용해 온 나를 포함해 국내의 수많은 소비자들에게 삼성이라는 기업의 위상은 남다르다. 삼성전자가 한국의 '대장주'라는 점에 이의를 제기할 사람은 별로 없다. 대장주에 대한 신뢰는 코로나19 팬데믹으로 인한 주가 폭락 시기에 개인들의 돈을 빨아들였다. 당시 모처에 기고했던 필자의 글 중 일부를 인용해 보겠다.

"2020년 3월 코로나19로 인해 세계보건기구(WHO)가 팬데믹을 선언했다. 그리고 세계 증시 대부분이 역대급 폭락을 보여주었다. 3월 13일 우리나라 역시 코스피와 코스닥이 동반 폭락하며 '사이드카'와 '서킷브레이커'가 동시에 발동됐다. 2월 19일 2210이었던 코스피 지수는 한 달 후인 3월 19일 1457까지 34%나 폭락했다. 같은 기간 코스닥 지수는 684에서 428로 37% 하락했다. 한편, 3월 20일에는 코스피와 코스닥 시장에 매수 사이드카가 발동됐다. 전날 600억 달러 규모의 한미통화스와프 체결로 코스피 및 코스닥 지수가 급등한 것에 따른 것이다. 이날 하루 코스피는 7.4%, 코스닥은 9.2% 급등했다. 말그대로 롤러코스터 같은 시장이다.

2월 19일 이후 한 달간 투자자별 순매수 현황을 보면, 외국인은 약

13조 원을 순매도했다. 개인의 순매수 금액이 약 12조 원이니 외국인이 던지고 간 주식을 개인이 매수한 모양새다. 개인 순매수 금액 12조 원 중 5조 원 이상이 삼성전자로 향했다(외국인의 삼성전자 순매도 금액도 5조 8000억 원이다).

개인들이 삼성전자에 몰리는 이유가 뭘까? '대장주는 언젠가는 반드시 오른다', '지금이야말로 저점 매수 찬스다', '묻어놓으면 오르게 되어 있다'와 같은 말들 때문일까? 2021년 2월 19일 삼성전자의 종가는 6만 200원이었다. 한 달이 지난 3월 19일엔 하루 동안 7.4% 하락하며 4만 2950원으로 마감했다. 한 달 동안 주가가 29%나 하락한 것이다. 삼성전자에 투자했던 개인 투자자들은 어떤 기분일까? 그들

[그래프 2] 삼성전자 전 고점 대비 낙폭(월별 수익률)

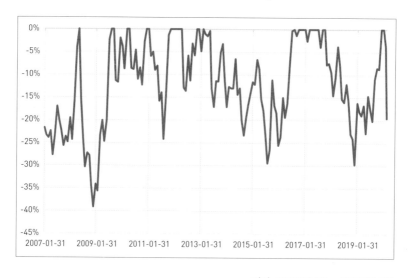

기간: 2007년 1월 ~ 2020년 3월

의 믿음처럼 대장주는 언젠가 오를까? 묻어놓으면 오를까? 미래는 알 수 없으나 과거를 되돌아볼 순 있다.

'전 고점 대비 낙폭'이라는 용어는 이전 고점에서 현재 주가가 얼마나 하락했는지를 계산한 값이다. 이 값을 그래프로 표시해 놓으면 해당 주가가 얼마나 많이 하락했는지, 그리고 얼마나 오랫동안 전 고점을 회복하지 못했는지를 한눈에 알 수 있다. 한마디로 전 고점 대비 낙폭 수치를 보면 투자자가 느끼는 고통의 정도를 수치로 알 수 있는 것이다. 삼성전자가 시가총액 1위에 오른 2007년부터 2020년 3월까지 주가의 '월별 수익률'을 이용해 전 고점 대비 낙폭을 살펴봤다. 삼성전자 주가가 가장 많이 하락했던 시기는 2008년 말 금융 위기 때다. 전 고점 대비 39%나 하락했다. 하필 고점에 삼성전자를 매수했다면 투자금의 39%가 사라졌다는 말이다. 조사 기간 중에 삼성전자의 주가가 전 고점 대비 20% 이상 하락했던 달은 무려 50번이나 된다.

그럼 가장 긴 하락 기간은 언제였을까? 2013년 2월에 삼성전자에 투자를 시작했다면 원금을 회복하는 데 41개월이 걸렸다. 손실이 난 주식을 보며 기다려야 하는 41개월(3년 5개월)은 결코 짧지 않은 시간이다. 불면의 밤을 버텨야 하거나, 중간에 매도해 손실을 확정했을 가능성도 높다. 물론 이런 고통의 시간들을 다 참고 견뎠다면, 연복리 10.4%(2007년 1월부터 13년간의 연환산 수익률)의 수익을 얻었을 것이다. 다시 한번 생각해 보자. 지금이 과연 저점인가? 저런 변동성과 하락을 견뎌낼 수 있을까? 내가 어디까지 투자 위험을 견뎌낼 수 있는

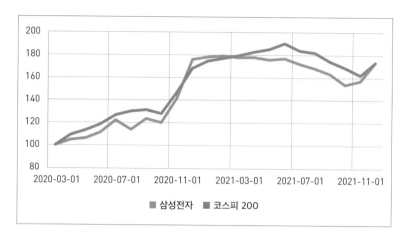

[그래프 3] 삼성전자와 코스피 200 주가 추이(월별 수정주가)

■ 삼성전자 ■ 코스피 200

기간: 2020년 3월 ~ 2021년 12월

지를 다시 한번 고민해 보기 바란다."

  2020년 3월 당시 외국인이 매도한 삼성전자 주식 5조 원을 매수한 개인의 투자 성과는 어땠을까? 1년 후인 2021년 3월 기준 삼성전자의 주가는 77.7% 상승했다. '동학개미'의 승리라고 할 수도 있겠으나 같은 기간 코스피 200 지수는 79.5%로 더 많이 올랐다. 2020년 3월 매수한 삼성전자 주식을 2021년 12월까지 보유했다면 주가가 73.3% 올랐을 것이다. 연환산으로 계산해도 36.8%의 높은 상승이다. 다만 같은 기간 코스피 200 지수 역시 동일한 상승을 보였다. 삼성전자가 '대장주'라서 오른 것인지, 아니면 주식 시장 전체의 상승 물결을 같이 타서 오른 것인지는 생각해 볼 필요가 있다.

스마트폰 최강자 삼성전자와 애플의 미래

2021년 12월에 개봉한 영화 「매트릭스: 리저렉션The Matrix Resurrections」은 1999년에 나온 미국의 SF 영화 「매트릭스The Matrix」의 속편이다. 이 영화는 인공지능 컴퓨터와 기계에 의해 인간이 사육되는 2199년의 미래 세계를 배경으로 한다. 인간이 느끼는 현실은 '매트릭스'라고 불리는 가상현실이며, 이를 위해 인공지능 컴퓨터가 인간의 기억을 조작한다는 설정이다.

주인공 네오는 동료들의 도움으로 이런 사실을 어렵사리 받아들이고 그에 대항하는 내용으로 영화는 진행된다. 이때 실제 현실과 가상

[그래프 4] 노키아 주가 추이(월별 수정주가)

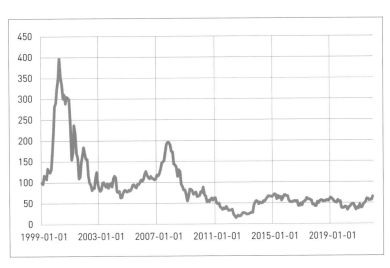

기간: 1999년 ~ 2021년

현실 속의 인물들이 소통할 때 쓰는 주요한 장치가 바로 '휴대전화'
였다.

영화에 나온 휴대전화의 브랜드는 노키아Nokia이다. 브랜드가 잘
보이도록 영화에 여러 차례 노출되었던 것을 보면 아마도 제품 간접
광고(PPL)를 했던 것이 아닐까 싶은 생각도 든다. 노키아는 요즘 젊
은 세대에겐 낯선 브랜드지만 당시에는 세계 최고의 휴대전화 브랜
드였다. 핀란드에 본사가 있는 다국적 기업 노키아는 1992년 첫 번째
'GSM 휴대전화'를 출시하며 세계적 기업으로 성장했다. 1999년에는
모토로라를 제치고 세계 1위 휴대전화 제조업체가 되었고, 2007년에
는 핀란드의 헬싱키 주식 시장의 시가총액 3분의 1을 차지했다. 이후
2009~2011년 휴대전화 분야 시장 점유율 1위에 올랐고, 이는 당시
세계 휴대전화 시장 점유율의 30%에 달하는 규모였다.

여기까지의 이야기에서 '노키아'의 자리에 '삼성'이나 '애플'을 넣
어도 어색하지 않다고 느꼈을 것이다. 2021년 3월 기준 세계 스마트
폰 시장 점유율은 삼성전자가 20%로 1위를 차지했고, 그다음이 애플
(17%)이었다. 2021년 8월 기준 전 세계 시가총액 1위는 애플이며, 삼
성전자는 14위 정도다. 코스피 시장에서 삼성전자의 시가총액 비중
은 20% 수준에 달한다.

많은 사람이 애플과 삼성전자의 휴대전화를 사용하고 있다. 이는
그만큼 많은 사람이 이 두 회사의 성장과 지속 가능성에 믿음을 갖고
있다는 뜻이다. 또한 애플은 해외 주식 직접 투자 대상에서 늘 순위

권에 오른다. 삼성전자에 대한 국내 투자자들의 관심 역시 꾸준한 것으로 보인다.

그런데 애플과 삼성전자의 미래도 지금과 같을까? 지금 1등이 미래에도 1등일까? 20~30년 후에도 이 회사들이 시장에 남아 있을까? 이런 회사에 대한 투자가 내 수익률을 높여줄까? 앞서 본 노키아의 시장점유율은 30%로, 삼성전자나 애플보다 훨씬 높았다. 모바일 사업을 접을 때까지 노키아는 무려 13년간 세계 1위를 차지했다.

세계 1위라고 해서, 시가총액이 높다고 해서, 우량주라고 해서 '투자하기에 좋은 기업'이라고 생각할 근거가 있는지는 잘 고민해 봐야한다. 막연한 장기투자 역시 매우 위험할 수 있다. 세계 1위이자 우량주였던 노키아에 투자금을 넣어놓고 장기투자를 했다면 어땠을까? 누군가 1999년 1월에 노키아 주식을 매수해 보유하고 있었다면 2021년 12월 말 기준으로 그는 원금의 35%를 잃었을 것이다. 심지어 직전 고점인 2000년 4월에 들어갔다면 -84%의 손실을 기록하고 있을 것이다.

노키아 말고도 세계 1위였던 기업이 몰락하거나 처참한 성적을 낸 사례는 매우 많다. 앞서 본 엑슨모빌(2007년 글로벌 시가총액 1위)의 사례 역시 그렇다. [그래프 5]는 1992~1999년 노키아의 주가 추이를 보여주고, [그래프 6]은 2011~2021년 애플과 삼성전자의 주가 추이를 보여준다(그래프에서 세로축은 시작 시점의 주가를 100으로 기준하여 나타냈다). 왠지 모를 기시감이 느껴지는 건 기분 탓일까?

[그래프 5] 노키아 주가 추이

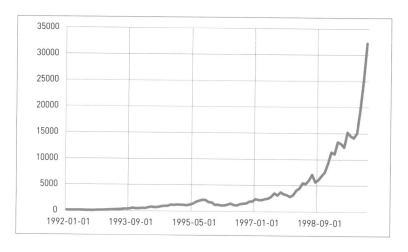

기간: 1992년 ~ 1999년

[그래프 6] 애플, 삼성전자 주가 추이

기간: 2011년 ~ 2021년

노키아가 몰락했으니 이들 회사도 그러리라고 주장하는 것은 아니다. 애플이나 삼성전자의 미래를 예측할 방법은 없다. 다만 과거 주식 시장의 역사를 통해 알 수 있는 사실은 있다. 특정 종목에 모든 것을 걸기에는 너무 위험하다는 것, 장기투자가 무조건 답은 아니라는 것, 그리고 (단지 지금 우량해 보이는) 우량주에 투자한다고 무조건 좋은 수익을 얻는다고 확신할 수 없다는 사실이다.

안정적인 고배당으로
노후를 대비하라고?

배당보다 더 중요한 것이 있다

'노후 생활비 걱정 덜어주는 고배당주 투자!'

'통장에 따박따박, 배당주가 안전띠!'

배당주에 관심을 가져본 투자자라면 이런 기사 제목이나 홍보 문구를 본 적이 있을 것이다. 앞서 보았던 우량주의 정의를 다시 보면 '수익과 배당이 높은 일류 회사의 주식'이라고 되어 있다. 배당이 높다는 것은 여러모로 좋은 인상을 준다. 어찌 되었건 배당이라는 행위를 통해 내 통장에 현금을 입금해 주는 것이기 때문이다. 다만 그것만으로 좋은 주식이라거나 생활비로 쓰기에 적당하다는 생각은 좀 더 고민해 볼 필요가 있다.

우리가 주식에 투자하는 궁극적인 목적은 수익을 얻는 것이다. 그 수익은 두 가지 방법으로 실현될 수 있는데, 하나는 가격이 상승한 주식을 매도할 때 발생하는 매매 차익이고, 다른 하나는 배당을 받는 것이다. 어느 쪽이든 우리에게 수익이 생기는 것은 같다.

물론 세금 관점에서는 다르다. 배당으로 받을 때는 배당금의 15.4%를 세금(배당소득세)으로 내야 하고, 이때 발생한 세금은 금융소득종합과세 대상이 된다. 2022년 9월 기준 국내 주식의 매매 차익에 대한 세금은 별도로 없다. 세금 관점에서는 배당이 불리하다.

그럼에도 불구하고 배당주가 좋다고 생각하는 이유는 뭘까? 우선 내가 뭔가를 하지 않았는데도 돈을 입금해 주기 때문이다. 아무리 수익이 났더라도 갖고 있던 주식을 매도하려면 몇 주를 팔지 의사결정도 해야 하고 객장에 찾아가거나 증권사 애플리케이션에서 '매도 버튼'을 눌러야 하는 번거로움이 있다. 배당은 그런 귀찮은 절차 없이 알아서 내 계좌로 현금을 입금해 준다. 심지어 세금도 원천징수라 알아서 떼어 간다(그 탓에 세금이 나가는 줄도 모르는 사람이 많다는 것이 문제다). 이런 몇 가지 장점이 있기는 하지만 진짜로 배당주의 성과가 더좋은지는 데이터로 확인을 해봐야 한다.

배당주도 주식별로 성과가 천차만별이라 고르기 나름이다. 흥미롭게도 배당을 많이 주는 주식만 골라서 투자하는 ETF 상품들이 있다.

이 상품들은 운용된 기간도 길고, ETF가 추종하는 지수도 어떤 식으로 운용하는지 명확히 표시하고 있어 분석해 볼 수 있으니 알아보자.

에프앤가이드^{FnGuide}는 지수를 산출하는 기업이다. ETF 운용사들은 이러한 지수 산출 기업에서 나오는 지수를 추종하도록 ETF를 만들어 운용한다. [표 4]는 순자산총액 기준으로 상위 3개의 고배당 ETF를 정리한 것이다. ETF 이름에 모두 '고배당'이 들어 있어서 비슷해 보이지만 각 상품이 추종하는 지수는 다르다. 에프앤가이드는 각 지수를 다음과 같이 설명하고 있다.

- 'FnGuide 고배당주 지수'는 예상 배당수익률이 높은 30종목으로 구성되며 동일가중 편입비중을 종목별 배당수익률 Tiliting Score를 이용하여 최종 편입비중을 산출하는 지수입니다.

- 'FnGuide 고배당포커스 지수'는 MKF500 종목 중 전년도 결산 기준 현금배당을 한 종목을 선별하고, 현금배당수익률 상위 80위 이내의 종목을 우선적으로 편입하는 배당총액가중 방식의 지수입니다.

- 'FnGuide 고배당 Plus 지수'는 유가증권시장에 상장된 기업 중 전년도 배당수익률과 변동성 지표를 이용하여 편입 종목을 결정하는 지수입니다. 배당수익률이 기초 유니버스의 상위 30%이며, 변동성이 낮은 안정적인 종목으로 약 50개의 종목을 지수에 편입합니다.

이 ETF들의 실제 분배 내역을 보면 4년간 연평균 3.1~4.6% 수준의 나쁘지 않은 배당금을 분배해 왔음을 알 수 있다. 비교 대상으로 삼은 'KODEX 200'은 코스피 200 지수를 추종하며, 이 상품 역시 분배를 하지만 연간 2.1% 수준으로, 고배당 ETF들과 비교해 절반 정도로 낮다. 이 시기 시중은행 예금 금리가 연 1.7% 수준이었음을 감안해 보면 4% 가까운 배당은 매력적으로 느껴질 수 있다. 하지만 앞서 이야기했듯 투자의 성과는 배당만 있는 것이 아니다. 가격 상승에 따른 매매 차익의 관점에서도 검토해야 한다.

각 ETF의 수정종가(분배금이 포함된 실질 종가)를 이용해 성과를 비교해 보았다. 각 ETF의 KODEX 200 대비 초과 성과를 보면 앞서

[표 4] 고배당 ETF 리스트(순자산총액 상위 3개)

기초지수	ETF 이름	코드	상장일	순자산총액 (억 원)
FnGuide 고배당주 지수	ARIRANG 고배당주	A161510	2012년 8월 29일	1934
FnGuide 고배당포커스 지수	KBSTAR 고배당	A266160	2017년 4월 14일	694
FnGuide 고배당 Plus 지수	KODEX 고배당	A279530	2017년 10월 17일	343

기준: 2022년 3월 10일

거니 뒤서거니 했다. 2021년에는 고배당 ETF가 KODEX 200보다 12~20%p 높은 수익률을 보였다. 2019년엔 지수형 ETF의 성과가 고배당 ETF보다 6~15%p 높았고, 2020년엔 무려 21~42%p나 높았다. 각 ETF별로 상장 이후 KODEX 200 대비 성과를 보면, 'ARIRANG 고배당주'는 9년간 누적 -35%p(연 -3.8%p)의 낮은 성과를 보였다. 'KBSTAR 고배당'은 5년간 -30%p(연 -5.8%p), 'KODEX 고배당'은 4년간 -26%p(연 -6.3%p)의 저조한 성과였다. 단 하나의 ETF도 지수를 뛰어넘지 못한 것이다. 심지어 배당(분배금)에 대한 세금은 계산하

[표 5] KODEX 200 대비 고배당 ETF의 연도별 초과 성과

ETF 이름	ARIRANG 고배당주	KBSTAR 고배당	KODEX 고배당
2012-12-31	(ETF 상장 연도)		
2013-12-31	6%p		
2014-12-31	-2%p		
2015-12-31	3%p		
2016-12-31	6%p	(ETF 상장 연도)	
2017-12-31	-4%p	-14%p	(ETF 상장 연도)
2018-12-31	7%p	3%p	5%p
2019-12-31	-13%p	-6%p	-15%p
2020-12-31	-42%p	-21%p	-28%p
2021-12-31	19%p	12%p	20%p

지도 않았는데 말이다.

지금부터는 자가배당을 하라!

배당주에서 나오는 배당으로 생활비를 마련하려고 했던 투자자라면 어떻게 해야 할까? 그런 이들은 '자가배당'을 하면 된다. 켄 피셔는 그의 책『주식시장의 17가지 미신』에서 자가배당을 이렇게 설명한다.

> 포트폴리오에 배당주와 채권을 잔뜩 채우지 않고서도 현금 흐름을 얻으려면 어떤 방법이 있을까? 단, 주식을 팔고 싶지 않다면? 왜 주식을 팔지 않으려 하는가? 주식은 팔라고 있는 것이다! 이른바 자가배당(homemade dividend) 전략이 있다. 이는 최적 자산배분을 유지하면서 포트폴리오에서 현금 흐름을 빼내는 방법이다. (중략) 이렇게 하려면 주식을 팔아야 한다. 사람들 대부분은 보유 주식 매도를 꺼린다. 그러나 개별 종목을 사고파는 데 들어가는 비용은 매우 싸다. 포트폴리오의 자산배분을 최적으로 유지하면서 필요할 때마다 주식을 팔아 현금 흐름을 뽑아내는 일은 전혀 어렵지 않다.

피셔의 의견에 전적으로 공감한다. 예를 들어 원금 1억 원이 있는데 이 중 4%인 400만 원을 생활비로 사용하고자 한다면, 주식을

400만 원어치만 매도하면 된다. 적절히 분산된 포트폴리오로 투자하고 있다면 보유 중인 종목들을 균등하게 매도하면 되는 것이다. 4% 배당을 주는 고배당주나 고배당 ETF, 고배당 펀드를 굳이 찾지 않아도 된다. 이렇게 하면 심지어 배당소득세까지 내야 하니 말이다.

배당주에 대한 몇 가지 오해가 더 있다. 배당 성향이 계속 유지된다거나, 배당을 많이 주는 기업은 현금이 많기 때문에 안전하다고 생각하는 것이다. 피셔의 책을 다시 한번 인용해 보면 다음과 같다.

> '퍼시픽 가스 앤드 일렉트릭(PG&E)'은 오랜 기간 배당을 지급한 공익 기업이지만, 4년 동안 배당 지급을 중단했고, 2001년 30달러 초반이었던 주가는 2002년 5달러 수준까지 하락했다. 은행들도 2008년 신용위기 기간에 배당을 삭감했다. (중략) 지금은 사라진 리먼브러더스는 파산 몇 주 전인 2008년 8월에도 배당을 지급했다. 배당은 안전을 보장하는 신호가 아니다.

강제로 배당을 축소하는 사례는 국내에서도 있었다. 2021년 초 금융위원회는 은행과 금융지주사에 배당 규모를 축소하라고 권고했다. 코로나19 극복을 위한 조치라는 설명이었으나 은행과 주주들의 반발이 심했다. 배당 성향 변경에 따라 외국인의 금융주 매도로 주가 하락의 우려가 있다는 이유에서였다. 또한 배당을 생활비로 쓰는 이들의 경우 갑작스레 생활비를 줄여야 하기 때문이었다.

한 10년만 묻어두면
누구나 부자가 될 수 있다고?

최근성 편향과 미국 주식

"인간사에는 안정된 것이 하나도 없음을 명심하라." 고대 그리스의 철학자 소크라테스가 한 말이다. 2020년을 전후로 미국 주식은 핫(hot)해도 너무 핫했다. 아마도 미국 주식 시장이 최근 10년 넘게 계속 올랐기 때문일 것이다. 이러한 주가 추이는 투자자로 하여금 '최근성 편향'을 불러일으킨다. 최근성 편향이란 다소 지난 과거에 발생된 사건이나 관찰 결과보다는, 최근의 현상을 훨씬 더 두드러지게 기억해 내고 강조하도록 하는 인지 성향을 말한다. 이 최근성 편향은 단기 기억의 결과다.

최근성 편향은 주식 시장이 활황일 때 만연하는 투자 분위기다. 수많은 투자자들은 시장 상황이 정점에 있는 동안 이 상황이 영원히 계속되어 막대한 수익을 거둬들일 것이라고 상상한다. 이들은 하락장이 나타날 수도 있다는 사실을 간과한다. 투자자들, 특히 단기 기억에 기초하여 투자 의사결정을 내리는 투자자들은 가까운 과거의 역사가 계속 이어지기를 원한다. 이들은 최근의 경험에서 얻은 정보가 미래의 수익에도 영향을 미칠 것이라고 생각한다. 더욱이 그릇된 자신감으로 과도한 투자를 진행하는 등의 오류를 범한다. 수년째 미국 주식이 인기를 끄는 이유가 여기에 있다.

반대의 경우에서도 최근성 편향이 나타난다. 주가가 급락하고 나면 투자자들은 주식에서 돈을 빼서 원금 보장 상품을 택하곤 한다. 이는 마치 비 온 뒤 하늘이 개기 시작할 때 우산을 사는 것과 같다. 인간의 뇌는 최신 정보와 충격적인 정보에 더 큰 영향을 받는다. 그래서 주가 하락과 금융 위기 등을 겪으면, 더 큰 위험이 닥칠 것이라고 과대평가하게 된다. 주식 시장을 더 장기적으로 관찰해 보면 급격한 하락 후에 반등하여 상승한 경우가 더 많았으나, 거기까진 생각이 미치지 못하는 것이다. 이는 대다수의 사람이 동일하게 겪고 있는 문제다.

이렇게 최근 성과가 좋지 않았던 대상에 대해 최근성 편향이 나타나는 사례가 신흥국 시장이 아닐까 싶다. 좀 더 먼 과거로 거슬러 올라가보자.

미국 vs. 신흥국, 누가 더 잘했나?[4]

2010년부터 10년간 미국 주식의 성과는 그야말로 눈부실 정도였다. 미국 주식 수익률은 누적 251%(연 13.38%)로 신흥국의 49%(연 0.04%)를 압도했다. 2021년 말까지도 이 추세는 지속됐다.

하지만 2022년 미국 주식도 꺾이기 시작했다. 미국 대형주 지수(S&P 500)는 2022년 연초 이후 9월 말까지 24% 하락했으며, 기술주 지수(나스닥 100)는 32%나 떨어졌다. 지난 10년간 코로나19 팬데믹 시기를 제외하고는 이렇게 하락한 적이 없었다. 주가 하락의 원인에 대해서는 다양한 분석이 나오고 있다. 우선 코로나19 팬데믹 이후 각국 정부가 경기를 살리기 위해 시중에 공급했던 엄청난 양의 돈이 주요한 원인으로 꼽힌다. 이 자금이 경기 부양에만 쓰인 게 아니라 주식 등 투자 자산으로 흘러들어 가면서 자산 가격에 거품을 일으켰다는 것이다.

또한 물가상승을 부추겨 수십 년 만의 기록적인 인플레이션 상황을 만들었다. 2022년 초 발생한 러시아와 우크라이나 간 전쟁 역시 에너지와 농산물 가격에 영향을 주며 물가상승을 자극하고 있다. 높은 인플레이션을 잡기 위해 중앙은행들은 금리를 올려서 대응하고 있으며 이 역시 자산 시장에 좋지 않은 영향을 미치고 있다.

이유야 어찌 되었건 '미국 주식 불패'를 믿었던 이들에게는 몹시 당황스러운 시장 상황이다. 물론 미국 주식만 하락한 것은 아니다.

같은 기간 '신흥국 지수(MSCI EM)'도 27%나 하락했다. 문제는 앞으로의 시장이다. 아무도 미래를 예측할 수 없으니, 과거의 모습을 돌아보면 어떨까?

1930년대부터 10년 단위로 미국 주식과 신흥국 주식의 성과를 비교해 보면 [표 6]과 같다. 과거의 모습을 보면, 총 아홉 번의 구간에서 미국이 신흥국을 이긴 것은 단 세 번이었다. 2020년대가 2년여 지나는 시점에서는 미국의 성과가 더 좋다. 다만 남은 기간에 어떻게 전개될지는 아무도 모른다. 1990년대 미국의 승리 이후 신흥국이 2000년대에 좋은 모습을 보인 것처럼 2020년대도 신흥국의 승리로

[표 6] 미국, 신흥국 주식의 10년 단위 상대 성과 비교

연도	승자	상대 연수익률
1930년대	신흥국	+8.7%p
1940년대	신흥국	+1.1%p
1950년대	미국	+7.2%p
1960년대	신흥국	+3.7%p
1970년대	신흥국	+16.5%p
1980년대	신흥국	+3.9%p
1990년대	미국	+6.7%p
2000년대	신흥국	+10%p
2010년대	미국	+10%p

마무리될 수도 있고, 미국이 두 번 연속 좋은 성과를 낼 수도 있다(참고자료 1-1~10, 354~358쪽).

누구나 미래를 예측하고 싶어 하지만 쉽지가 않다. 나도, 당신도, 그 어떤 전문가도 마찬가지다. 이런 고민이 요즘 투자자들에게만 해당되는 것은 아니다. 미국의 투자 현자인 윌리엄 번스타인도 자신의 저서 『현명한 자산배분 투자자』에서 다음과 같은 이야기를 했다.

이 책을 쓰는 시점인 2000년 현재 학자들이 우리에게 말하는 게 무엇일까? '더 높은 수익을 원한다면 국내에 투자하라. 당신이 잘 아는 회사를 사라. 위험에 처했을 때만 해외로 분산하라. 그리고, 해외에 투자해야 한다면 물을 마실 수 있는 곳에만 투자하라' 등이다. (중략) 이것은 가장 경험이 많은 투자자조차도 저지르는 가장 큰 실수인 이른바 '최근성 편향'의 완벽한 사례다. 이것은 최근 추세가 미래에도 계속될 거라고 추정하는 성향을 말한다.

나 역시 번스타인과 똑같은 이야기를 하고 싶다. 20년도 더 지났지만 별반 다를 게 없다. 2040년이 되어도 마찬가지일 것이다.

두 번째 투자의 거짓말

'나 정도면 평균 이상'이라며 자신하던 당신에게

당신이 알고 있는 '적립식'은 적립식이 아니다

예금과 적금 중 무엇이 더 수익률이 높을까?

투자를 할 때 많은 전문가가 분할매수를 권하거나 적립식으로 투자하라고 말한다. '분할매수'와 '적립식'이라는 단어가 혼용되면서 투자자를 헷갈리게 하는 경우가 있다. 두 단어는 비슷한 듯하지만 다소 다른 뉘앙스를 갖고 있다.

우선 적립식의 사전적 정의는 '모아서 쌓아두는 형식이나 방식'이다. 흔히 한 번에 모든 자금을 투자하는 '거치식'과 반대 개념으로 사용되는데, 은행 예금과 적금을 예로 들어 설명하면 이렇다.

은행에 돈을 맡기는 것을 '거치식 저금(예금)'이라고 한다. 이와 달리 적금은 '적립식 저금'이라고 하는데, 사전에는 '금융 기관에 일정 금액을 일정 기간 동안 불입한 다음에 찾는 저금'이라고 나와 있다. 즉, 적금과 예금의 차이는 저금을 할 때 매달 일정 금액을 넣느냐, 한 번에 넣느냐 하는 것이다.

- 예금: 거치식 저금
- 적금: 적립식 저금

예를 들어 매달 100만 원의 여유 자금을 확보할 수 있다고 치자. 이때 이 100만 원을 저금하는 방법은 두 가지가 있다.

하나, 100만 원짜리 예금 통장을 매달 반복해서 만드는 방법(총 12개의 통장)

둘, 1개의 적금 통장을 만들어 그 통장에 매달 100만 원을 납입하는 방법(총 1개의 통장)

첫 번째 방법의 경우 1년간 매달 하나씩, 총 12개의 예금 통장이 순차적으로 생기고 1년 후에 매달 만기된 예금에서 원금(100만 원)과 이자가 지급된다. 두 번째 방법은 1년짜리 적금에 가입해 매달 100만 원씩 납입하고 1년 후에 원금 1200만 원과 이자를 지급받는 방식이다. 그렇다면 둘의 수익률 차이는 얼마나 될까? 어느 쪽이 투자자에게 더 유리할까? 결론부터 말하면 거의 차이가 없다.

　프리랜서 디자이너 홍 씨의 사례로 자세히 살펴보자. 홍 씨는 12개월간 파트타임으로 디자인 프로젝트를 수행하고 매달 100만 원을 받기로 했다. 이 돈은 2년 후에 만기되는 전세 계약의 보증금에 보태기로 했다. 홍 씨는 예금 통장을 따로 만드는 방법과 적금 통장에 모으는 방법을 계산해 봤다. 계산은 간편하게 네이버에서 '이자계산기'를 검색해 사용했다. 홍 씨의 주거래은행의 정기예금 금리는 12개월에 2.55%, 정기적금 금리는 12개월에 2.95%였다(계산을 간편하게 하기 위해 둘 다 비과세 대상으로 세금이 없다고 가정하겠다).

　먼저 예금 통장을 만드는 경우를 살펴보자.

① 예금 통장을 따로 만들 경우 총 12개의 통장이 만들어진다.
② 각 통장에 넣는 원금은 100만 원이고, 정기예금 금리가 2.55%이니 이자가 2만 5500원이고 만기 시 수령액은 102만 5500원이 된다.
③ 1년 후부터 각 예금의 만기가 매달 돌아온다. 2년 후까지 이 돈을 놀릴 수 없으니 적금에 가입했다.
④ 1년 후 가입하는 적금에는 매달 102만 5500원이 납입되고, 정기적금 금리는 2.95%를 받는다.
⑤ 2년 후 적금 만기 때 원금의 합계는 1230만 6000원이고, 이자

는 19만 6640원이다. 만기 시 수령액은 1250만 2640원(1230만 6000원+19만 6640원)이 된다.

이번에는 매달 100만 원을 납입하는 적금 통장을 만드는 경우를 보겠다.

① 적금 통장을 개설해 매달 100만 원을 납입한다.
② 1년 후 적금 통장이 만기되면 원금의 합계는 1200만 원이 되고, 이자는 19만 1750원이 붙는다. 만기 수령액은 1219만 1750원(1200만 원+19만 1750원)이 된다.
③ 전세보증금에 보탤 때까지 이 돈을 예금한다.
④ 2년 후 예금 통장이 만기가 되면 원금 1219만 1750원에 이자 31만 890원이 붙어 최종 수령액은 1250만 2640원(1219만 1750원+31만 890원)이 된다.

홍 씨는 두 가지 방식 모두 똑같이 2년 후 잔고가 1250만 2640원이 된다는 것을 확인했다.

금리가 오르거나 내릴 때는 어떨지 궁금해진 홍 씨는 은행원 친구에게 조언을 구했다. 친구는 '금리가 오를 때'와 '금리가 내릴 때' 두 가지 상황에서 각각의 최종 잔고를 계산해 줬다.

먼저 금리가 오를 때 정기예금 금리는 1.15%에서 2.55%까지 오르고, 정기적금 금리는 1.40%에서 2.95%로 올랐다고 가정했다. ① 적금 후 예금을 한 경우의 최종 잔고는 1239만 9000원이었고, ② 매달 예금 통장을 만든 경우는 1241만 6000원이었다. 금리 인상기에는 매달 새로 예금에 가입하는 것이 0.14%(1만 7000원) 정도 유리했다.

반대로 금리가 하락하는 경우, 즉 정기예금 금리가 2.55%에서 1.15%로, 정기적금 금리는 2.95%에서 1.40%로 내렸다고 가정해 보았다. ① 적금 후 예금을 한 경우의 최종 잔고는 1233만 1000원이었고, ② 매달 예금 통장을 만든 경우는 1231만 5000원이었다. 금리 인하기에는 적금 후 예금하는 것이 0.13%(1만 6000원) 정도 유리했다. 은행원 친구는 앞으로 금리가 계속 오를지, 아니면 어느 순간부터 다시 내려갈지 알 수 없다고 말했다. 홍 씨 역시 금리의 향방을 예측할 수는 없었다.

결국 홍 씨는 '매달 예금 통장을 만드는 방법'은 예금 통장 12개와 적금 통장 1개 총 13개의 통장을 관리해야 되지만, 두 번째 방법은 적금 통장 1개와 예금 통장 1개 총 2개의 통장만 개설하면 된다는 점에서 두 번째 방법을 선택해야겠다고 생각했다.

금리가 변하지 않을 경우는 두 방식의 수익률이 동일하다. 홍 씨의 사례처럼 돈을 모으는 기간이 짧다면 금리 상승과 하락에 따라 차이가 나겠지만, 돈을 모으는 기간이 길어진다면 큰 차이가 없을 것이다. 결국 '거치식(예금)'이나 '적립식(적금)'이나 차이가 거의 없다는 말이다.

'분할매수'는 '적립식 투자'가 아니다

1번 방식(예금)이나 2번 방식(적금)이나 수익률 측면에서는 큰 차이가 없다는 것을 확인했다. 그렇다면 '일시매수'와 '분할매수'는 어떨까? 일시매수는 한 번에 사는 것을 말하고, 분할매수는 여러 번에 걸쳐 나누어 사는 것을 말한다. 앞서 본 방식들의 경우는 모두 일시매수다. 갖고 있던 자금 100만 원으로 저금 통장을 한 번에 산 것과 같으니 말이다(다시 한번 말하지만 예금이든 적금이든 이름과 통장 관리 형태만 다를 뿐 둘 다 '저금'이다).

분할매수란 총 투자금액을 나누어서 시간을 분산해 투자하는 것이다. 보유 자금 500만 원을 매달 100만 원씩 동일한 금액으로 나누어 투자하는 것을 흔히 '정액적립식'이라고 부르기도 한다.

금융 회사 입장에서는 분할매수든 적립식이든 매달 100만 원의 돈이 계좌로 입금되는 것은 동일하므로 이 두 단어를 혼용하지만, 개인 투자자 입장에서는 전혀 다르다. 이미 설명했듯이 '적립식'은 '일시매수'이므로 '분할매수'와는 다른 것이다. 금융 회사가 표현을 바꾸지는 않을 테니 이 책의 독자들이라도 헷갈리지 않기 바란다.

분할매수의 장점으로 흔히 평균매입단가 인하 효과cost averaging effect

를 든다. 이전보다 낮아진 가격에 상품을 매수함으로써 매입단가의 평균이 낮아지는 현상을 말한다. 1월에는 물건값이 1000원이었는데 2월에 800원으로 가격이 낮아졌다고 치자. 1월에는 2000원의 돈을 주어야 2개의 물건을 살 수 있었다. 하지만 1월과 2월에 각 1개씩 물건을 구입한 사람은 1800원의 돈으로 2개의 물건을 확보하게 된다. 전자의 개당 가격은 1000원이지만 후자의 개당 가격은 900원으로 평균매입단가가 100원이나 인하되었다.

이렇게만 보면 분할매수가 일시매수보다 더 좋은 것처럼 보인다. 하지만 시장의 물건 가격이 늘 하락하는 것만은 아니다. 1000원짜리 물건이 1200원으로 오르기도 한다. 이럴 경우 분할매수를 한 사람의 평균매입단가는 1100원으로 올라 일시매수를 한 사람보다 손해를 보게 된다.

이처럼 시장에서의 자산 가격 움직임은 단순하지 않다. 따라서 다양한 움직임에 따라 분할매수의 효과도 다르게 나타난다. 자산 가격의 움직임은 크게 6가지로 나눠볼 수 있다.

① 하락 후 원위치
② 하락 후 상승
③ 상승 후 원위치
④ 상승 후 하락
⑤ 지속 하락

⑥ 지속 상승

각각의 경우에서 분할매수와 일시매수의 결과를 비교해 보면 어떤 결과가 나올까? 다양한 자산 가격 움직임 속에서도 정말로 분할매수, 즉 '적립식 투자'가 평균 수익률이 더 좋다면 우리 모두 고민할 필요가 없어질 것이다.

총 500만 원을 투자할 경우, '초기에 전액 매수했을 때'와 '매달 100만 원씩 분할해서 매수했을 때'로 나누어서 자산 가격이 움직이는 6가지 상황에 따른 결과를 [표 7]과 같이 비교했다.

실험 결과 6가지 상황에서 분할매수의 성적은 3승 3패였다. 분할매수가 유리했던 상황은 ①, ④, ⑤였으며 모두 '평균매입단가 인하 효과'가 발생했다. 뒤로 갈수록 시작 시점보다 저가에 매수할 수 있는 기회가 발생했기 때문이다. 반면 ②, ③, ⑥의 경우 일시매수가 오

[표 7] 각 시장 상황별 일시매수와 분할매수의 투자 후 잔금 비교

구분	① 하락 후 원위치	② 하락 후 상승	③ 상승 후 원위치	④ 상승 후 하락	⑤ 지속 하락	⑥ 지속 상승
일시 매수	5,000,000	5,000,000	5,500,000	5,500,000	4,500,000	4,500,000
분할 매수	5,215,510	4,560,606	5,292,378	5,602,566	4,691,575	4,354,731

히려 더 나은 결과를 보여줬다.

당신은 이미 일시매수, 거치식 투자자

분할매수와 일시매수 중 어느 방법이 더 좋다고 말하기는 어렵다. 분할매수의 상대적인 장점은 심리적 안정감을 준다는 점인데, 말 그대로 '심리적'인 부분일 뿐이다. 얼마 동안 나눠야 하는지, 얼마씩 넣어야 하는지를 따져보기 시작하면 그러한 심리적 효과가 급격히 줄어든다.

분할매수의 한계점은 투자 기간이 길어질수록 ①, ④, ⑤와 같은 유리했던 경우조차 장점이 희미해진다는 점이다. 수개월 정도의 투자 기간이라면 모를까, 수년이 넘는 투자 기간에서는 분할매수를 실천하기도 어렵고 오히려 '기회 이익' 측면에서 손실일 가능성도 높다.

투자를 할 때 투자 자금을 모은 후 시작하는 경우가 있고, 매달 급여의 일부분을 아껴서 투자 자금에 추가 납입하는 경우도 있다. 전자의 경우 일시매수를 할지, 분할매수를 할지 고민하게 된다. 이 경우라면 자신이 선택한 자산의 성격 혹은 투자 전략에 따라 결정하면 된다. 예를 들어 변동성이 큰 주식 몇 개에 투자한다면 분할매수가 유리할 수 있다. 혹은 자산배분 전략으로 투자한다면 일시매수로 하는 게 유리할 수 있다.

매달 급여를 아껴 모은 돈을 투자하는 후자의 경우는 이미 '일시매수' 혹은 '거치식 투자'라고 보면 된다. 예를 들어 월급 300만 원에서 100만 원을 아꼈고, 이 100만 원을 투자금에 추가로 넣는 경우 그 자체가 일시매수다. 현재 상황에서 100만 원의 여유 자금을 전부 투자 계좌에 넣었으니 거치식이 되는 것이다. 만약 이 100만 원을 다시 한 달간 10만 원씩 나누어서 넣는다면 이때는 분할매수가 된다. 하지만 대부분의 경우 매달 월급에서 남는 자금을 한 번에 투자금에 추가하게 된다는 점에서 사실상 대다수의 급여 생활자가 이미 거치식(일시매수)으로 투자하고 있다고 볼 수 있다.

일시매수와 분할매수 중 무엇이 더 좋은지를 두고 고민하기보다는 하루라도 빨리 생활비를 아껴 매달 투자 통장에 넣을 돈을 만드는 저축 습관을 실천하는 것이 더 중요하다고 생각된다.

목돈 모으기 전에는
투자하지 말아라?

'부자 방정식'을 이해하라

"종잣돈 1억 원을 모으기 전에는 투자하지 마라." 재테크 관련 책과 매체에서 접하는 내용 중에서 상당히 공감하기 어려운 문장이다. 결론부터 말하면 종잣돈 1억 원을 모으는 동안에도 투자를 해야 하며, 종잣돈의 규모만으로 투자의 기준을 정할 근거는 없다.

종잣돈의 사전적 의미를 살펴보면 첫 번째는 '부실 기업을 살리기 위하여 금융 기관에서 새로이 융자하여 주는 자금'이고, 두 번째는 '어떤 돈의 일부를 떼어 일정 기간 동안 모아 묵혀둔 것으로 더 나은 투자나 구매를 위해 밑천이 되는 돈'이다. 개인 투자자들 사이에서 일반적으로 쓰이는 의미는 두 번째일 것이다. 즉, '투자의 밑천이 되는 돈'을 종잣돈이라고 한다.

자산의 크기가 늘어날 때 어떤 요소들이 영향을 미칠까? 먼저 앞서 말한 종잣돈이 있어야 한다. 그리고 '투자 수익률'과 '투자 기간'이 추가된다. 이를 간단한 수학식으로 표현하면 다음과 같다(이 간단한 수식에 '부자 방정식'이란 이름을 붙인 이유는 부자가 되기 위해서는 '종잣돈', '투자 수익률', '투자 기간' 모두 중요하다는 것을 기억하자는 의미에서다).

부자 방정식

미래의 부=종잣돈×(1+투자 수익률)$^{투자\ 기간}$

'부자 방정식'에서 알 수 있듯이 종잣돈이 '0'이라면 '미래의 부' 역시 '0'이기에 종잣돈은 반드시 있어야 한다. 종잣돈을 모으는 가장 간단한 방법은 '쓰는 것보다 더 버는 것'이 아니라 '버는 것보다 덜 쓰는 것'이다. 앞뒤가 비슷해 보이지만 전혀 다른 이야기다. 쓰는 것을 줄일 수 없으니 '더 버는 것'을 원하는가? 그렇다면 당신은 평범한 사람이다. 대다수의 사람들은 쓰는 것보다 더 벌고 싶어 한다. 아니, 더 많이 벌어서 더 쓰고 싶어 한다. 문제는 당신이나 그들이나 '더 버는 게' 무척 어렵다는 점이다. 절약으로 종잣돈을 모으라는 이야기를 모르는 사람은 없을 테니 본론으로 넘어가자.

나를 부자로 만들어줄 '미래의 부'는 종잣돈과 곱하기의 관계를 갖

[표 8] 종잣돈과 수익률에 따른 투자 성과 비교(투자 기간 10년 기준)

수익률 종잣돈	1%	3%	5%	7%	9%	10%	20%	30%
0.1	0.11	0.13	0.16	0.20	0.24	0.26	0.62	1.38
0.2	0.22	0.27	0.33	0.39	0.47	0.52	1.24	2.76
0.3	0.33	0.40	0.49	0.59	0.71	0.78	1.86	4.14
0.4	0.44	0.54	0.65	0.79	0.95	1.04	2.48	5.51
0.5	0.55	0.67	0.81	0.98	1.18	1.30	3.10	6.89

단위: 억 원

는 데 비해, 투자 수익률 및 투자 기간과는 거듭제곱의 관계를 갖는다. 다시 한번 강조하겠다. 부자가 되려면 종잣돈의 크기가 아니라 투자 수익률과 투자 기간이 더 중요하다. 사례를 들어 이해해 보자.

[표 8]은 종잣돈이 1000만 원(0.1억 원)부터 5000만 원(0.5억 원)인 경우, 연수익률 1%부터 30%까지 10년간의 투자 성과를 각각 비교한 것이다. 종잣돈이 1000만 원인 사람이 연 30%의 수익을 올리면 10년 후 자산은 1억 3800만 원이 된다. 이 금액은 종잣돈 5000만 원으로 시작한 사람이 10년간 연 10%의 수익을 냈을 때의 자산인 1억 3000만 원보다 더 큰 금액이다. 같은 기간일지라도 종잣돈이 다섯 배 큰 것보다 수익률이 세 배 큰 경우 더 큰 부가 형성되는 것이다. 즉, 종잣돈의 크기보다 투자 수익률의 크기가 중요하다.

[표 9]는 종잣돈이 1000만 원(0.1억 원)부터 5000만 원(0.5억 원)인 경

[표 9] 종잣돈과 투자 기간에 따른 투자 성과 비교(연수익률 10% 기준)

투자 기간 종잣돈	1년	5년	10년	15년	20년	25년	30년
0.1	0.11	0.16	0.26	0.42	0.67	1.08	1.74
0.2	0.22	0.32	0.52	0.84	1.35	2.17	3.49
0.3	0.33	0.48	0.78	1.25	2.02	3.25	5.23
0.4	0.44	0.64	1.04	1.67	2.69	4.33	6.98
0.5	0.55	0.81	1.30	2.09	3.36	5.42	8.72

단위: 억 원

우, 연수익률을 10%로 가정하고, 투자 기간 1년부터 30년까지 각각의 투자 성과를 비교한 것이다. 종잣돈이 1000만 원인 사람이 연 10%의 수익으로 30년간 투자했다면 잔고가 1억 7400만 원으로 불어난다. 이는 종잣돈 5000만 원인 사람이 연 10%의 수익으로 10년간 투자한 결과인 1억 3000만 원보다도 크며, 4000만 원으로 시작한 사람이 15년간 투자한 결과인 1억 6700만 원보다도 큰 금액이다. 종잣돈이 다섯 배 큰 것보다 투자 기간이 세 배 긴 경우에 더 큰 부가 형성되고, 종잣돈이 네 배 큰 것보다 투자 기간이 두 배 긴 경우 더 큰 부자가 된다. 즉, 종잣돈의 크기보다 투자 기간의 길이가 더 중요하다.

[그래프 7]은 종잣돈이 1000만 원일 때, 연수익률이 1%부터 30%인 경우와, 투자 기간이 1년부터 30년인 경우, 각각의 자산의 크기가

[그래프 7] 연수익률, 투자 기간에 따른 자산의 크기 변화

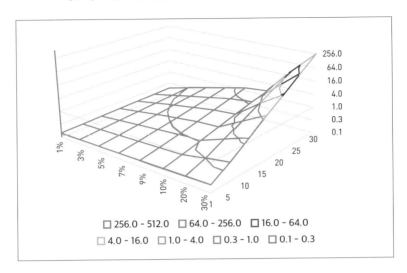

좌축: 연수익률, 우축: 투자 기간(년), 세로축: 자산의 크기(억 원)

어떻게 변화하는지 3차원으로 나타낸 것이다. 세로축이 자산의 크기다. 투자 기간이 길고 투자 수익률도 높을 때 자산이 크게 불어난다는 것을 알 수 있다. 우측 상단의 가장 높은 지점은 30년간 연 30%의 수익률을 냈을 경우 종잣돈 1000만 원이 262억 원으로 2620배 불어난다는 것을 보여준다.

1000만 원으로 시작해서 262억 원의 부자가 된다는 말이 거짓말 같은가? 수학은 거짓말을 하지 않는다. 그런데 262억 원을 가진 사람을 보기는 어렵다. 왜 그럴까? '악마는 디테일에 있다.' 문제점의 원인이 세부 사항 속에 숨어 있다는 말이다. 세부 사항을 좀 더 꺼내보자.

우리를 부자로 만들어줄 마지막 변수, '투자 기간'!

앞의 사례를 통해 미래에 부자가 되기 위해 상대적으로 더 중요한 것은 '종잣돈'보다 '투자 수익률'과 '투자 기간'임을 알게 되었다. 이제 당신은 이 둘 중에서 어느 쪽을 선택할 것인가? 아마도 투자 수익률일 것이다. 누구나 '금방' 부자가 되고 싶어 하기 때문이다. 그래서 '어떻게 하면 수익률을 높일 수 있을까?'가 대다수의 관심사다. 말 그대로 '대박'을 노린다. 암호화폐나 잡주에 투자하는 이들이 특히 그렇다. 한국에서 주식의 하루 가격제한폭은 30%다. 앞에서 계산할 때 사용했던 수치인 30%의 수익률이 1년이 아닌 하루 만에 나올 수도 있는 것이다. 암호화폐는 심지어 가격제한폭도 없다. 여기서 문제가 시작된다. 암호화폐는 가격제한폭도 없이 가격이 하락할 수 있으며, 주식은 하루에 최대 30%나 하락할 수 있다. 고수익을 노리다가 큰 위험에 처하고 많은 손실을 본 투자자들이 이미 너무 많다.

2022년 상반기 미국 나스닥 지수의 3배 움직임을 추종하는 ETF 'TQQQ'는 연초 대비 72%나 하락했다. 2021년 11월 고점을 찍은 비트코인은 2022년 6월까지 73% 하락했다. 비트코인은 이보다 더 하락한 적도 있었다. 2017년 12월부터 약 1년간 비트코인 가격은 최대 83%나 하락했다. TQQQ나 비트코인은 대표적인 고수익 투자 대상으로 알려진 상품들이었다. 이런 상품들조차 처참한 수익률을 기록하는 것이 투자의 세계다. 그렇다면 필자를 포함해 이 책을 읽고 있을 평범한 투자자라면 어느 정도 수익률을 기대해야 할까?

세계 최고의 펀드매니저라 불렸던 피터 린치의 연수익률은 29.2%였다. 이 수익률이 놀라운 점은 그가 마젤란 펀드를 운용했던 13년 (1977~1990년) 동안의 연평균 성과라는 점이다. 세계 부자 순위 10위 안에 늘 이름을 올리는 워런 버핏의 연수익률은 17%였다. 생각보다 낮은가? 이 수치는 1985년 1월부터 2021년 12월까지 37년간의 연평균 성과다. 조지 소로스나 레이 달리오 같은 세계적인 투자 대가들의 실제 투자 수익률도 20% 전후로 알려져 있다. 그들이 전 세계 투자자로부터 인정을 받고, 큰 부를 일군 것은 매우 긴 기간 동안 투자를 지속했고 수익을 내왔기 때문이다. 수십 년에 걸쳐 성과를 내고 인정받아 온 이런 대가들보다 일반인의 투자 성과가 더 높을 수 있을까? 그것을 기대하는 게 합리적일까?

내가 말하고 싶은 것은 '투자 수익률'이라는 것은 투자자가 마음대로 결정할 수 있는 요소가 아니라는 점이다. 앞서 말했듯이 종잣돈의 규모 역시 사실상 이미 정해져 있다. 하지만 우리가 유일하게 통제할 수 있는 변수가 아직 하나 남았다. 바로 '투자 기간'이다.

부자 방정식

미래의 부=종잣돈×(1+투자 수익률)$^{투자\ 기간}$

이쯤에서 부자 방정식을 다시 한번 보자. 잘 보면 투자 기간이 '지수'라는 게 보일 것이다. '(1+투자 수익률)'을 몇 번 거듭제곱시킬지 결정하는 것이 바로 투자 기간이다.

앞의 [표 8]에서 계산했던 내용을 일부 가져와 보자. 종잣돈 5000만 원을 연수익률 30%로 10년간 운용하면 6억 8900만 원이 된다. 이 정도 성과라면 피터 린치를 넘어서 세계 최고의 펀드매니저로 이름을 올릴 수 있을 것이다. 할 수 있겠는가? 이게 가능한 사람이라면 이 책을 더 이상 읽을 필요가 없다.

다시 [표 9]를 보면, 종잣돈 5000만 원을 연수익률 10%로 30년간 운용하면 8억 7200만 원이 된다. 30%로 10년간 운용한 결과인 6억 8900만 원보다 2억 원이 더 많은 금액이다. 물론 연수익률 10%도 만만한 수익률은 아니다. 다만, 아주 불가능한 수익률도 아니다. 2부에서 다룰 다양한 투자 시나리오를 적절히 활용하면 위험률을 낮추면서도 5~10% 정도의 수익을 노려볼 수 있기 때문이다.

1초라도 일찍 시작하라

그렇다면 관건은 10%의 성과를 30년간 유지할 수 있는지 여부다. 불가능할 수도 있고, 가능할 수도 있다. 먼저 가능할 수 있는 이유는 연금저축펀드 계좌나 IRP 계좌 같은 연금 계좌를 이용할 수 있기 때문이다. 연금은 중도 해지 시 패널티가 있어서 연금을 수령할 때까지 가져갈 수 있는 강제력이 있다. 사회초년생이 30세에 가입해서 퇴직 시점인 60세까지 납입하고 운용하면 30년의 투자 기간을 확보할 수 있는 것이다(이 연금 계좌들을 활용한 은퇴 후 노후 설계를 대비한 시나리오 역시 3부에서 다룰 예정이다).

5000만 원의 종잣돈이 있고 연평균 수익률 10%를 얻을 수 있다면 이제 30년의 투자 기간만 확보하면 8억 원이 넘는 돈을 은퇴 자금으로 준비할 수 있다는 뜻이다. 그러므로 종잣돈이 없다고 포기할 필요는 없다. 1억 원의 종잣돈을 모을 때까지 기다릴 필요도 없다(이는 계산과 이해의 편리를 위해 추가 납입이 없는 경우를 가정한 것이다).

지금 100만 원밖에 없다고 해도 괜찮다. 매월, 매년 추가 납입을 할 것이므로 부자가 되는 시간은 더 빨라질 것이다.

"5000만 원으로 8억 원을 만들 수 있다고? 그렇다면 다들 부자가 되었어야 하지 않나?"라는 의문이 떠오를 것이다. 좋은 질문이다. 나의 답변은 이렇다. 일단 현재의 연금제도가 제대로 정착된 지 불과 10여 년밖에 되지 않았고, 연금 계좌에서 ETF나 펀드를 자유롭게 투자할 수 있게 된 지도 4년 남짓이다. 나 역시 연금 계좌를 제대로 운용한 기간은 이제 3년을 넘기는 중이다. 그리고 이 책은 이제 막 나왔고 당신이 첫 독자이다. 실천은 각자의 몫이다. 문제는 오랫동안 원칙대로 투자할 수 있는지다.

'단타'가 '장투'보다
수익률이 더 좋다고?

미국에선 주식을 1년도 보유 안 한다고?

장기투자가 좋다고 하는데 다들 실천이 어렵다고 한다. 왜 그럴까?
장기투자란 말 그대로 투자 기간을 길게 가져가는 것이다. 워런 버핏
은 "10년을 보유할 주식이 아니면 10분도 보유하지 않는다"라는 말
로 장기투자의 중요성을 표현하기도 했다. 문제는 대다수의 투자자
가 버핏처럼 행동하지 못한다는 데 있다.

버핏이 살고 있는 미국에서 투자자들이 주식을 보유하는 기간은
평균 얼마나 될까? 1980년대 이전에는 주식을 장기 보유했다고 할
수 있다. 1960년대 평균 보유 기간이 8년 정도이니 버핏의 말처럼

10년 이상 보유한 투자자도 꽤 많았을 것이다. 2020년 6월 미국 투자자들의 평균 주식 보유 기간은 5.5개월로 코로나19가 터지기 직전인 2019년 말의 8.5개월보다 크게 줄어들었다. 종전 최단 기록인 '6개월'은 2008년 금융 위기 직후였다. 반면 1999년에는 평균 14개월 동안 주식을 보유했다.

평균 주식 보유 기간이 지속적으로 짧아지는 경향은 다른 여러 나라에서도 확인된다. 영국의 경우 1960년대 중반만 해도 8년간 보유했으나, 2005년에는 8개월 정도로 줄어들었다. 10분의 1 수준으로 짧아진 것이다. 일본도 1995년에는 4년을 보유했으나, 2009년에는 1년도 채 되지 않았다.

투자자들의 주식 보유 기간이 계속 줄어드는 이유는 여러 가지다.

[그래프 8] 미국 투자자들의 평균 주식 보유 기간

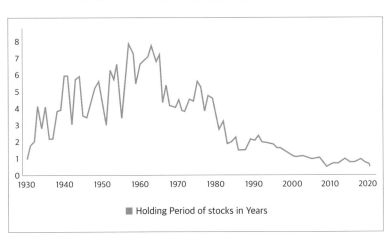

출처: topforeignstocks.com

인터넷과 모바일의 발달에 따른 투자 정보 접근성 개선, 증권사 간 경쟁에 따른 매매 수수료 인하, 낮은 금리로 인한 투자 수요 증가, 스마트폰 애플리케이션을 이용한 간편한 주식 거래, 코로나19 팬데믹 이후 높아진 시장 변동성에 따른 잦은 매매, 알고리즘 기반의 대량 시스템 매매 등 다양하다. 어떤 원인이 더 큰 영향을 미쳤는지는 시기와 지역에 따라 다르겠으나 주식 보유 기간이 줄어드는 추세인 것만은 분명해 보인다.

우리나라 시장의 평균 주식 보유 기간은 어느 정도일까? 2021년 코스피 시장의 평균 보유 기간은 2.7개월이다. 최근 10년간 보유 기간이 가장 길었던 2014년, 2017년, 2018년에는 각각 6개월 전후였고 코로나19 팬데믹이 발생한 2020년 이후는 3개월 정도로 보유 기간이 짧아졌다. 일반적으로 주당 가격이 낮은 주식이 더 자주 거래되는 경향이 있다(코스닥 시장의 보유 기간이 코스피 대비 절반 이하로 낮다). '3개월 보유하면 장기투자자'라는 말도 아마 여기에서 나온 것 같다. 하지만 이는 통계 사용의 착시 현상으로 보인다.

저가주가 많은 시장은 고가주가 많은 시장에 비해 회전율은 높게, 보유 기간은 짧게 나타난다. 그래서 주식 유통 정도를 국제적으로 비교할 때는 '상장주식 회전율'보다 '시가총액 회전율'을 활용하는 것이 더 유용하다. 시가총액 회전율을 기준으로 주식 보유 기간을 추산해 보면 코스피 시장의 경우 2012년부터 2019년까지는 '11~14개월'로 나오고, 팬데믹 이후인 2020년부터는 '6~7개월'로 나온다. 미국 시장과 비슷한 수준이다. 2020년 6월 미국의 평균 주식 보유 기간은 5.5개월이었고, 2019년 말에는 8.5개월이었으니 말이다.

장기투자는 언제, 어디에서나 승리했을까?

리처드 번스타인은 저서 『소음과 투자』에서 미국 시장의 주식을 S&P 500, 가치주, 성장주, 해외 주식, 소형주의 5가지 유형으로 나눈 뒤, 1970년부터 2000년까지 약 30년간의 수익률과 손실확률을 조사했다.

한 번 사면 각각 1년, 5년, 10년이 지난 후에 팔았다고 가정해 검증한 결과 연수익률은 큰 차이가 없었으나 손실확률은 확연히 달랐다. 투자 기간이 늘어날수록 손실확률은 급격히 떨어지는데, 어떤 유형의 주식이든 1년 투자 시 14~23%의 손실이 났다. 하지만 투자 기간이 길어질수록 손실확률이 낮아졌고, 10년 투자 시 모든 주식의 손실확률이 0%까지 떨어졌다. 번스타인이 말한 장기투자의 장점이 바로 이것이다. 수익률은 손해 보지 않으면서, 손실확률만 낮아지는 것이다.

번스타인의 분석은 장기투자의 장점을 보여주기에 좋으나 대상 지역이 한정적이고, 조사 기간이 1970년부터 2000년까지라는 한계가 있다. 두 가지 점을 개선하기 위해 조사 기간과 대상 국가를 확장해 분석해 보았다.

먼저 미국 주식의 조사 기간을 94년(1927년 12월부터 2021년 12월까지)

으로 확장했다. 이 기간 중에서 임의의 시점에 미국 S&P 500 지수를 매수해 총 1년간 투자했을 경우 어떤 결과를 기록했는지 알아보았다.

- 연평균 수익률: 8.9%
- 손실확률: 27%

만약 임의의 시점에 매수해 총 5년간 투자를 했다면 어떨까?

- 연평균 수익률: 9.6%
- 손실확률: 12%

만약 임의의 시점에 매수해 총 10년간 투자를 했다면 어떨까?

- 연평균 수익률: 10.2%
- 손실확률: 7%

1년 단위, 5년 단위, 10년 단위 투자의 수익률 차이는 크지 않지만, 손실확률이 상당히 낮아진다는 것을 다시 확인할 수 있다.

단, 필자가 계산한 손실확률이 번스타인의 조사 결과보다 더 크게 나온 이유는 조사 기간이 30년에서 94년으로 늘어났기 때문이다. [그 래프 9]에서 확인할 수 있듯이 1998년 즈음 투자를 시작한 투자자라면

[그래프 9] S&P 500에 10년 투자 시 연환산 수익률 추이

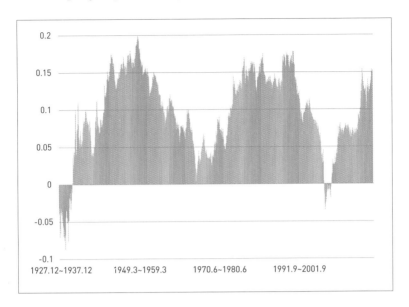

기간: 1927년 12월 ~ 2021년 12월(투자 시작 시점 기준)

큰 손실을 보게 된다. 투자금을 회수하게 될 10년 후인 2008년에 금융 위기가 발생해 미국 주식이 폭락하기 때문이다. 이러한 사례는 아무리 10년 동안 장기투자를 할지라도 손실이 발생할 수 있다는 사실을 보여준다. 또한 1920년대 후반에 투자를 시작한 경우도 10년의 장기투자 기간 중 미국 대공황을 겪으면서 큰 손실을 입을 수밖에 없었다.

두 번째로 조사 대상을 미국 외 지역으로 확대해 보았다. 지수는 한국은 코스피, 나머지 나라는 MSCI의 국가별 지수를 사용했다. 조사 기간은 데이터 제공 기간이 가장 짧은 중국에 맞춰 1993년 1월부터 2021년 12월로 설정했다.

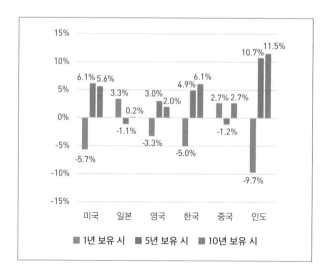

[그래프 10] 국가별 투자 기간에 따른 연수익률 비교

기간: 2003년 1월 ~ 2021년 12월

분석 결과 이번에도 대부분의 지역에서 투자 기간이 길어질수록 손실확률이 개선되는 것으로 나타났다. 다만, 일본과 중국의 경우는 장기투자 시 손실확률이 오히려 커졌다. 수익률의 경우 1년 단위 투자보다 장기투자가 더 나은 모습을 보였으나, 일본과 중국은 그렇지 않았다. 1993년을 기준으로 이후 29년간 국가별 주가지수를 보면 대부분이 우상향했다. 인도(연 10.9%), 미국(연 8.6%), 한국(연 5.3%), 영국(연 3.2%) 등이 그렇다. 그런데 일본은 연 1.6%의 상승을 보이긴 했으나 매우 오랜 기간 횡보하는 모습이었고, 2000년부터 2003년까지, 2008년부터 2012년까지 긴 하락 구간을 보냈다. 중국은 29년간 주가가 15%(연 0.5%)나 하락했으며, 특히 1993년부터 2003년까지 90% 가

[그래프 11] 국가별 투자 기간에 따른 손실확률 비교

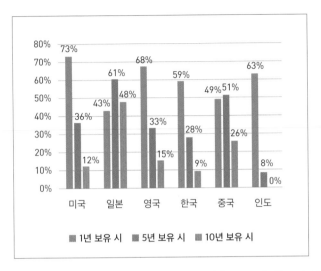

기간: 2003년 1월 ~ 2021년 12월

까운 폭락의 기간을 지나왔다(참고자료 1-11~12, 359쪽).

장기투자의 성과는 조사 기간과 대상을 달리해도 대체적으로 개선되었음을 확인했다. 하지만 일본이나 중국처럼 반대의 경우도 발생했다. 중요한 사실은 이것이다. 투자 기간이나 투자 대상 지역이 달라지면 장기투자의 결과 또한 달라질 수 있으며, 아무 때나 아무 곳에서나 무조건 장기투자가 먹히는 것은 아니라는 사실이다. 그래서 시기와 지역, 대상을 분산할 필요가 있다. 그리고 이를 고민하는 투자가 바로 자산배분, 즉 분산투자다. 그렇다면 어떻게 분산을 해야 수익률은 극대화하고 리스크는 최소화할 수 있을까? 이에 대해선 2부와 3부에서 자세히 다뤄보겠다.

세 번째 투자의 거짓말

시장을 이길 수 있다고 믿는 당신에게

남보다 먼저 테마주를 알면
정말 돈을 벌 수 있을까?

메타버스는 정말 돈을 벌어줄 신박한 아이템일까?

최근 투자 분야에서 가장 핫한 키워드는 '메타버스^{Metaverse}'와 'ESG' 가 아닐까 한다. 2021년 10월 13일 메타버스 관련 ETF 4종(TIGER Fn 메타버스, KODEX K-메타버스액티브, KBSTAR iSelect메타버스, HANARO Fn K-메타버스)이 상장했다. 이들 종목에 하루 만에 70억 원에 달하는 자금이 몰리며 개인 ETF 순매수 상위 종목에 올랐다.

메타버스는 '가상'을 뜻하는 단어 '메타^{meta}'와 '세계'를 뜻하는 단 어 '유니버스^{universe}'의 합성어로, 현실세계와 비슷한 사회, 경제, 문화 활동이 이뤄지는 3차원의 가상세계를 가리키는 용어다.

'메타버스'라는 말은 1992년 미국 SF작가 닐 스티븐슨이 소설 『스노 크래시Snow Crash』에서 언급하면서 처음 등장한 개념이다. 이 소설에서 메타버스는 아바타를 통해서만 들어갈 수 있는 가상의 세계를 가리킨다. 그러다 2003년 린든랩이 출시한 3차원 가상현실 기반의 게임 「세컨드 라이프Second Life」가 인기를 끌면서 메타버스라는 개념이 널리 알려졌다.

최근 메타버스는 5G 상용화로 인한 통신 환경 개선과 코로나19 팬데믹 상황으로 대면 접촉이 어려워진 사회 환경 변화로 인해 다시 조명받고 있다. 기업들은 가상 공간에서 회의를 하고, 아티스트들 역시 팬들과 특정한 가상 공간에서 적극적인 소통을 시도한다. 국내에선 게임과 엔터테인먼트 업계가 선도적으로 메타버스를 활용한 사업을 추진하고 있다. 이번에 출시된 4종의 ETF만 봐도 모두 '게임', '미디어콘텐츠' 관련 종목이 포트폴리오의 70~80%를 차지하고 있다.

구글 트렌드에서 'Metaverse'를 조회해 보면 세계적으로 2021년 초부터 관심이 급격히 증가했음을 알 수 있다. 이러한 관심 증가에 대해 다양한 비판이 제기되고 있다. 과거의 온라인 게임, SNS, 메신저, 증강현실과 같은 서비스와 차이점이 없다는 것이다. 2003년 출시된 「세컨드 라이프」에서 혁신적으로 나아진 점이 없다는 비판도 있고, 가상화폐와 아바타를 사용한다는 점에서 '싸이월드'와 큰 차이가 없다는 지적도 한다.

이와 반대로 최근 메타버스의 사례로 언급되는 '제페토'나 '로블록스' 등은 기존의 서비스와 차별화되어 있다는 주장도 있다. 3차원 공간에 구현되어 있으며, 여러 사람이 온라인에서 동시에 참여할 수 있기 때문이다. 게다가 참여자 간 소통이나 소셜 활동도 가능하며 수익 창출까지 할 수 있다.

기술 자체에 대한 의견은 향후에 지속적으로 지켜보면 될 일이고, 투자자 입장에서 중요한 것은 이런 테마주에 투자했을 때 내가 돈을 벌 수 있는지 여부다. '기술의 발전'과 '투자 수익'이 정비례하지는 않기 때문이다. 마침 지난 2022년 10월 12일은 앞에서 언급한 4종의 메타버스 ETF가 출시된 지 1년째 되는 날이었다. 그렇다면 지난 1년간 이들의 수익률은 얼마였을까?

- TIGER Fn메타버스: -33%

- KODEX K-메타버스액티브: -29%

- KBSTAR iSelect메타버스: -43%

- HANARO Fn K-메타버스: -39%

코스피 200을 추종하는 'KODEX 200 ETF'는 1년간 -22%의 수익률을 기록했다. 이에 비해 이 4종의 메타버스 ETF들은 같은 기간 최소 7%에서 최대 21%나 더 안 좋은 결과를 보인 것이다.

ESG는 정말 미래 투자 시장의 블루칩일까?

또 다른 인기 테마인 'ESG'의 사례를 살펴보자. 미래에셋투자와연금
센터에서 2021년 10월에 발간한 간행물 《투자와연금 4호》에는 다음·
과 같은 내용이 실려 있다.

> 2003년 전 세계 12개 자산운용사로 구성된 AMWG(Asset Management
> Working Group)는 ESG 관점을 결합한 투자 방식과 투자 성과 관계
> 성에 대한 연구를 수행했으며, 그 결과 'ESG 요소를 고려한 투자
> 가 장기적으로 주주 가치 증대에 영향을 미친다'라고 결론을 내렸
> 습니다. ESG는 장기 투자 성과에 영향을 미치기 때문에 기관투자
> 자들 사이에서 투자 열기가 뜨겁습니다. 국민연금은 2019년 11월
> '국민연금기금 책임투자 활성화 방안'을 의결했으며, 전 세계 주요
> 연기금 및 국부펀드들이 투자 시 ESG 요인을 고려하고 있습니다.
> 기관투자자들의 ESG 투자 확대에 힘입어 전 세계 ESG 관련 투자
> 자산은 빠르게 증가하고 있습니다. '글로벌지속가능투자연합(GSIA:
> Global Sustainable Investment Alliance)'의 발표에 따르면 전 세계 ESG
> 관련 투자 자산 규모는 2016년 22조 8390억 달러에서 2020년 35조
> 3010억 달러로 54.5% 증가했습니다.

[그래프 12]는 구글 트렌드에서 조사한 것으로 'ESG'라는 단어에

[그래프 12] ESG에 대한 관심도 변화

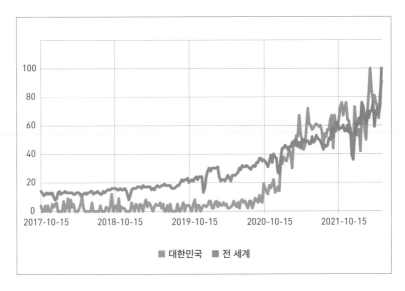

기간: 2017년 10월 ~ 2022년 5월
출처: 구글 트렌드

대한 지난 5년간의 관심도 변화를 보여준다(세로축 수치는 '구글 트랜드 수치'인데, 구글의 설명에 따르면 검색 빈도가 가장 높은 검색어의 경우 100, 검색 빈도가 그 절반 정도인 검색어의 경우 50, 해당 검색어에 대한 데이터가 충분하지 않은 경우 0으로 표시한다고 한다). 한국에서는 2020년 말부터 급격히 관심도가 증가했다는 것을 알 수 있다. 전 세계적으로는 꾸준히 관심이 있었으나 2019년 하반기부터 관심도가 급증했다.

ESG는 '환경environment', '사회social', '지배구조governance'를 의미하는 영어 단어의 첫 글자를 모은 말이다. 기업 경영을 할 때 친환경, 사회적 책임, 지배구조 개선 등의 요소를 중요하게 다뤄야 한다는 의미로 사용되고 있다. 투자 분야에서도 세계적인 자산운용사와 연기금들이 투자 대상 기업을 정할 때 ESG를 주요 잣대로 삼고 있다고 하며, 이와 관련해 투자자의 관심을 끄는 기사들도 늘어나고 있다.

금융 상품 선택에서 ESG(환경·사회·지배구조)가 중요한 고려 요소가 되고 있다. ESG는 기업의 비非재무적 요소여서 투자 수익과 무관해 보이지만, 최근 들어 ESG에서 우수한 평가를 받는 기업에 대한 투자에서 더 많은 수익이 나고 있기 때문이다. 13일 한국거래소에 따르면, 올해 들어 한국거래소가 산출하는 ESG 관련 지수가 코스피나 코스닥 지수 등보다 높은 상승률을 보이고 있다. '한국거래소 거버넌스 리더스 100(KRX Governance Leaders 100) 지수'의 경우 올해 들어 지난달 말까지 20.4% 상승했는데, 코스피 상승률(9.6%)의 두 배가 넘는 수준이다. (중략) 한국거래소는 2015년부터 ESG 관련 지수를 개발해 산출하고 있다. 한국거래소가 ESG 경영을 잘하는 기업들을 대표하는 지수를 발표하면, 자산운용사와 증권사들이 이를 추종하는 상품을 만들어 판다.

위의 인용 내용은 《조선일보》의 2021년 5월 14일 자 기사 「날개 단 ESG 주식, 올해 코스피 9% 뛸 때 20% 날았다」의 내용 일부다. 기사에 인용된 한국거래소뿐 아니라 글로벌 지수 사업자인 MSCI가 발표하는 ESG 지수를 추종하는 ETF들이 상장되어 거래되고 있다.

[표 10] KODEX 200 대비 각 ESG ETF의 성과 현황

구분	KBSTAR ESG 사회책임투자	FOCUS ESG 리더스	KODEX MSCI KOREA ESG 유니버설	TIGER MSCI KOREA ESG 리더스
전체 기간 (연도)	3	4	3	3
초과 성과 횟수	2	2	1	1
초과 성과 비율	67%	50%	33%	33%
초과 성과 누적 수익률	4%	-19%	-1%	-6%
초과 성과 연환산 수익률	1%	-5%	-0.4%	-2%

기간: ETF 상장일 ~ 2021년 12월

메타버스와 달리 ESG의 경우 관련 지수나 ETF가 출시된 지 오래되어 그 성과를 확인해 볼 수 있다(참고자료 1-13, 360쪽).

ESG 지수들의 과거 성과 중 상장 연도의 성과는 제외하고, 각 지수의 연수익률에서 코스피 200 지수의 연수익률을 뺀 값인 '초과 성과'를 분석했다. 한국거래소에서 2011년에 출시한 'KRX Eco 리더 100', 'KRX ESG 리더 150', 'KRX 거버넌스 리더 100' 등 3개 ESG 지수의 누적 성과는 코스피 200보다 0.6~2.5% 정도 낮았다. 나머지 4개의 ESG 지수는 코스피 200보다 0.5~1.2% 정도 높은 성과를 보였다(참고자료 1-14, 361쪽).

[표 10]은 실제 출시되어 운영 중인 ESG 관련 ETF들의 성과를 조사한 것이다. 각각 연 단위로 지수 ETF인 KODEX 200 대비 초과 성과를 분석한 결과, 3개의 ESG ETF가 -0.4~-5%의 낮은 성과를 보였고, 1개의 ESG ETF(KBSTAR ESG사회책임투자)만이 1%의 초과 성과를 냈다(참고자료 1-15, 362쪽).

물론 과거의 성과만으로 미래의 성과를 예측할 수는 없다. 다만 언론에 많이 나온다고 해서, 경영계의 화두라고 해서, 인기가 많다고 해서 섣불리 특정 테마주에 투자하는 것은 생각만큼 좋은 결과를 가져오지 못할 수 있다. 유행에 편승하는 투자가 위험할 수 있음을 잊지 말아야 한다.

테마주의 손실률은 얼마나 심각할까?

'정치 테마주'란 기업의 경영진 또는 지배 주주가 선거 후보와 학연, 지연, 혈연 등으로 관련이 있다고 여겨지면서 주가가 급등락하는 종목을 말한다. 과거 대통령선거 사례를 보면 정치 테마주는 결국 선거일이 가까워지면서 주가가 하락하는 경향을 보였다.

제16대 대선 때는 노무현 후보의 '충청권 수도 이전 계획' 공약에 따라 충청권에 연고를 둔 기업들의 주가가 들썩였고, 제17대 대선 때는 이명박 후보의 '4대강 사업' 공약으로 각종 건설 관련주가 들썩였다. 제18대 대선에서는 박근혜 후보의 친동생이 최대 주주로 있는 기업이 테마주로 떠올랐고, 제19대 대선에서는 각 후보들의 학연, 지연, 혈연 등으로 테마주가 형성됐다. 제20대 선거에서 지지율이 가장 높았던 두 후보의 정치 테마주로 언론에서 언급되었던 83개 종목을 보면, 대통령선거 후보와 기업 경영진 사이의 공통 지인(44%), 후보와 경영진과의 사적인 인연(18%), 후보와 경영진과의 학연(16%) 등 해당 기업의 사업과 직접적인 관련성 없이 그저 후보와의 막연한 관계만으로 주가가 오른 경우가 대부분이었다.

제19대 대선 당시 반기문 전 유엔 사무총장의 갑작스러운 대선 불출마 발표 직후인 2017년 2월 2일 반기문 테마주 13개 종목이 하한가를 기록했다. 전무이사가 반 전 총장과 친분이 있다고 알려진 '성문전자'와 반 전 총장의 외조카가 대표인 것으로 전해진 '지엔코' 등이 대표적이다. 제18대 대선에서도 마찬가지였다. 대선을 석 달 앞둔 2012년 9월 14일 안철수 후보가 CEO로 있던 '안랩'은 1년 전 3만 원대였던 주가가 12만 9300원까지 올랐다. 또 다른 테마주이자 500원대 동전주였던 '써니전자'의 주가 역시 단숨에 1만 원으로 올랐다. 그러나 선거를 한 달여 앞둔 11월 23일 안 대표가 불출마를 선언한 뒤 안랩은 74.9%, 써니전자는 90.3%까지 주가가 하락했다.[5]

한국거래소가 제19대 대선 주자들의 윤곽이 조기에 드러난 2016년 9월부터 11월까지 정치 테마주 16개 종목을 분석한 결과, 이 기간

16개 종목의 평균 주가는 최고가 대비 35% 하락했다. 지수 등락과 비교해 고점 대비 최소 6.5%에서 최대 44.6%까지 더 내려간 것으로 나타났다. 테마주의 주가변동폭도 평균 130.1%에 달해 매우 컸다. 이 같은 투기장의 최대 참여자이자 피해자는 단연 개미였다. 테마주에 투자한 개인 투자자 비중은 97%에 달했지만, 10명 중 7명은 큰 손실을 입었다. 5000만 원 이상을 투자한 '큰손' 개미들의 손실 비율은 무려 93%였다.[6]

이전 정치 테마주와 마찬가지로 제20대 대통령선거의 정치 테마주 역시 관련 후보의 여론조사 지지율이나 정치적 이벤트에 따라 주가가 급등락을 보였다. 이 중에는 2021년 연초 대비 962%나 가격이 급등했던 종목도 있으며 정치 테마주로 거론되자마자 가격이 급격히 올랐다가 바로 거래가 정지된 경우도 있다.

정치 테마주의 가격 급등은 지속되지 못한다. 자본시장연구원의 자료[7]에 따르면, 제18대 및 제19대 대선 과정에서 각각 상위 두 후보의 정치 테마주로 분류된 64개 종목을 주가지수로 만들어 선거일까지의 추이를 제20대 대선 정치 테마주와 함께 비교해 보면 선거가 본격화될수록 제18대와 제19대 대선 정치 테마주 지수는 모두 상승하는 모습을 보였다. 제20대 대선 정치 테마주 지수도 2021년 초부터 6월 말까지 꾸준히 상승했다가 다소 하락했으나 2021년 초에 비하면 여전히 높은 수준에서 머물고 있다. 그러나 선거일이 임박해지면서 과거 두 정치 테마주 지수는 선거일 기준 13~24 거래일 전부터 빠르게 하락했다. 이러한 정치 테마주 지수 추이는 코스피 지수 성과를 차감한 초과 성과를 비교해도 동일했다.

한국거래소 시장감시위원회의 2017년 4월 11일 보도자료에 따르면, 정치 테마주에는 '상한가 굳히기', '초단기 매매', '허수성 호가', '가장/통정성 매매', '풍문유포' 등 비정상적인 주문 유형이 많다. 또한 조사 대상 기간 중 매매 손실이 발생한 투자자의 99.6%가 개인 투자자였다.

정치 테마주 현상은 금융 당국의 지속적인 단속에도 불구하고 쉽게 사라지지 않고 있다. 이런 현상이 반복되는 이유는 투자자의 비이성적 과열과 그에 따른 쏠림 행태의 결과라고 생각한다. 다른 나라에서는 한국의 정치 테마주 현상과 동일한 사례는 찾기 힘들다고 한다.[8] 정치 테마주에 편승해 단기간에 고수익을 챙길 수 있다고 믿는 비이성적인 과열과 그런 현상을 조장하는 문화가 유독 우리나라에서만 만연하는 이유는 무엇일까? 한 가지 확실한 사실은 '사기'와 '작전'이 판을 치는 단기 테마 시장에 평범한 투자자가 끼어들 자리는 없다는 것이다. 어설프게 한몫 챙기려다 오히려 큰 손실을 볼 수 있으니 웬만하면 기웃거리지 않는 게 좋다.

차트를 보면 '패턴'이 보인다?

두 투자 전문가의 논쟁

여기 두 명의 투자 전문가가 있다. 둘은 최근 미국 주가 움직임의 추이를 근거로 상승론과 하락론에 관해 논쟁하고 있다.

미국 주식(S&P 500)은 앞으로 1년 안에 52% 하락할 것입니다. 최근 미국 주식의 반등은 기술적 요소에 의한 것으로 향후 주가는 지금보다 44~52% 하락할 것이며 바닥을 확인하기까지 10~12개월 정도가 걸릴 것으로 예상합니다. 최근 2년간 미국 주식의 패턴은 과거 2006년 5월부터 2008년 5월까지의 패턴과 매우 유사합니다.

[그래프 13] 향후 주가 하락 예측의 근거들

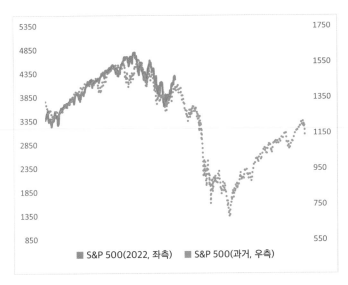

S&P 500의 과거 움직임과의 비교(2006년 5월 ~ 2010년 5월)

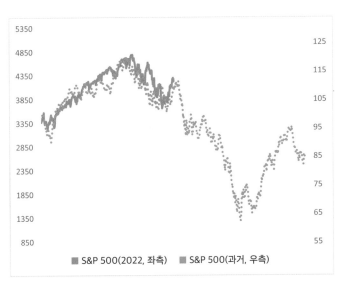

S&P 500의 과거 움직임과의 비교(1971년 9월 ~ 1975년 9월)

출처: 프리즘투자자문

[그래프 13]을 보십시오. 당시 주가는 1426포인트에서 683포인트로 10개월 동안 52% 하락했습니다. 또한 1973년 10월 패턴과도 비슷하며 이때는 110포인트에서 62포인트로 44% 하락했습니다. 따라서 미국 주식은 앞으로 50%의 하락을 각오해야 합니다.

- 하락론자

이에 대해 상승론자는 이렇게 반박한다.

아닙니다. 지금이야말로 큰돈을 벌 수 있는 기회입니다. S&P 500은 앞으로 40% 이상 폭등할 것입니다. 최근 미국 주식(S&P 500)의 반등은 'W'자형 바닥을 다지는 패턴을 확인시켜 줍니다. 기술적 조정 이후 2년간의 대세 상승장이 펼쳐질 것입니다. 주가는 최소 28%에서 33~40% 이상 상승 가능합니다. [그래프 14]가 바로 강력한 증거입니다. 최근 2년간 미국 주식의 패턴은 2013년 10월부터 2015년 10월까지의 패턴과 매우 유사합니다. 당시 주가는 2000포인트에서 2550포인트까지 상승했습니다. 지금부터 분할 매수로 접근하고, 기술적 조정을 받을 때 더욱 적극적으로 매수에 가담하면 큰 수익을 얻을 수 있습니다. 현재의 패턴은 1960년 8월부터 1962년 8월까지의 패턴과도 매우 흡사합니다. 이런 기회를 놓치면 안 됩니다.

- 상승론자

[그래프 14] 향후 주가 상승 예측의 근거들

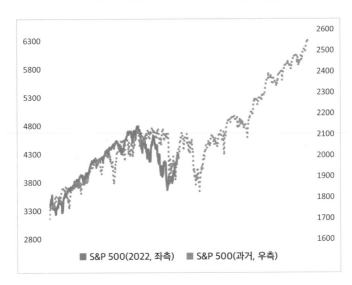

S&P 500(2022, 좌측) ■ S&P 500(과거, 우측)

S&P 500의 과거 움직임과의 비교(2013년 10월 ~ 2017년 10월)

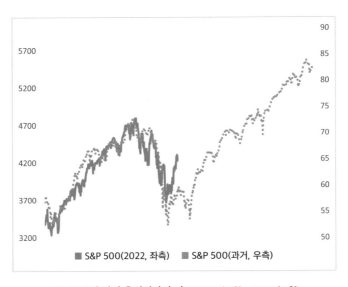

S&P 500(2022, 좌측) ■ S&P 500(과거, 우측)

S&P 500의 과거 움직임과의 비교(1960년 8월 ~ 1964년 8월)

출처: 프리즘투자자문

이 대화는 최근 2년간(2020년 8월 19일부터 2022년 8월 19일까지) 미국 주식의 움직임을 가지고 '패턴 찾기'를 한 상승론자와 하락론자의 인터뷰를 가상으로 만들어본 것이다.[9] 각 그래프를 보면서 그들의 주장을 좀 더 길게, 스토리텔링까지 가미해 들었다면 더욱 솔깃했을 것이다.

런던대영박물관의 메소포타미아미술관에는 고대 세계의 놀라운 유물 중 하나가 있다. 양의 간을 실물 크기로 만든 점토 모형인데, 바빌로니아 전문 예언자인 바루(baru)들의 훈련 도구였다. 바루는 갓 도살한 양의 내장을 연구해 미래를 예측했다. 바루와 그 추종자들은 이러한 변수들이 곧 일어날 일을 예언하는 데 도움이 될 수 있다고 믿었다. 이 유물이 놀라운 점은 오늘날 금융 뉴스에 대한 보도만큼이나 현대적이기 때문이다. 이 점토 모형이 메소포타미아에서 처음 구워진 지 3700여 년이 지난 지금도 간을 읽어내는 바빌로니아 바루들은 우리와 함께 살고 있다. 다만 지금은 시장 전략가, 금융 분석가, 투자 전문가라고 불린다. 피투성이의 간에서 의미를 조작하던 고대의 바루처럼 오늘날의 시장 예측자들은 때때로 미래를 맞힌다. 물론 순전히 운이 좋아서다. 그러니 "전문가"들이 틀리는 상황이 동전 뒤집히듯 자주 나타난다.[10]

제이슨 츠바이크는 그의 책 『투자의 비밀』에서 시장을 예측하는 이들을 '양 내장의 패턴을 연구해 점을 치던 고대의 바루'와 같다고

이야기한다. 그리고 빗나간 예측의 사례들을 언급한다. 그중 일부는
아래와 같다.

- 매년 12월 《비즈니스위크》가 월스트리트의 주요 전략가들
  을 조사하면서 내년 주식의 방향을 묻는다. 지난 10년간 이런
  '전문가' 예측들은 평균 16% 이상 빗나갔다.

- 2000년 4월 14일 나스닥 증시는 9.7% 하락한 3321.29포인트
  로 마감했다. 켐퍼펀드의 로버트 프뢸리히는 "오랜만에 개인
  투자자들에게 가장 좋은 기회"라고 말했다. '도날드슨, 러프
  킨 & 제리트'의 토머스 갤빈은 "나스닥의 하락 가능성은 단
  지 200~300포인트뿐이다. 반면 상승은 2000포인트나 가능하
  다"라고 주장했다. 2002년 10월 나스닥이 1114.11포인트까지
  계속 하락하면서 상승은 없었고 하락폭은 2200포인트 이상이
  었다.

- 1980년 1월, 온스당 850달러라는 기록적인 금 가격에 대해,
  미국 재무장관 G. 윌리엄 밀러는 다음과 같이 발표했다. "당
  분간 정부의 금을 매각하기에 적당한 시기는 아닌 것 같다."
  다음 날 금값은 17% 하락했다. 그 후 5년간 금은 가치의 3분
  의 2를 잃었다.

- 소수의 주식을 주의 깊게 연구하는 월스트리트 애널리스트들
  조차도 술래잡기 놀이를 하는 편이 나을 것이다. 펀드매니저

데이비드 드레먼에 따르면, 지난 30년 동안 애널리스트들이 추정한 다음 분기 기업 수익은 평균 41%가 틀렸다. 텔레비전 기상예보관이 어제 15도가 될 것이라고 말했는데, 그 대신 오늘 1도가 되었다고 상상해 보라. 이것도 41%의 오차다. 예보자의 정확도가 과거만큼이라고 해보자. 당신은 앞으로도 그의 예보에 귀를 기울이겠는가?

투자자여, 당신의 뇌를 주의하라

중국인들 사이에서 2020년 2월 2일이 '결혼하기 좋은 날'로 인기를 끌었다. 연도까지 같이 표기하면 '20200202'로 앞으로 읽어도, 뒤로 읽어도 완벽히 대칭을 이룬다. '2020'의 중국 발음이 '얼링얼링'인 것도 '아이니, 아이니(사랑해, 사랑해)'라는 발음과 비슷해서 좋아한다고 한다. 일요일인 이날 혼인신고를 하려는 사람들 때문에 주말 근무를 하는 지역 관공서도 늘었다. 이런 일은 처음이 아니다. 2009년 9월 9일에도 혼인신고를 하려는 커플들로 중국 전역이 북새통을 이룬 적이 있다. 숫자 '9(九)'의 발음이 한자 '오랠 구(久)'와 비슷해 이날 결혼하면 백년해로한다는 믿음이 있었기 때문이다.[11]

이런 현상은 중국에만 있는 것이 아니다. 우리나라 사람들도 '3월 3일(삼겹살데이)', '11월 11일(빼빼로데이)' 등 특이해 보이는 날짜를 섭게 기억하고, 기업은 이런 날짜들을 마케팅에 적극 활용한다. 하지만 저런 날짜들이 특별히 좋은 날이라는 근거는 없다. 그런데 왜 사람들은 단순한 숫자의 나열, 우연히 발생한 현상에 반응하는 것일까?

선천적으로 인간의 두뇌는 단순한 패턴을 인지해 판별하는 능력을 갖고 있다. 이러한 능력은 선사 시대의 인류가 맹수를 피해 식량과 주거지를 찾아내고, 훗날 농작물을 재배하는 농경 사회로 나아가도록 했다. 미국 다트머스대학의 심리학 교수 조지 월퍼트는 '인간이 왜 예측 불가능한 상황에서도 패턴을 찾아내려고 하는지'를 연구했다. 월퍼트 연구진은 연구를 통해 뇌의 좌반구에서 어떤 '인자(무언가의 원인이 되는 요소나 물질)'의 존재를 알아냈다. 이 인자는 존재하지 않는 경우에도 패턴을 찾아내도록 만든다. 그들은 이 인자에 '해석자 interpreter'라는 이름을 붙였다. 해석자는 실제로 패턴이 존재할 경우에는 유리하게 작용한다. 하지만 그 반대의 경우에는 사람들에게 혼란만 가중시키거나 잘못된 판단을 하게 한다.[12]

투자 방법 중 하나인 '기술적 분석'은 사람들의 심리나 본성을 이용하는 투자 방법으로, 가격 또는 거래량 등을 계량화, 차트화 등으로 단순화한다. 이런 식으로 과거의 일정한 패턴이나 추이를 발견하여 이러한 패턴이나 추이의 연결 선상에 있는 미래 주가를 예측한다. 이에 따라 발생하는 매수 신호나 매도 신호에 따라서 주식을 매매하는 방식이다. 대부분 차트로 표현되기 때문에 흔히 '차트 분석'이라고 부르고, 차트에 나타나는 패턴을 분석하기 때문에 '패턴 분석'이라고 부르기도 한다.

　사람들이 기술적 분석을 신뢰하는 이유는 경제학적 요인보다 심리적 요인 때문이다. 심리학에 따르면, 인간의 뇌는 복잡한 문제에서 벗어나려는 경향이 있다. 차트 패턴을 본 뇌는 그것이 우연히 나타난 것이라고 믿으려 하지 않는다. 그래서 각종 이론과 수식으로 포장된, 단순한 기하학적 패턴을 믿음으로써 마음의 안정을 찾는다.[13] 이러한 뇌의 작용 혹은 심리적 요인 덕분에 기술적 분석은 친숙하고 그럴싸해 보인다. 하지만 이를 비판하는 사람들은 패턴은 우연의 산물이라고 주장한다. '없는 패턴'을 '해석자'가 만들어냈다는 것이다.

　경제학자 로버트 루카스는 과거의 정보가 미래 예측에 전혀 쓸모가 없다고 주장했다. 합리적인 사람들은 과거로부터 예측 가능한 패턴을 파악해서 그것을 변형해 적용할 것이기 때문이다(그는 이 주장으로 1995년 노벨경제학상을 받았다). 루카스의 관점은 이렇게 비유할 수 있다.

　　합리적인 투자자들이 월요일마다 주가가 상승하는 패턴을 감지하면 이들은 이런 효과를 기대하고 금요일에 주식을 매입할 것이다. 그러면 월요일 상승 패턴은 곧 사라지게 된다. 누구나 이용할 수 있는 패턴이라면, 그런 패턴을 찾아봐야 아무 소용이 없다. 그 패턴은 발견되는 순간 스스로 사라지기 때문이다.[14]

　이런 이야기는 투자자에게 중요한 교훈을 준다. 뇌는 늘 패턴을 찾기 때문에 존재하지 않는 패턴일지라도 그것이 진실이라고 금세 믿어버릴 수 있다는 것이다. 그리고 이런 믿음은 잘못된 투자 결정을 내리게 한다. 이로 인한 실수는 투자의 세계에서는 곧장 손실로 이어지며, 자칫 치명적인 손실을 겪게 될 수도 있다. 투자를 결정할 때 늘 주의해야 하는 대상 중 하나가 우리의 뇌라는 사실을 잊지 말자.

믿을 만한 투자 스승을 찾아라?

투자 고수에게 직접 과외를 받은
허영만 화백의 '진짜 성과'는?

『타짜』, 『식객』 등으로 유명한 허영만 화백이 2017년 8월부터 직접 주식 투자를 하며 그 내용을 만화로 연재하기 시작했다. 3000만 원으로 시작해 유명한 투자 고수 5명의 자문을 받으며 투자했다. 자문단이 허 화백에게 투자 종목과 매매 시점을 코치해 주는 방식이었다. 최준철 VIP자산운용 대표 같은 제도권 고수뿐만이 아니라 우담선생, 하웅, 이성호 같은 재야 고수, 그리고 쿼터백자산운용의 로보어드바이저도 포함됐다.

이후 1년간 운용 성적은 31.92%로 같은 기간 코스피(-5%)와 코스닥(20%)의 수익률을 현격하게 앞질렀다. 만화가 인기를 끌자 2019년 4월에는 자본금을 6000만 원으로 올려 '허영만의 6000만 원'이라는 제목으로 연재했다. 화려한 자문단의 지도를 받으며 3년간 투자한 허 화백의 투자 성과는 어땠을까?

2020년 6월 『허영만의 6000만 원』은 연재를 종료했다. 마지막 화에서 밝힌 허 화백의 누적 수익률은 -25.02%였다. 자문단도 모두 손실을 기록했다. 전업 투자자 하웅 씨는 -61.17% 손실을 봤다. 최준철 VIP자산운용 대표는 -26.84%, 손명완 세광무역 대표는 -21.15%, 이정윤 밸런스투자아카데미 대표는 -15.06%, 김경석 두나무투자일임 이사는 -12.20%의 손실을 봤다.[15]

허영만 화백이 기록한 1년 차 때의 32% 수익이나 3년 차 때의 -25% 손실 모두 각각의 상황에 따라 사연이 달랐을 것이다. 허 화백의 투자 결과로만 봤을 때 그는 변동성이 몹시 큰 투자를 했음을 알 수 있다. 그가 느낀 심리적 스트레스를 수치화한다면 어떨까? 단순히 최종 손실률 '-25%'가 아니라, 가장 좋은 수익률이었던 '31%'와 최종 손실률인 '-25%'의 차이인 '-56%'쯤 되지 않을까? 이런 추측을 하는 것은 '기준점 효과'에 근거한다. 투자 1년 후 허 화백의 기준점은 아마 31%라는 수익률에 맞춰져 있었을 것이기 때문이다.

허 화백은 그렇게 유명한 투자 고수들에게 코치를 받는데도 왜 성과가 좋지 않았을까? 그는 어느 인터뷰에서 이렇게 말했다.

지난 2년간 집중적인 자습과 전문가들의 특별 과외를 받았음에도 여전히 주식은 어려워요. 어떤 책에서는 계란을 한 바구니에 담지 말고 분산해 투자하라고 하고, 또 다른 책에서는 '확신 있는 주식'에 몰아서 투자해야 돈을 번다고 써 있어요. 책마다 이야기가 달라 주식 공부는 글로 배워서 될 일이 아니더라고요. 또 어떤 고수는 자신의 포트폴리오를 그대로 친구한테 공개하는데도 그 친구는 수익을 못 냈습니다. 만화랑 마찬가지지요. 그리는 법을 알려줘도 못 그립니다. 결국 자기만의 투자 방식을 터득하는 길밖에는 없습니다.[16]

투자 관련 공부를 하다 보면 저마다 다양한 투자법으로 성공을 이룬 사람들의 이야기를 접하게 된다. 투자 초보의 경우 어느 방법이 맞는지 헷갈릴 수밖에 없다. 그러다 보니 유명한 사람, 많이 번 사람을 찾게 된다. 여기서 문제가 시작된다. 투자 역시 사업만큼이나 다양한 성공 방식이 있다. 사업에서 큰 부를 일군 기업들의 사례가 미화되곤 하지만 실제 사업가들의 이야기를 들어보면 자신들의 성공이 "운칠기삼運七技三"이었다고 한다. 즉, 운의 영역이 더 크게 작용했다는 이야기다. 기술이 좋아도 운이 나쁘면 실패하고, 기술이 뛰어나지 않아도 운이 좋으면 크게 성공한다. 10여 년째 국내 시총 1위를 지키고 있는 회사는 삼성전자다. 삼성전자가 돈을 많이 번다고 해서 내가 사업을 시작해 삼성전자를 따라 하는 게 맞을까? 아니면 작은 스타

트업으로 시작해 글로벌 10위 안에 드는 회사로 성장한 구글이나 페이스북 같은 회사를 따라 하는 게 맞을까? 두 가지 다 말도 안 되는 소리라고 생각할 것이다. 그렇다면 투자는 어떤가? 투자를 하는 사람 중에 '워런 버핏'을 모르는 사람은 없을 것이다. 국내에서는 최근에 언론에 자주 나오는 '존 리'나 '강방천', 앞서 언급된 '최준철' 등이 알려져 있는 편이다. 초보 투자자들은 이렇게 유명한 사람들의 책을 읽거나 영상을 보면서, 그들의 투자 철학과 전략을 공부한다. 하지만 허 화백이 그랬던 것처럼 투자 성과는 별로 좋지 않다. 왜 그럴까?

주식 초보가 유명한 투자자들을 따라 투자하는 것은, 요리 초보가 유명 레스토랑 셰프의 음식을 따라 만드는 것과 같다. 설사 셰프가 레시피를 알려주거나 요리하는 장면을 영상으로 찍어 보여준다고 해도 요리 초보가 그 맛을 내기란 어렵다. 주식 초보 역시 마찬가지다. 문제는 유명한 투자자들이 그들의 레시피와 투자법을 다 공개하지도 않았는데, 주식 초보들이 어설픈 책이나 영상만 보고 따라 한다는 것이다. 그러니 투자가 점점 어려워질 수밖에 없다. 어쩌다 수익이 날 수도 있지만, 곧이어 큰 손실이 나기라도 하면 어쩔 줄을 몰라 하는 것이다. 허 화백의 사례 역시 비슷해 보인다.

요리 초보에게 정말 필요한 사람은 유명 셰프가 아니라 백종원이 아닐까? 외식 사업가인 백종원은 다양한 텔레비전 프로그램을 통해 쉬운(?) 요리법을 전파하고 있다. "참 쉽죠잉?"이라는 말로 유명한 그는 집에 있는 재료들로 간단히 한 끼를 해결할 수 있는 레시피를 알려준다. 복잡하지 않으면서도 쉽게 따라 할 수 있어 은퇴한 남자들도 그의 요리 영상을 보며 음식을 만든다고 한다. 요리 초보인 나도 그의 영상을 보면 따라 만들 수 있겠다는 생각이 든다. 실제로 몇 번 그의 레시피를 보며 만든 요리로 아내와 아이들에게 점수를 따기도 했다. 투자 초보에게 필요한 것은 역시 백종원 같은 사람이 아닐까?

요리 초보에게 필요한 건 복잡하고 현란한 레시피로 만드는 듣도 보도 못한 이름의 요리가 아니다. 백종원의 레시피처럼 간단하게 고른 재료들로 만들었음에도 영양소를 골고루 섭취할 수 있는 요리가 필요하다. 김치찌개나 미역국, 계란말이를 이용한 한 끼 밥상 말이다. 이와 마찬가지로 주식 초보에게 필요한 것은 '고도화된 기업 분석', '차트 패턴 보기', '테마주 따라잡기' 등이 아니다. 오히려 위험을 줄이며 적정한 수익률로 시작할 수 있는 레시피가 필요하다. 투자계의 백종원이 누구인지는 모르겠으나, 최소한 복잡하고 화려하며 고수익을 자랑하는 이는 아닐 것이다.

2020년 73세의 허영만 화백이 주식 투자의 어려움을 토로한 기사를 보면서, 300년 전인 1720년 70대 후반의 뉴턴이 남긴 말이 생각났다. 뉴턴은 남해회사에 투자했다가 거의 전 재산인 2만 파운드(약 20억 원)의 손실을 입고 나서 이렇게 말했다고 한다. "천체의 움직임은 계산할 수 있어도 인간의 광기는 도저히 측정할 수 없다."

버핏을 내 펀드매니저로 고용한다면?

국내 주식 투자 전문가들의 도움을 받은 허 화백조차 이토록 저조한 성적을 거뒀다. 이 이야기를 듣고 어떤 독자들은 혹시 이런 생각을 하고 있을지 모르겠다.

'국내 투자 전문가가 아니라 그 범위를 해외로 넓혀 전설적인 투자의 거장들이 허 화백을 도왔다면?'

워런 버핏은 가치 투자의 대가로 세계에서 가장 유명한 투자자다. 사람들은 버핏을 그의 회사 버크셔해서웨이가 위치한 '오마하'라는 도시명에서 따온 애칭 '오마하의 현인'이라고 부른다. '현인'이라는 별명을 붙였다는 것 자체에서 투자자들이 그를 어떻게 생각하는지가 드러난다. 다른 투자 대가들을 표현할 때 워런 버핏에 빗대어 표현하는 것을 봐도 버핏의 명성이 얼마나 대단한지 알 수 있다. 위대한 투자자 중 1명인 앙드레 코스톨라니의 별명 중 하나가 '유럽의 버핏'이고, 연기금 포트폴리오 운용업계에서 최고로 꼽히는 데이비드 스웬슨 역시 '기관투자계의 버핏'이라 불리기도 했다(코스톨라니나 스웬슨은 오히려 이런 별명을 싫어할 수도 있겠지만 말이다). 버핏의 명성이 다른 투자자들을 압도적으로 능가하는 이유 중 하나는 그가 늘 세계 부호 순위 10위 안에 오르기 때문이다.

우리는 버핏만큼 투자를 잘할 자신도 없고, 버핏을 따라 하기도 어렵다. 하지만 버핏을 내 펀드매니저로 만드는 방법은 있다. 버크셔해

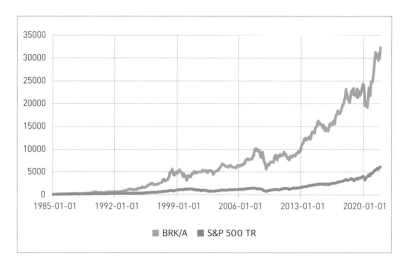

서웨이의 주식을 사는 것이다. 버핏 재산의 대부분이 버크셔해서웨이의 주식이고, 또한 그 자신이 버크셔해서웨이의 회장으로 있으면서 회사가 성장하도록 늘 노력하고 있으니 버크셔해서웨이의 주식을 사면 그 성과를 버핏과 같이 누릴 수 있는 것이다.

어떤 투자 상품에 돈을 넣기 전에 과거 성과를 점검해 보는 것은 지극히 당연한 일이다. 버크셔해서웨이의 주식 역시 마찬가지다. 1985년 1월부터 2021년 12월까지 37년간 버크셔해서웨이의 누적 수익률은 3만 2206%다. 1억 원으로 투자를 시작했다면, 현재 잔고가 322억 6000만 원이라는 말이다. 버크셔해서웨이의 연환산 수익률은 16.9%로 같은 기간 미국 대형주 지수(S&P 500)의 11.8%보다 5.1%p

[그래프 16] 버크셔해서웨이와 미국 대형주 지수의 장기 누적 성과 비교
(세로축 로그 변환)

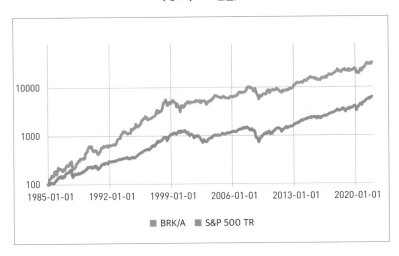

기간: 1985년 1월 ~ 2021년 12월

나 높은 초과 수익을 보였다. [그래프 15]를 보면 미국 대형주 지수와 비교도 되지 않을 정도로 높은 성과를 냈음을 알 수 있다. [그래프 16]은 앞의 [그래프 15]와 동일한 데이터인데, 세로축을 로그 단위로 변환한 것이다. 이렇게 변환해서 그리면 버크셔해서웨이와 미국 대형주 지수의 1980~1090년대의 움직임과 2000~2010년대 움직임을 공평하게 바라볼 수 있다.

[그래프 16]을 자세히 보면 대략 2000년 이전의 버크셔해서웨이 주가의 상승 각도가 미국 대형주 지수보다 훨씬 가팔랐음을 알 수 있다. 즉, 훨씬 좋은 성과를 보였다는 것이다. 그런데 2000년 이후의 모습만 보면 두 선이 거의 비슷하게 움직인다. 따라서 전체적으로 보자

면 버크셔해서웨이가 미국 대형주 지수의 성과를 크게 웃돌았지만, 최근부터 역산해 10년 단위로 버크셔해서웨이와 미국 대형주 지수의 성과를 쪼개어 비교해 보면 그 결과가 전혀 다르다.

- 1985년 1월부터 1991년 12월까지: 버크셔해서웨이가 미국 대형주 지수보다 연 14.1%p 높은 성과
- 1992년 1월부터 2001년 12월까지: 버크셔해서웨이가 미국 대형주 지수보다 연 10.8%p 높은 성과
- 2002년 1월부터 2011년 12월까지: 버크셔해서웨이가 미국 대형주 지수보다 연 1.4%p 높은 성과
- 2012년 1월부터 2021년 12월까지: 버크셔해서웨이가 미국 대형주 지수보다 연 1.9%p 낮은 성과

분명 과거의 버크셔해서웨이는 미국 대형주 지수보다 연 10%가 넘는 좋은 성과를 보였음을 알 수 있다. 하지만 최근 10여 년은 오히려 지수보다 못한 성과를 내고 있다(참고자료 1-16, 363쪽). 버핏은 "10년 보유할 주식이 아니면 10분도 보유하지 않는다"라는 말로 장기투자의 중요성을 표현했다. 그의 말대로 10년 단위로 투자를 했다면 어땠을까? 1980~1990년대에 투자를 시작했다면 지수 대비 초과 성과를 냈을 것이다. 하지만 2000년대 중반 이후에 투자를 시작했다면 미국 대형주 지수보다 못한 성과가 났을 것이다.

앞으로 버크셔해서웨이가 어떤 성과를 낼지는 아무도 모른다. 다만 확실한 것은, 워런 버핏과 버크셔해서웨이의 지난 누적 수익률 3만 2206%가 분명 대단한 수치지만 그것이 앞으로도 지속될 확률은 극히 낮다는 사실이다. 버크셔해서웨이의 이러한 성적표를 본 지금도 여전히 버핏을 펀드매니저로 고용하고 싶은가?

전문 펀드매니저가 관리하는
액티브 펀드의 성과는 정말 '액티브'할까?

'펀드fund'란 사람들이 모은 돈을 펀드매니저가 굴려주는 금융 상품을 말한다. 펀드는 크게 인덱스 펀드와 액티브 펀드 2가지로 나누어진다. 먼저 인덱스 펀드는 코스피 200(한국 주식)이나 S&P 500(미국 주식)과 같은 주가지수 및 국채, 금, 원유, 부동산 같은 지수를 추종하도록 설계된 펀드다. '추종'한다는 말은 해당 지수와 거의 같은 수익률을 보여준다는 뜻이다. 인덱스 펀드는 '수동적passive'으로 지수를 추종한다는 뜻에서 '패시브 펀드'라고 불리기도 한다.

반면 액티브 펀드는 펀드매니저의 노력과 실력을 통해 인덱스(지수)를 초과하는 수익을 내려고 한다. 펀드매니저가 여러 명 필요할 수도 있고, 조사와 분석에 더 많은 비용이 필요하기 때문에 액티브 펀드의 운용보수가 인덱스 펀드보다 높게 형성된다. 높은 보수를 받

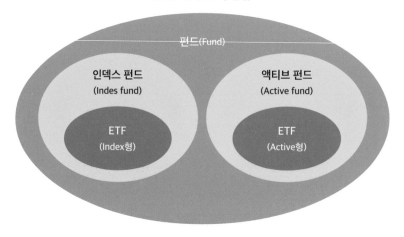

[그림 1] 펀드의 종류

펀드(Fund)

인덱스 펀드
(Indes fund)

액티브 펀드
(Active fund)

ETF
(Index형)

ETF
(Active형)

는 액티브 펀드의 성과는 어땠을까? 비용이 큰 만큼 인덱스 펀드보다 더 나은 성과를 보였을까?

리서치애필레이트의 로버트 아노트는 운용 규모가 1억 달러 이상인 상위 200개 액티브 펀드의 실적을 연구했다. 1984년부터 1998년까지 15년 동안 200개의 액티브 펀드 중 미국 대형주 지수(뱅가드500지수)를 이긴 펀드는 8개에 불과했다. 지수를 이길 확률이 4%도 안 된다는 것이다. 단순히 지수를 추종하는 인덱스 펀드에만 투자했어도 상위 4%의 성과를 거두었을 것이다. 최근의 분석 결과도 비슷하다. 2020년 10월 미국에서 발표된 보고서(SPIVA)에 따르면 지난 15년간 주식형 액티브 펀드의 87.2%가 지수보다 낮은 성과를 보였다.

우리나라는 어떨까? 2019년 발표된 「국내 펀드, 운용사 및 펀드매니저에 대한 장기 성과 비교 분석」(박영규, 배종원)에 따르면, 국내 액티브 펀드는 지난 10년간 평균 40.05%의 성과를 기록한 데 반해, 인덱스 펀드는 평균 64.39%를 기록하여 상대적으로 훨씬 높은 성과를 냈다고 한다. 이처럼 평균적으로 액티브 펀드 수익률에 비해서 인덱스 펀드 수익률이 더 높다는 것을 알 수 있다. 투자 기간을 확장하여 15년간의 누적 성과를 봐도 액티브 펀드의 성과가 인덱스 펀드보다 낮다.

2001년 1월부터 2018년 7월까지 16.6년 동안 액티브 펀드와 인덱스 펀드의 성과 차이는 연환산 수익률로 약 1.02%p 정도다. 이는 대략 인덱스 펀드와 액티브 펀드 간의 수수료 차이와 비슷했다. 수수료를 감안하더라도 액티브 펀드가 인덱스 펀드보다 좋은 성과를 내지는 못했다.

ETF는 'Exchange Traded Fund(상장 지수 펀드)'의 약자로 특정 지수의 가격 움직임과 연동되도록 설계된 펀드인데, 거래소에 상장되어 주식처럼 거래된다는 것이 기존 펀드와의 큰 차이점이다. 기존의 펀드보다 보수가 훨씬 저렴하고, 주식처럼 바로 사고팔 수 있다는 장점이 있어 많은 이들이 ETF를 거래하고 있다. 펀드에 인덱스 펀드와 액티브 펀드가 있듯이 ETF에도 인덱스 ETF와 액티브 ETF가 있다.

기존의 인덱스 ETF(패시브 ETF)는 비교 지수와 동일하게 자산을 구성해야 했다. 그러나 액티브 ETF는 비교 지수와 동일하게 자산을 구성할 의무가 없다. 따라서 일반적인 ETF처럼 단순히 지수를 추종하는 데 그치지 않고, 액티브 펀드처럼 자산운용사 고유의 운용 능력을 발휘해 지수 이상의 수익을 추구한다. 현재 다양한 액티브 ETF가 시장에 선보이고 있으며 인기를 얻기도 하는데, 과연 그들의 성과는 인덱스 ETF보다 좋았을까?

미국 시장에서 거래되는 액티브 ETF는 900개가 넘으며 운용 자산 규모는 무려 3000억 달러 이상이다. 2021년 2월 운용 자산 규모(AUM) 기준 액티브 ETF 운용사 1위는 '아크인베스트ARK Invest'로 AUM이 1년 전 35억 달러에서 500억 달러를 돌파하여 1330%라는 엄청난 증가세를 기록했고, 시장 점유율 역시 3.3%에서 24.6%로 높아졌다. 아크인베스트의 ETF들은 국내 투자자들에게도 높은 인기를 끌었다. 2021년 1월부터 2월까지 ARKK의 순매수 규모는 3억 806만 달러로 해외 주식 전체 순매수액 4위를 기록했다.

아크인베스트의 인기는 무엇보다 높은 수익률에 있었다. 2020년 미국에 상장된 ETF 중 수익률 순위 1위는 ARKG로 2020년 한 해 동안 181%의 수익률을 보였다. 아크인베스트의 다른 ETF인 ARKW가 157%, ARKK가 153%로 각각 4위와 6위에 올랐다. 나스닥 지수를 추종하는 ETF(QQQ) 대비 초과 성과 역시 2020년 한 해 59~132%의 높은 수익을 보였다(같은 기간 QQQ의 수익률은 49%였다).

그냥 ETF 하나 골라서 투자하면 안 되나요?

이렇게나 높은 수익률을 보고 2020년 말부터 아크인베스트에 투자한 사람들이 있다면 성과는 어땠을까? 아크인베스트의 대표 상품인 ARKK의 2021년 한 해의 성과를 보면, 나스닥 지수를 추종하는 QQQ보다 -51% 뒤처졌다. QQQ가 27% 수익을 보인 데 비해, ARKK는 -23%의 손실을 기록했다. 2022년 6월 말까지의 성과도 QQQ에 비해 31% 낮다. 2020년의 높은 수익에 매력을 느껴 2021년 초에 ARKK에 투자했다면 매우 괴로운 시간을 보냈을 것이다. 해당 상품들이 출시된 2014년 10월 이후 연 단위로 QQQ와 아크인베스트

[그래프 17] 아크인베스트 ETF들의 나스닥 지수(QQQ) 대비 연 단위 초과 성과

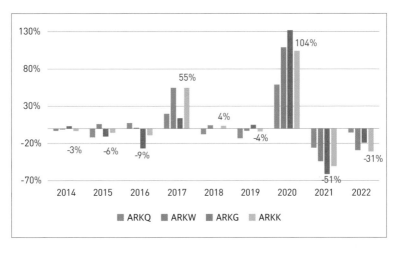

기간: 2014년 10월 ~ 2022년 6월
출처: 프리즘투자자문

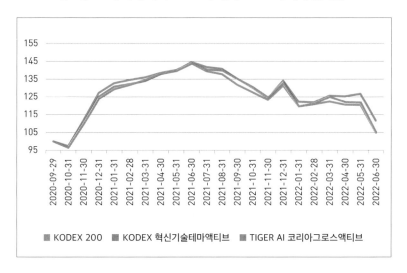

기간: 2020년 8월 29일 ~ 2022년 6월 30일(수정종가 기준)

의 ETF들의 성과를 비교해 보면 2014년부터 2019년까지는 엇비슷했다고 볼 수 있다. 즉, 2020년 한 해의 높은 성과만 보고 특정 종목에 집중 투자를 결정하는 일이 얼마나 위험한지 알 수 있다.

국내에도 다양한 액티브 ETF들이 나오고 있다. 국내 주식형 액티브 ETF 중 처음 상장한 TIGER AI코리아그로스액티브와 KODEX 혁신기술테마액티브의 상장일(2020년 9월 29일) 이후 2022년 6월 30일까지 연환산 수익률은 각각 2.84%, 6.45%다. 같은 기간 코스피 200 지수를 추종하는 인덱스 ETF KODEX 200의 성과는 2.74%였다. 이 두 ETF는 상장 이후 2022년 3월까지 인덱스 ETF와 매우 유사한 움직임을 보였고, 최근 3개월간도 전체적인 모습은 비슷하다는 것을

[그래프 18]을 통해 확인할 수 있다.

지수와 움직임이 거의 유사한 이들 상품(액티브 ETF)의 총보수는 각각 0.4%, 0.3%다. 하지만 인덱스 ETF인 KODEX 200의 보수는 0.15%이며, 가장 보수가 낮은 KBSTAR 200 TR의 보수는 0.012%다. 무려 30배 이상의 차이다. 초과 성과를 추구하는 것이 액티브 ETF 상품의 목표일 텐데, 아직은 뚜렷한 초과 성과가 보이지는 않는다. 과거의 성과가 미래의 성과를 담보하는 것은 아니지만 참고할 필요는 있다(TR은 '총수익Total Return'의 약자로, ETF 분배금에 따른 수익까지 합산해 지수가 산출된다는 의미이며 '코스피 200' 지수와 같은 PR Price Return에 비해 분배금 재투자에 따른 배당소득세 절감 효과가 있다고 알려져 있다).

2021년 5월 출시된 8종의 주식형 액티브 ETF의 경우도 운용보수가 0.45~0.72% 수준으로 패시브 ETF보다 월등히 높다. 보수가 가장 높은 ETF는 에셋플러스 글로벌플랫폼액티브와 글로벌대장장이액티브로 총보수가 0.99%로 역대 ETF 중 가장 높으며, 에셋플러스 코리아플랫폼액티브가 0.975%로 그다음이다. 이에 반해 코스피 200을 추종하는 ETF의 경우 시가총액 상위 3개 상품인 KODEX 200, TIGER 200, KBSTAR 200의 보수는 각각 0.15%, 0.05%, 0.017%에 불과하다. 비용 대비 얼마나 좋은 성과를 내는지는 꾸준히 지켜봐야 할 사항이다.

에셋플러스자산운용의 강방천 전 회장은 2021년 1월 한언론사와의 인터뷰에서 "액티브 ETF는 패시브 ETF보다 더 높은 수익률을 올린다. 수수료는 이 높은 수익률에 대한 대가라고 생각한다. 원래 적절한 수수료는 1.3% 정도라고 본다. 수익률이 그 이상이면 되지 않나"라고 말했다.[17] 과연 강방천 회장의 말대로 액티브 ETF의 수익률이 보수 비용을 반영하더라도 패시브 ETF보다 지속적으로 더 높은 수준을 유지할 수 있을까? 판단은 개인 투자자들의 몫이다.

알파고가 이세돌을 이겼듯
AI가 투자도 잘한다고?

자신의 '의지'가 아니라 '가죽끈'을 택한 오디세우스

트로이 전쟁이 끝난 후 고향으로 돌아가던 오디세우스는 세이렌이
사는 섬을 지나가게 된다. 반은 여자, 반은 새의 모습을 한 마녀 세이
렌은 아름다운 노래로 섬을 지나가는 배의 선원들을 유혹해 배가 암
초에 부딪혀 가라앉게 만들었다. 여신 키르케는 오디세우스에게 이
러한 위험을 알려주고 그에게 한 가지 해결 방법을 제시한다. 오디세
우스는 키르케의 충고를 따라서 세이렌 섬을 무사히 지나갔다. 그는
선원들에게 자신의 몸을 가죽끈으로 돛대에 묶게 하고, 그들의 귀에
는 밀랍을 넣으라고 명령하여 세이렌의 노래에 유혹당하지 않도록

했다. 오디세우스는 세이렌의 매혹적인 노랫소리를 들을 수 있었지만, 선원들에게 명령을 내릴 수 없도록 미리 손을 써둔 덕분에 죽음의 해안에 다가서지 않을 수 있었다.

『현명한 자산배분 투자자』의 저자이자 의사였던 윌리엄 번스타인은 다음과 같은 말을 했다.

체중 감소와 관련하여 99.99%의 사람들은 두 가지만 알면 된다. 더 적게 먹어야 한다는 것과 더 많이 몸을 움직여야 한다는 것! 그럼에도 우리는 이 간단한 진실을 받아들이고 거기에 따른 노력을 기울이기보다 트랜스 지방, 정체 모를 보충제, 케톤 다이어트(고지방 위주의 식단을 활용하는 다이어트) 등에 대해 이야기하는 데 열중한다.

안정적이고 성공적인 투자 역시 두 가지만 알고 실천하면 된다. '적절한 분산'과 '꾸준한 장기투자'가 그것이다. 하지만 투자자들은 이 간단한 진실을 받아들이고 실천하기보다 테마와 유행에 대해 이야기하는 것을 즐긴다. 결국 다이어트와 투자에 실패하는 이유는 '원리를 몰라서'가 아니라 '실천하지 못해서'인 경우가 많다. 이런 한계점을 극복하고자 원리와 원칙에 근거해 투자를 돕는 도구들이 많이 나오고 있다. 그중 하나가 로보어드바이저robo-advisor, 즉 '인공지능 투자'이다.

인공지능 ETF의 진짜 투자 실적은?

① 세계 최초의 인공지능 ETF: MIND

시중에는 인공지능을 활용한 투자 상품이 다양하게 출시되어 있다. 그들의 실제 투자 성과를 직접 확인해 보고자 한다. 인공지능이 정말로 인간보다 투자를 잘하는지, 투자 대안으로 얼마나 적절한지 확인해 보기 위해서다.

인공지능을 활용해 글로벌 시장에 투자하는 세계 최초 ETF다. '호라이즌 액티브 AI 글로벌주식 ETF(Horizons Active A.I. Global Equity ETF, MIND)'는 주로 북미 지역에 상장된 ETF를 활용해 글로벌 시장에 투자하는 액티브 ETF로 인공지능이 모든 투자를 결정한다. MIND ETF는 50개 이상의 주요 경제 데이터가 투입되는 인공신경망을 모니터링해 포트폴리오를 구성한다.

이는 미래에셋자산운용이 2017년 11월 1일 캐나다 토론토 증권거래소에 인공지능을 활용해 글로벌 시장에 투자하는 ETF를 상장하며 밝힌 내용이다. 세계 최초의 인공지능 ETF MIND는 캐나다 시장에 상장되어 운용되어 왔기 때문에 지난 수년간의 성과를 확인할 수 있다.

2017년 11월부터 2022년 4월까지 4년 5개월간의 성과를 보면,

MIND ETF의 연수익률은 -2.3%로 벤치마크로 추정해 볼 수 있는 MSCI World 지수의 연수익률 8.8%에 비해 매우 낮으며, 코스피 200 지수(연수익률 4.5%)보다도 상당히 낮다. MIND의 연변동성은 17%로 MSCI World 지수(17%)나 코스피 200 지수(18%)와 유사하다. MIND 의 최대낙폭은 25%로 코스피 200 지수와 비슷하며 MSCI World 지수(21%)보다는 나쁘다. MIND는 MSCI World 지수와 0.87의 높은 상관관계를 갖는다. 상관관계가 비슷하게 오르고 내리는 성질을 갖는다는 뜻이다(참고자료 1-17, 364쪽). 즉, 비슷하게 움직이는데 수익률 차이는 연 11%나 발생한다는 것이다.

② 국내 최초의 인공지능 ETF: TIGER AI코리아그로스액티브

국내에도 2020년 9월 29일 AI ETF가 상장됐다. 미래에셋자산운용이 출시한 'TIGER AI코리아그로스액티브'는 "미래에셋운용 내 자체 AI가 예측한 '기대 수익률'이 높은 종목에 대해 코스피 지수 편입 비중보다 높게 투자해 지수 대비 초과 성과를 추구한다"라고 목표를 밝히고 있다. 상장 이후 현재(2022년 6월 30일 기준)까지 누적 수익률은 5.02%로 코스피 200 지수를 추종하는 ETF인 KODEX 200의 성과인 4.84%와 크게 차이가 나지 않는다. 지수와의 상관관계 역시 0.95로 매우 높다는 것을 확인해 볼 수 있다(참고자료 1-18, 365쪽). 그 밖에 위험지표인 변동성은 17.5%로 KODEX 200(18.0%)과 비슷하며, 최대낙폭(27.9%)도 KODEX 200(27.8%)과 거의 흡사하다.

③ 미국 최초의 인공지능 ETF: AIEQ

AIEQ(AI Powered Equity ETF)는 미국 주식 시장에서 인공지능에 의존하는 최초의 액티브 ETF이다. 미국 주식을 대상으로 시세 차익 가능성이 높은 30~125개 주식을 선별하며, 운용보수는 0.80%로 S&P 500 지수를 추종하는 ETF SPY의 0.09%보다 9배가량 크다. 이 ETF를 운용하는 ETFMG의 소개는 다음과 같다.

> AIEQ는 IBM 왓슨Watson을 활용하여 1000명의 리서치 애널리스트, 트레이더, 퀀트가 24시간 일하는 것과 같은 수준으로 운용된다. 종목 선정 방식에 인공지능이 100% 이용되는 첫 번째 액티브 ETF다. 뉴스, 소셜미디어, 산업 및 분석 보고서, 6000개 이상의 미국 기업 재무제표, 각종 기술 지표, 매크로 지표, 시장 데이터 등 수백만 개의 데이터를 분석한다. 이를 위해 IBM 왓슨의 기계 학습, 감성 및 자연어 처리 능력을 활용한다.

상장 이후 AIEQ의 움직임은 미국 대형주 지수와 대부분의 기간에서 유사했다. 연수익률은 7.1%로 지수보다 -3.5%p 낮았으며 변동성과 최대낙폭은 지수보다 높았다(참고자료 1-19, 366쪽).

한국과 미국에서 운용되는 인공지능 펀드와 ETF들에 대해 알아보니 상품마다 운용 성과가 각기 달랐다. 다만 지수와 비슷한 움직임

[표 11] 국내 인공지능 펀드 현황

종목명	설정일	투자지역	운용회사
미래에셋AI스마트베타EMP	2017-01-23	대한민국	미래에셋자산운용
미래에셋AI스마트베타 마켓헤지	2017-01-23	대한민국	미래에셋자산운용
유진챔피언뉴이코노미AI4.0	2018-07-02	북미	유진자산운용
BNK글로벌AI	2018-08-23	글로벌	BNK자산운용
미래에셋AI글로벌모멘텀	2019-09-26	글로벌	미래에셋자산운용
신한SHAI네오(NEO) 자산배분	2020-01-28	글로벌	신한자산운용
KB올에셋AI솔루션	2020-06-04	글로벌	KB자산운용
신영SHAI글로벌스타일 로테이션	2022-04-27	글로벌 (선진국)	신영자산운용

을 보이거나 지수보다 성과가 낮은 상품들도 꽤 많다는 것을 알 수 있다. 과거에 성과가 안 좋았으니 미래에도 성과가 안 좋을 것이라는 말은 아니다. 다만, 막연한 기대로 위험성 높은 투자 대상에 돈을 넣고 있는 건 아닌지 스스로 물어볼 필요가 있다.

국내 인공지능 펀드들의 성적표

국내에 운용 중인 펀드 중에도 인공지능 기술을 활용한 펀드가 출시되어 있다. 주요 펀드들의 투자 방식과 과거 성과를 살펴보자.

① 미래에셋AI스마트베타EMP

운용 기간이 가장 긴 상품으로 '미래에셋AI스마트베타EMP' 펀드가 있다. 이 펀드의 상품 정보는 다음과 같다. "인공지능 알고리즘은 경제 지표, 종목 정보 등 투자 시장에 영향을 줄 것이라 판단되는 다양한 정보의 입력 데이터에 기반해 사전적으로 포트폴리오를 구성하고 이를 사후적으로 구성한 최적 포트폴리오와 비교해 그 차이가 최소화되도록 신경망을 진화하는 방식으로 학습하는 딥러닝^{Deep Learning} 기술을 활용합니다." 미래에셋AI스마트베타EMP 펀드가 출시된 2017년 1월 이후 5년 6개월간의 성과를 비교해 보면, 코스피 200 지수와 움직임은 유사하며, 연수익률은 지수 대비 3%p 낮고, 최대낙폭은 10%p 더 크다. 인공지능의 운용 성과가 지수보다 수익은 더 낮았고, 위험은 더 컸다.

② 미래에셋AI스마트베타마켓헤지

'미래에셋AI스마트베타EMP' 펀드와 같은 시기에 출시된 펀드다. 이 펀드는 "인공지능을 활용해 스마트 베타 ETF 및 대형 우량주에 투자하는 '미래에셋AI스마트베타펀드' 운용 방식에 주가지수 선물을 매도하는 롱숏 전략을 가미해 변동성을 낮췄다"라고 설명한다.

이 두 펀드에는 미래에셋과 고려대학교가 공동으로 개발한 인공지능 투자 솔루션이 적용됐다고 한다. 컴퓨터가 각종 경제 지표, 종목 정보와 시장의 움직임을 읽고 분석해 투자 전략을 짜주는 것이다. 미래에셋과 고려대학교는 2016년 10월 국내 최초의 인공지능 금융 연구 센터를 설립한 뒤 딥러닝 기술을 투자에 활용하기 위한 연구를 진행했다. 고려대학교 복잡데이터연구실에서 금융 관련 인공지능 연구를 진행하고, 미래에셋자산운용과 금융 솔루션 개발 업체 크래프트 테크놀로지스가 기술 구현 및 서비스·상품 개발을 담당한다.

'미래에셋AI스마트베타마켓헤지' 펀드는 코스피와 비교했을 때 4.8%의 낮은 변동성을 보였다. 다만 출시 이후 누적 수익률이 -3.9%로 코스피(28.6%) 대비 상당히 낮은 수준이다. 따라서 해당 펀드에 장기간 투자했던 투자자라면 실망했을 것이다.

③ 유진챔피언뉴이코노미AI4.0

2018년 7월에 출시된 '유진챔피언뉴이코노미AI4.0' 펀드에 대한 설명은 다음과 같다. "스탠더드앤드푸어스가 미국 시장에 상장된 4차 산업 혁신기업들을 대상으로 빅데이터를 통해 투자 대상 기업 목록(유니버스)을 구성하면, 디셈버앤컴퍼니가 자체 인공지능 엔진 '아이작SAAC' 기술을 활용해 투자 목적에 최적화된 모델 포트폴리오를 도출한다. 유진자산운용은 이렇게 나온 모델 포트폴리오를 자체 퀀트모델과 해외 리서치를 바탕으로 검증·보완한 후 투자를 실행해 포트폴리오의 안정성을 더한다." 상장 이후 펀드의 움직임은 미국 대형주 지수(S&P 500)과 비교해 보면 전반적으로 비슷한 모습을 보인다. 펀드의 연수익률은 6.5%로 지수(9.8%)보다 3.3%p 낮고, 변동성과 최대낙폭은 지수보다 1%p가량 높게 나온다.

④ BNK글로벌AI

2018년 8월에 출시된 'BNK글로벌AI' 펀드에 대한 설명은 다음과 같다. "미국에 상장된 2160여 개의 ETF 등을 통해 채권, 주식, 원자재, 대체투자 등에 투자하는 채권혼합형 펀드다. 펀드 자산의 50% 이상은 채권 관련 ETF에, 나머지 자산은 주식과 대체투자 관련 ETF에 각각 투자해 중장기적으로 안정적인 인컴Income 수익과 자본 이득을 추구한다. 특히 딥러닝 기술을 기반으로 한 글로벌 자산배분과 최적의 포트폴리오를 구성하는 게 특징이다. BNK자산운용은 크래프트테크놀로지스와 AI기반 로보어드바이저 엔진 구축 계약을 맺었다." 상장 이후 펀드의 연수익률은 -2.2%로 3년 넘는 기간 동안 누적 -8.3%였다.

⑤ 신한SHAI네오(NEO)자산배분

2020년 1월에 출시된 '신한SHAI네오(NEO)자산배분' 펀드의 설명은 다음과 같다. "신한금융 자회사인 신한AI가 개발한 AI 투자 자문 플랫폼인 네오를 바탕으로 운용하는 상품이다. 인공지능 기술, 딥러닝과 강화 학습을 적용한 자산배분 펀드로, 선진국 자산(주식·채권) 및 금 관련 ETF에 투자한다. 글로벌 경제 지표와 실시간 뉴스 및 보고서 등 과거 30년, 약 43만 건 이상의 정형 데이터와 1800만 건 이상의 비정형 데이터를 활용해 투자 포트폴리오를 만든다. 국내 금융권에서 최초로 강화 학습 AI 알고리즘을 적용했다." 상장 이후 펀드의 연수익률은 -3.2%로, 2년 6개월간 누적 수익률은 -7.6%였다.

⑥ KB올에셋AI솔루션

2020년 6월에 출시된 'KB올에셋AI솔루션' 펀드의 설명은 다음과 같다. "인공지능을 활용해 전 세계 주식, 대표적인 안전자산인 미국 채권, 크레디트, 리츠, 커머디티 등 다양한 ETF에 분산 투자하는 EMP 펀드다. KB자산운용이 자체 개발한 AI 솔루션 '앤더슨'은 4단계로 구동된다. 글로벌 금융 시장의 방대한 데이터를 실시간으로 분석해 시장 국면을 파악한 뒤, 취합된 정보와 과거 데이터를 종합해 미래의 시장 움직임을 예측하는 시나리오를 도출한다. 이후 이 시나리오에 맞춰 자산별 수익과 위험을 전망해 최적의 투자 포트폴리오를 구축하고, 마지막 단계에서 투자 자산별로 가장 효과적인 ETF를 선정해 효율적인 매매를 실행한다. 앤더슨은 이러한 과정을 반복하면서 실시간으로 시장의 변화를 읽어내고 필요할 경우 빠른 리밸런싱으로 수익 추구와 위험 회피를 지속 수행한다." 상장 이후 펀드의 연수익률은 3.2%로, 2년간 누적 수익률은 6.4%였다.

네 번째 투자의 거짓말

지름길을 달리려는 당신에게

레버리지를 일으켜
월급 독립을 하라고?

집중투자와 분산투자는 서로 반대되는 개념이다. 집중투자란 소수의 종목에 '집중'해서 투자해야 더 높은 수익을 낼 수 있다는 이야기다. 이와 반대로 분산투자란 '분산'해서 투자해야 위험을 낮춰 안정적인 투자 성과를 볼 수 있다는 주장이다. 집중과 분산 중 과연 어떤 방법이 더 나을까?

『집중투자』의 저자들은 책의 머리말에서 이렇게 말한다.

집중투자는 누구나 쓸 수 있는 기법이 아니다. (중략) 집중투자는 철저하게 조사하고 분석하려는 사람에게만 적합한 기법이다. 투자가 본업이 아닌 사람이라면 시간이 부족하므로, 인덱스 펀드나 유능한 집중투자 펀드매니저를 찾아보는 편이 훨씬 나을 것이다.

워런 버핏 역시 집중투자와 분산투자에 대한 자신의 관점을 밝혔다. 2008년 어느 경영대학원 학생들에게 분산투자에 관한 질문을 받았을 때 버핏은 투자에 대해 두 가지 관점이 있다고 대답했다.

자신감 넘치는 투자 전문가에게는 과감한 집중투자를 권하겠습니다. 그러나 나머지 모든 사람에게는 철저한 분산투자를 권합니다. 투자 전문가에게는 분산투자가 이치에 맞지 않습니다. 1위 선택 종목이 있는데도 20위 선택 종목에 투자하는 것은 미친 짓입니다. 찰리와 나는 주로 5개 종목에 투자했습니다.

당신은 '투자 전문가'인가? 0.1초라도 대답이 망설여졌다면 '철저한 분산투자'로 접근해야 한다.

밸류리더스의 신진오 회장은 『집중투자』 '감수의 글'에서 이렇게 이야기한다.

집중투자가 유리한지, 분산투자가 유리한지는 투자자들 사이에서 빈번하게 논의되는 주제입니다. 이런 논의는 다른 투자자가 소수 종목으로 엄청난 투자 수익률을 거두는 모습을 보면서 '나도 잘나가는 종목에 집중투자를 했더라면 좋았을걸' 하는 사후확신편향에서 비롯되는 경우가 대부분입니다. (중략) 이런 논의는 부러움과 탐욕의 산물입니다. 집중투자를 한다고 해서 아무나 높은 수익률을 얻을 수는 없습니다.

집중투자와 분산투자에 대한 선택은 투자자 본인에게 달려 있다. 집중투자로 높은 수익을 원할 수도 있고, 분산투자로 덜 위험한 방식을 선호할 수도 있다. 다만, 당신이 초보 투자자이거나 직장 생활을 병행하고 있다면, 그리고 아직까지 투자에 대한 확신이 없거나 분명한 본인의 성향을 찾지 못했다면, 투자의 대가들이 말하는 것처럼 분산투자로 시작하기를 권한다. 투자 경험이 쌓이고 투자에 대한 확신이 들면 그때 집중투자를 해도 늦지 않다.

-20%부터 시작하는 빚투

집중투자와 함께 투자자들이 제대로 이해해야 하는 개념이 '빚내서 투자하다'의 줄임말인 '빚투'이다.

'동학개미운동'은 2020년 3월 코로나19 사태로 인한 폭락장에서 코스피 우량주를 둘러싸고 외국인과 기관들의 매도 물량을 개인 투자자들이 공격적인 매수세로 받아낸 상황에서 나온 신조어다. 온라인상에서는 동학개미운동을 1894년 반봉건·반침략을 목표로 일어난

농민들의 '동학농민운동'에 빗대 '대한민국 건국 101년(2020년)에 개인 투자자가 중심이 되어 일으킨 반기관·반외인 운동'이라고 정의하기도 했다. 이렇게 동학개미운동은 처음에는 외국인과 기관들이 쏟아내는 매도를 힘겹게 받아내는 개인 투자자의 모습을 자조섞인 응원으로 묘사하면서 탄생했다.

그러다 증시가 반등하면서 동학개미운동은 한국 증시의 체질을 바꾼 원동력으로 평가되기도 했다. 기관과 외국인에 당하기만 한다는 개인 투자자들에 대한 고정관념도 사라졌다. 2020년 4월 금융위원회 부위원장은 "최근 개인 투자자들이 적극적으로 매수에 나서면서 개인의 누적 순매수 규모가 22조 원에 이를 정도로 증가했다"라고 언급하면서 "우리 기업에 대한 애정과 주식 시장에 대한 믿음을 가지고 적극적으로 참여해 주신 투자자 여러분께 감사의 말씀을 드린다"라고 말하기도 했다.

3월엔 삼성전자 등의 대형주를 매수했으나 이후 분위기가 바뀌기 시작했다. 동학개미들은 주가지수 하락에 베팅하는 '곱버스(2배 인버스 ETF)', '원유 레버리지 ETN', '테마주' 등으로 옮겨 다니면서 레버리지를 일으켜가며 위험한 투자를 했다. 한국거래소 발표에 따르면 2020년 개인 투자자들의 하루 평균 거래 대금은 약 17조 3000억 원으로, 증시 전체에서 하루 거래되는 자금인 22조 7000억 원의 76.2%를 차지했다. 2019년 대비 288%나 늘어난 수준이다.

NH투자증권이 조사한 결과 2020년 1~11월 20대가 개설한 신규 계좌의 회전율은 5248%에 달했다. 이들 계좌의 평균 잔액은 약 583만 원인데 회전율이 5000%가 넘었다는 것은 빚투(빚내서 투자)와 단타로 11개월 동안 3억 원 이상(538만 원×5248%)의 주식을 거래했다는 뜻이다. 신규 30대 고객의 회전율도 4472%나 됐다. 계좌의 평균 잔액은 1512만 원에 불과했지만, 11개월간 이들이 거래한 주식 대금은 6억 7161원에 달한다.

평균 3265만 원의 잔액을 가진 투자자가 약 3억 7400만 원 규모(약 10배)를 거래하는 것이 평균치라는 점을 고려할 때, 2030세대의 자금 회전율과 레버리지(대출) 규모는 위험 수위라고 볼 수 있다.

실제 빚투의 크기를 나타내는 국내 '신용융자잔액'은 2020년 3월 말 6조 5783억 원에서 같은 해 12월 23일 19조 4039억 원까지 치솟았다. 저금리와 가격 상승에 대한 기대로 개인 투자자들이 단타와 빚투에 몰린 것이다.

이는 한국만의 현상이 아니다. 한국에 '동학개미'가 있었다면 미국에는 '로빈후드', 일본에는 '닌자개미', 중국에는 '청년부추'가 있었다. 유럽의 국가들 역시 비슷하다. 문제는 이들이 '단타'와 '빚투'가 어떤 문제를 갖고 있는지 제대로 이해하지 못한다는 데 있다.

앞서 20대의 계좌 회전율이 5248%라고 했는데, 회전율 100%란 투자 금액을 한 차례 전부 매수했다가 전부 매도했다는 뜻이다. 주식을 매도할 때는 (2022년 기준) 0.23%의 세금(증권거래세)이 발생한다. 또한 매수 및 매도 시 각각 매매 수수료(MTS 기준 약 0.015%)가 발생한다. 즉, 회전율 100%에 대해 비용이 0.26%가량 발생하게 되는 것이다. 만약 회전율이 5200%라면 비용이 13.52%라는 계산이 나온다. 매매 시에 생기는 '매매호가차이(슬리피지)' 등을 계산하지 않더라도, 회전율만으로 투자금의 13%가 넘는 돈이 비용으로 빠져나간다는 말이다. 물론 그 이상의 수익률을 낸다면 문제가 없겠지만, 과연 그게 쉬운 일일까?

워런 버핏의 연평균 수익률은 20% 수준이다. 물론 그는 40년 이상의 투자 기간 동안 연평균으로 그런 수익을 냈기에 세계적인 부자가 될 수 있었다. 개인 투자자가 워런 버핏과 같은 수익을 낸다는 것은 확률적으로 불가능하다. 그게 가능하다면 모두 엄청난 부자가 됐을 테니까 말이다.

즉, 회전율로 발생하는 13%의 비용을 넘어서야 수익이 발생하게 된다. 거기에 물가상승률(1%라고 가정)만큼 더 수익을 내야 실질 가치가 보존된다. 심지어 여기에 금리 6%짜리 대출을 받았다면 대출금리만큼 수익이 높아야 된다. 이를 모두 합하면 최소 20%(13%+1%+6%)의 수익률을 거두어야 본전이 된다. 이것이 단타와 빚투가 문제라는 이유다. 워런 버핏만큼 투자를 잘해서 20%의 수익을 낸다고 해도 남는 게 없는 장사가 된다. 물론 단기적으로는 그 이상의 수익이 날 수도 있다. 하지만 장기적으로도 그럴 수 있을까?

최고의 매매 시점을 찾아라?

5월에 팔고 떠나라,

핼러윈 효과는 진짜 존재하는가?

'핼러윈'이란 만성절(모든 성인의 날) 전날인 10월 31일에 행해지는 축제를 말한다. 새해와 겨울의 시작을 맞이하는 날로, 아이들은 괴상한 복장을 하고 이웃집을 돌아다니며 음식을 얻어먹는다. 핼러윈데이는 원래 크리스마스이브처럼 만성절Hallow's Day의 전야라는 뜻에서 '핼로스이브Hallow's Eve'라고 불렸는데, 그냥 줄여서 '핼로윈Halloween'이라고 칭하게 되었다.

주식에도 핼러윈이 있다. '핼러윈 효과'란 1년 중 11월(10월 31일,

핼러윈데이)부터 4월까지 총 6개월간 주식을 보유하는 것이 5월부터 10월까지 총 6개월간 주식을 보유하는 것보다 더 높은 수익이 발생한다는 주장이다. 투자 시장에 '계절성seasonality'이 있으니, 이를 투자에 이용해 보자는 아이디어다. 계절성이란 주식 시장과 같은 시계열 데이터에서 주, 월 또는 분기와 같이 1년 미만의 규칙적인 간격으로 특정한 패턴이 발생한다는 뜻이다. 계절성은 날씨, 휴가 및 휴일과 같은 다양한 요인에 의해 발생할 수 있으며 시계열 수준에서 주기적이고 반복적이며, 일반적으로 규칙적이고 예측 가능한 패턴으로 구성된다.

이러한 '핼러윈 효과'를 투자에 적용하겠다는 것이 '핼러윈 투자 전략'이다. 즉, 10월 31일(핼러윈데이)부터 4월까지의 주식 시장이 5월 초부터 10월 말까지의 주식 시장보다 실적이 더 좋다는 가설을 바탕으로 한 마켓 타이밍 전략이다. 이 전략은 11월에서 4월까지 주식을 보유하고 5월에 매도하여 시장을 떠나는 것을 말하며, 5월에 매도한다고 하여 '셀인메이Sell in May'라고 부르기도 한다. 이 이야기의 역사는 200년 이상이며, "5월에 모두 팔고 떠난 뒤 성 레저데이St. Leger Day에 돌아오라(Sell in May, go away, come again St. Leger Day)"라는 문장에서 유래했다고 한다('성 레저데이'는 매년 9월에 열리는 영국의 경마대회다). 이 개념은 영국에서 유래되었는데, 과거 영국에서는 부유층 사람들이 여름 동안 런던을 떠나 시골 저택에 머물며 투자에 신경 쓰지 않다가 9월에야 돌아왔다고 한다.

이 핼러윈 효과가 실재하는지 연구한 이들이 있었다. 1998년에는 그 연구 결과가 정리된 논문이 발표됐다.[18] 연구자들은 37개의 선진 국 및 신흥국 시장을 대상으로 조사했으며, 이 중에서 36개국에서 실 제 '핼러윈 효과'가 발생했음을 확인했다. 1970년부터 1998년까지 총 29년간 '11~4월(겨울)'과 '5월~10월(여름)'의 평균 수익률을 계산했 더니 실제 겨울이 여름보다 성과가 더 좋았다는 것이다. 연구자들은 이러한 결과를 바탕으로 핼러윈 효과가 주식 시장에 존재한다는 것 을 확인했으며 계절성이 있다고 주장했다. 다만 그 원인에 대해서는 몇 가지 가능성을 언급하긴 했으나 명확하게 제시하지 못했고, "우리 는 아직 이 새로운 퍼즐을 풀지 못한 것 같다"라고 말하며 논문을 마 무리했다.

2018년 발표된 또 다른 논문[19]은 1998년의 연구를 보강해 전 세계 114개국의 주식 시장 지수에 대해 핼러윈 지표 또는 '5월 매도 효과' 가 유효한지 검증했다. 그 결과 겨울이 여름보다 평균 4% 더 높은 수 익률을 보인다고 발표했다. 그들은 핼러윈 투자 전략을 이용할 경우 투자 기간이 길수록 시장을 이길 확률이 높아진다고까지 말했다. 투 자 기간이 5년 이상일 경우 핼러윈 전략이 시장을 이길 확률은 80% 이상, 10년 이상일 경우는 90% 이상이며, 시장 대비 수익률은 평균 3배 정도 높다고 했다. 여름의 주식 성과가 낮은 원인으로 여름에 휴 가철이 있다는 점을 경험적 증거로 이야기했다.

핼러윈 효과를 투자 전략으로 만든다면 그 성과는?

핼러윈 투자 전략이 제대로 작동하는지, 투자자들에게 정말로 좋은 성과를 제공할 수 있는지를 직접 분석해 보았다.

조사 대상은 미국, 한국, 일본, 중국, 독일 등 5개국 주가지수를 이용했고, 1980년 1월부터 2022년 4월까지 42년 4개월간을 조사 기간으로 삼았다. 투자 전략은 4월 말에 주식을 매도하고 10월 말에 매수하는 것이며, 주식을 보유하지 않은 기간에는 현금성 자산인 단기채를 보유했다고 가정했다. 단기채 금리는 미국 단기국채(T-bill)를 참고했다.

한국 주가지수인 코스피를 단순 보유했을 경우와 핼러윈 투자 전략을 반영한 경우를 비교했다. 코스피를 단순 보유했을 때의 누적 수익률은 2445%이고 핼러윈 투자 전략은 6811%의 성과를 보였다. 연환산 수익률로는 코스피가 8.0%, 핼러윈 전략이 10.5%를 보여 핼러윈 투자 전략이 2.5%p 더 높게 나왔다. 조사 대상인 5개 국가 중 미국을 제외한 4개 국가에서 핼러윈 전략이 더 높은 수익률을 보여줬다. 수익률 차이는 중국(1.5%p), 독일(1.9%p), 한국(2.5%p), 일본(4.4%p) 순으로 나타났다. 여기까지만 보면 핼러윈 효과가 존재하는 것처럼 보인다.

그러나 미국의 경우 S&P 500 지수를 단순 보유했을 경우가 누적 3519%로 핼러윈 투자 전략(2955%)보다 높은 수익을 보였다. 그냥 보

[그래프 19]
'한국 주식(코스피) 단순 보유 전략'과 '한국 주식 핼러윈 투자 전략' 누적 성과 비교

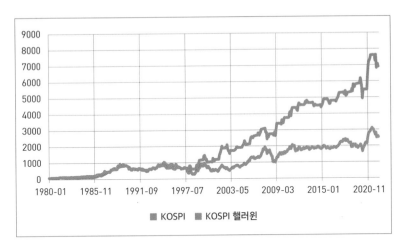

기간: 1980년 1월 ~ 2022년 1월

유만 하고 있었어도 '사고팔았던 투자'보다 더 많은 수익을 남겼다는 말이다. 또한 최근 10년간(2012년 1월부터 2021년 12월까지)의 성과만 따로 조사해 보면 또 다른 결과가 나온다. 한국과 중국의 경우 핼러윈 전략이 각각 1.2%p, 3.6%p 높은 수익을 보였으나 미국, 일본, 독일은 단순히 지수를 보유했을 때 더 좋은 수익률(각각 5.8%p, 4.2%p, 2.8%p)을 보였다. 핼러윈 투자 전략이라는 것이 연구자들의 말처럼 '언제, 어디서나' 통한다고 할 수 있는지 의문이 생기는 결과다.

더욱이 10년간 한 종목만 보유하거나 동일한 전략을 꾸준히 유지하는 경우도 매우 드물다. 앞에서 살펴봤듯이 한국, 미국 가릴 것 없이 평균적인 주식 보유 기간은 1년이 채 되지 않는다. 그래서 이번에

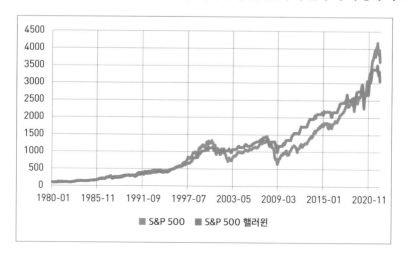

[그래프 20]
'미국 주식(S&P 500) 단순 보유 전략'과 '미국 주식 핼러윈 투자 전략' 누적 성과 비교

■ S&P 500　　■ S&P 500 핼러윈

기간: 1980년 1월 ~ 2020년 7월

는 지수 보유 전략과 핼러윈 투자 전략의 상대 성과를 연 단위로 살펴보고자 한다. 과연 실제 투자자의 투자 기간 관점에서는 핼러윈 전략이 더 나았을까?

미국 주식으로 핼러윈 전략 투자를 했다면 최근 10년간 지수 보유 전략보다 못한 수익을 보였을 것이다. 연도별로 지수 수익률에서 핼러윈 전략 수익률을 뺀 값을 보면 2012년부터 2021년까지 각각 1%p, 12%p, 7%p, -0.3%p, 3%p, 8%p, 1%p, 3%p, 13%p, 12%p의 결과가 나왔다. 2015년 한 차례를 제외하곤 지수 보유 전략이 우수했다. 일본이나 독일 역시 최근 10년 중 3번을 제외하고는 핼러윈 투자 전략의 성과가 더 나빴다. 이에 반해 한국이나 중국의 경우 핼러윈 투자 전략의 성과가 더 우수한 경우도 많았다.

한국의 경우 2012년부터 상대 성과가 -4%p, 3%p, 0.1%p, -5%p, 1%p, 15%p, -21%p, -7%p, 18%p, -6%p로 총 10년 중에 절반은 핼러윈 투자 전략이 우수했다. 10년간의 누적 성과를 연환산 수익률로 계산해 보면 미국과 일본, 독일은 지수 투자가 각각 5.8%p, 3.8%p, 3.0%p 더 나은 성과를 보였다. 하지만 한국과 중국은 -1.2%p, -4.0%p 로 핼러윈 투자 전략이 더 나은 모습이었다(참고자료 1-20, 367쪽).

설사 누적 수익률이나 연 단위 개별 수익률에서 핼러윈 투자 전략 이 우위를 점했을지라도, 그 전략을 실제 투자 전략에 그대로 적용하 는 것과는 다른 이야기다. 우선 투자를 해야 하는 기간이 기본 1년을 넘는다. 여름과 겨울을 모두 거쳐야 하기 때문이다. 하지만 실제 투 자에서 장기간 같은 전략을 고수하기란 불가능에 가깝다.

대다수의 투자자는 기대했던 성과가 나오지 않으면 전략을 포기하 고 만다. 연구자들은 2018년 논문에서 투자 기간이 장기화할수록 핼 러윈 투자 전략이 시장을 이길 확률이 높아진다고 썼다. 이를 바꿔 말하면, 1년 혹은 그 미만의 단기투자의 경우 핼러윈 전략이 시장을 이기지 못할 확률이 높아진다는 뜻이다.

또 다른 단점으로 '왜 그런 효과가 일어나는지' 이유를 설명하지 못한다는 것이다. '핼러윈 효과가 존재한다'는 실증 연구를 발표했지만 연구자들은 그 원인을 명확히 밝혀내지 못했다. 여름 휴가가 원인일 가능성이 있다고 이야기하는데, "그럼 최근 10년 동안 미국, 일본, 독일 사람들은 여름에 휴가를 떠나지 않았다는 것인가?"라는 질문에는 답변하기 어려울 것이다. 한두 해도 아니고 말이다.

매년 여름(5~10월)의 주식 보유 성과를 분석해 보면 논문에서 이야기했던 원인에 대해 더욱 의문이 생긴다(참고자료 1-21, 368쪽). 여름에 주가 하락이 컸던 시기들을 살펴보면 1997~1998년에는 동아시아 외환 위기가 있었고, 2000~2002년은 IT 버블 붕괴로 주가가 폭락했던 때였다. 또한 2008년에는 미국 모기지발 글로벌 금융 위기가 발생했고, 2011년에는 남유럽 국가들의 신용 위기가 있었다. 2015년과 2018년은 미국의 기준금리 인상 시기로 주가가 하락했던 때다. 금융 시장이 이러한 이벤트들의 영향을 받은 국가들일수록 하락폭이 컸다. 이런 대형 이벤트 시기를 제외하면 여름의 주식 수익률은 평균적으로 모두 '플러스'였다(미국 6.3%, 한국 7.7%, 일본 5.1%, 중국 9.5%, 독일 7.2%).

이상의 이야기를 요약해 보자면 '핼러윈 효과'는 존재하는 듯 보인다. 다만 매우 '장기간'에 걸쳐, '통계적'으로 존재한다고 봐야 할 듯하다. 그러나 실제 세계에 존재하는 투자자의 '투자 기간time horizon'은 매우 단기적이며, 실제 투자자들의 두뇌나 심리는 통계적이지 않다. 결국 핼러윈 효과를 이용해 매매 시점을 정해보자는 핼러윈 투자 전략의 유효성은 투자자에게 달려 있다. 실제 투자를 실천하는 사람이 십수 년 이상 '장기간에 걸쳐, 통계적으로' 투자한다면 나은 성과를 얻을 수 있으나, 그게 아니라면 오히려 낮은 성과에 실망하고 혼란만 느낄 것이다.

증권사들의 시장 전망은 얼마나 정확할까?

<u>전문가 예측은 믿을 만한가?</u>

2010 남아공 월드컵의 스타는 독일 조별 리그부터 결승전까지 8경기 승패를 100% '예측'해서 유명해진 문어 '파울'이다. 독일 오베르하우젠 수족관은 파울이 자연사한 후 비석 모양의 조형물을 수족관 뜰에 세워주기까지 했다. 반면 세계적인 스타인 '축구 황제' 펠레의 예측은 여느 월드컵과 마찬가지로 낙제점을 면치 못했다. 그가 월드컵 우승 후보로 꼽은 팀은 꼭 초반에 탈락하는 징크스 덕분에 그의 예측은 '펠레의 저주'라고도 불린다.

투자의 영역에서도 사람보다 나은 동물 이야기가 있다. 2000년 유럽판《월스트리트저널》은 흥미로운 기사를 실었다. 1999년 7월부터 1년간 4번에 걸쳐 투자 전문가 그룹과 아마추어 주식 투자자 그룹, 그리고 원숭이 등 3개 그룹의 추천 종목 수익률을 비교한 것이다. 그 결과 원숭이 그룹이 선두를 차지했다고 한다. 원숭이는 다트 던지기로 종목을 골랐는데, 수익률을 점수로 환산한 결과 원숭이가 11.4%로 가장 성적이 좋았고 전문가 그룹은 -13.6%, 아마추어 그룹은 -124.6%를 기록했다.

금융 시장에서 가장 유명한 최악의 예측은 1929년 10월 어빙 피셔의 이 말이었다. "주가는 영원히 하락하지 않을 고지대에 도달했다." 당시 세계적으로 가장 유명한 경제학자이자 예일대학교 교수였던 피셔 교수의 이 언급 직후 주식 시장은 하락하기 시작해 90%나 폭락했다. 이로 인해 어빙 피셔는 수많은 업적에도 불구하고 '예측 실패'의 대표 사례로 언급되는 불명예를 안게 됐다.

예측을 주업으로 하는 애널리스트의 '예측 능력'은 어떨까? 애널리스트들과 기상예보관들의 예측 능력을 비교 연구한 결과, 예측 능력에 대한 애널리스트들의 자부심은 기상예보관들보다 훨씬 높았지만 실제 성적은 오히려 뒤떨어졌다. 프랑스의 계량과학자 장 필립 부쇼는 애널리스트 2000명이 수행한 경기 예측을 모두 분석한 결과 애널리스트들의 예측이 모두 실패했다고 발표했다.[20]

심리학자 필립 테틀록은 다양한 분야의 전문가들에게 향후 5년간 일어날 정치, 경제, 군사 사건의 가능성을 판단해 달라고 요청했다.

그는 모두 300명의 전문가들로부터 2만 7000개의 예측치를 수집했는데, 박사학위 소지자든 대학 졸업자든 예측 결과에는 거의 차이가 없었다. 빼어난 저서를 내놓은 교수들도 신문 기자보다 나을 것이 없었다. 테틀록이 분석을 통해 얻은 결론은 명성이 오히려 예측력을 떨어뜨린다는 것이었다. 그는 이들의 예측이 실패하는 이유는 대부분 신념이나 자부심과 관계가 있다고 말했다.[21]

한국의 경우도 사정은 마찬가지다. 2014년 2월 신한금융투자와 금융 정보 업체 톰슨로이터의 보고서에 따르면, 주요 45개국의 기업 이익 추정치 정확도를 분석한 결과 한국은 전체 36위에 그쳤다. 우리나라보다 순위가 아래에 있는 나라 중 4개 국가는 심각한 재정 위기와 국가 채무에 시달리고 있는 포르투갈, 그리스 등이었기 때문에 사실상 한국은 41개 국가 가운데 거의 꼴찌였다.[22]

나심 니콜라스 탈레브는 "경제학자나 전략가(이코노미스트)들은 전혀 위험을 감수하지 않으면서 시장 전망을 발표하는 사람들이었으므로, 실제로 검증 가능한 사실보다는 순전히 말솜씨로 출세가 좌우되는 일종의 연예인들이었다"라고 비판한다.[23]

애널리스트 예측의 한계

금융투자협회의 분석 결과에 따르면, 국내 애널리스트의 투자 의견은 '매수'가 79.3%, '보유'가 14.0%인 반면, '매도 또는 비중 감소'는 0.2%에 그쳐 매수 의견에 편중된 것으로 분석됐다. 반면 외국계 증권사의 매도 또는 비중 감소 의견 비중은 16.8%로 상대적으로 높았다.[24] 매도 의견이 거의 없다는 것은 매도 의견이 나올 것 같은 종목을 아예 분석하지 않았다는 뜻일 수도 있고, 투자자나 분석 대상 기업의 눈치를 보느라 매도 의견을 내지 못했다는 뜻일 수도 있다. 펀드매니저나 기관투자가 앞에서 '을'의 입장인 애널리스트로서는 그들이 선호하는 내용 위주로 분석할 수밖에 없을지도 모른다.[25]

애널리스트의 '행동경제학적 편향'에 관한 국내 한 연구에 따르면, 관대화 편향에 따른 오류 때문에 애널리스트의 이익 추정치는 실제 이익에 비해 과다하다고 한다. 또한 주당순이익을 추정할 때 전월에 본인이 추정한 값이 강한 기준점 역할을 하게 되어 새로운 분석 결과가 충분히 반영되지 못할 수도 있다.

이는 '기준점 효과'와 '최근성 편향', '과신 편향' 등의 영향으로 볼 수 있다. 부정적 뉴스 등으로 이익 추정을 하향 조정할 필요가 있을 경우 과소 반응을 하고, 이와 반대로 호재가 생겨 이익 추정을 상향 조정할 경우 과잉 반응을 한다. 즉, 경제 상황이 나쁘게 변할 경우 이러한 정보가 충분히 반영되지 않은 이익 추정치가 발표될 수 있다는 뜻이다. 애널리스트의 심리적 편향에 따라 매수 위주의 투자 의견이 나올 수 있다.[26]

금융투자협회의 또 다른 분석 결과, 2010년 국내 증권사가 분석한 종목은 885종목이다. 이는 상장 종목(1850개)의 48% 수준으로 일부 종목에 편중되어 있다.[27] 이렇게 분석 종목이 적은 이유는 무엇일까?

'과잉 투자'와 '애널리스트 분석 범위'에 관한 연구 결과를 살펴보자. 과잉 투자로 주가 하락 가능성이 높은 기업일수록 손실회피 성향이 큰 투자자들은 본인들이 과다하게 투자한 기업에 대한 분석 보고서가 더 많이 발행되길 원한다. 하지만 애널리스트는 해당 기업을 분석할 때 감수해야 할 비용과 위험에 대한 부담으로 오히려 정보 공급(보고서)을 줄이려고 한다. 애널리스트는 자신들의 명성을 높이기 위해 경력을 관리할 필요가 있다. 과잉 투자 기업과 같이 성과가 악화될 가능성이 큰 기업에 대해 애널리스트의 예측이 부정확할 경우 자신의 명성이 훼손될 가능성이 있고, 대상 기업의 정보 수집에 많은 노력이 들어간다. 설사 정확하게 분석했다고 하더라도 그 결과가 '매도'일 경우 매도 보고서를 발표하기란 쉽지 않다. 그러한 의견을 냈을 때 투자자들의 항의와 원성을 감당하기 어렵기 때문이다. 따라서 분석에 대한 수요가 큰 기업일수록 오히려 분석 보고서가 더 적어질 수 있는 것이다.[28]

2003년 버크셔해서웨이 연례회의에서 '투자지식을 어떻게 쌓느냐'는 질문에 회장인 워런 버핏은 일간지, 연례보고서, 사업보고서, 경제잡지 등 다양한 자료를 엄청나게 읽는다고 답했다. 그러고 나서 부회장인 찰리 멍거가 이렇게 덧붙였다. "저는 애널리스트 리포트를 전혀 읽지 않습니다. 만약 제가 읽는다면, 웃기 위해서 읽을 겁니다.

왜 사람들이 그런 걸 읽는지 모르겠네요." 그들은 이미 애널리스트 보고서의 한계점을 잘 알고 있었던 게 아닐까?

버크셔의 두 거장에게는 애널리스트 보고서가 필요 없을지 모르지만, 많은 개인 투자자들은 애널리스트 보고서를 투자에 참고하고 있다. 다만, 애널리스트의 보고서를 읽을 때 주의해야 한다. 특히 애널리스트의 매수 추천에 의존해 투자 결정을 하고 있다면 조심해야 한다. 국내의 경우 매수 추천에 편중되는 관대화 편향이 해외보다 강하므로 더욱 주의할 필요가 있다. 애널리스트의 이익 추정치를 보수적으로 평가하고, 다양한 애널리스트의 정보를 비교, 검토해야 한다. 또한 애널리스트가 분석하지 않는 기업이라면 그 이유가 무엇인지도 꼼꼼히 살펴보아야 한다.

증권사의 내년 코스피 전망은 정말 맞을까?

연말이 되면 각 증권사는 다음 연도의 증시 전망에 대한 보고서를 발표하고, 언론에서는 이를 취합해 코스피 전망에 대한 기사를 낸다. 2016년 말 증권사들이 발표한 2017년 코스피 지수는 1900~2273이었다. 하지만 실제 2017년 코스피의 움직임은 2026~2556을 기록했다. 실제로는 전망치보다 10% 상승한 것이다. 2018년은 오히려 전망한 것보다 15% 낮은 모습을 보여줬다. 2019년은 3%가량 낮아지긴 했지

[표 12] 증권사의 코스피 전망과 실제 코스피 움직임 비교

연도	코스피 전망	실제 움직임	차이(중앙값 기준)
2017	1900 ~ 2273	2026 ~ 2556	10%
2018	2417 ~ 2941	1996 ~ 2568	-15%
2019	1850 ~ 2400	1891 ~ 2252	-3%
2020	1900 ~ 2500	1439 ~ 2873	-2%
2021	2200 ~ 2800	2823 ~ 3316	23%
2022(~7.31)	2800 ~ 3300	2276 ~ 2989	-14%

만 비슷한 수준이었다. 2020년은 중앙값은 비슷했으나 밴드폭은 상당한 차이가 있어 하단은 전망치(1900)보다 24% 낮은 1439였고, 상단은 전망치(2500)보다 15% 높은 2873이었다. 2021년은 전망치보다 23% 높게 나왔고, 2022년은 7월 말까지 14% 낮은 움직임을 보이고 있다.

숫자들을 가만히 살펴보면 전년도 증시가 상승하면 다음 해의 전망을 높게 잡았는데 2018년과 2022년이 그런 모습이었다. 반대로 증시가 하락했던 2018년에는 그다음 해의 전망도 낮춰 잡은 것 같다. 2017년과 2020년 전망은 전년도가 횡보장세였기 때문인지 전년과 비슷한 수준이었다.

증권사의 증시를 전망하는 애널리스트가 일반인보다 비전문가라고 생각하진 않는다. 하지만 그들의 말을 무조건 믿고 투자를 결정하는 것은 꽤나 위험하다는 사실을 알아두자.

하루 종일 일만 하는 사람은

돈을 벌 시간이 없다.

- 보도 섀퍼

2부

시스템은
배신하지 않는다

시황 걱정 없이 부를 끌어당기는 마법의 투자 시나리오 6

"시장에 휘둘리지 않고
마음 편히 투자할 방법이 없을까요?"

물고기를 잡는 3가지 방법

유대인 속담에 "자녀에게 '물고기'를 잡아주면 하루를 살 수 있지만 '물고기 잡는 법'을 가르치면 평생을 살 수 있다"라는 말이 있다. 아이들이 어른의 도움 없이 문제를 해결하게 하자는 교육 철학이 담긴 말이다. 금융의 관점에서 바라본다면 어린이에게 돈을 주는 것보다 돈 버는 방법을 가르치는 것이 더 중요하다고 할 수 있다. 이 말은 '주식 초보'나 '재테크 초보'에게도 통용된다. "당장 돈이 될 투자처를 찾을 게 아니라 '투자로 수익을 내는 법'을 배우는 게 낫다."

주식 투자에서 '물고기 잡는 법'은 다양하지만, 여기서는 크게 3가지 방법을 이야기해 볼 수 있다. 그 3가지는 낚시를 하거나, 작살을 쏘거나, 그물을 펼쳐놓는 것이다.

첫 번째 물고기 잡는 법인 '낚시'는 물고기가 있을 만한 바다에 미끼를 펜 낚싯바늘을 적당한 깊이로 던져놓고 기다리는 것이다. 기다리다 보면 물고기가 미끼를 물게 되고 이때 팽팽해진 낚싯줄을 끌어올린다. 이는 주식에서의 '기본적 분석 투자' 혹은 '가치 투자'와 비슷하다.

기본적 분석 투자란 투자 대상의 내재가치를 투자자가 정한 계산 방식으로 분석한 후, 그것을 시장 가격과 비교해 투자 여부를 판단하는 방식이다. 내재가치 분석은 수치로 표시할 수 있는 부문에 대한 '정량적 분석'과 CEO의 능력과 같이 수치로 계산하기 힘든 부문을 분석하는 '정성적 분석'으로 나뉘기도 한다. 이러한 기본적 분석 투자에 크게 의존하는 투자를 가치 투자라고 부르기도 한다. 문제는 이런 투자 방식이 꽤 어렵다는 것이다.

기본적 분석 투자가 어려운 이유는 다음과 같다. 우선 기업의 재무제표를 이해할 수 있는 회계 지식이 필요하고, 경영 환경을 알아야 하며, 회사의 변화를 계속 관찰해야 한다. 또한 수많은 회사를 비교해야 하므로, 분석에 상당한 시간과 노력과 비용을 들여야 한다. 특히 개인 투자자나 직장인의 경우 관심 있거나 친숙한 일부 회사만 분석하게 돼서 투자 대상이 좁아지는 한계가 있다. 기본적 분석에 근거한 가치 투자는 인내하고 고통을 참아야 하는 방법이라 실천이 꽤 어려울 수 있다.

경제학자 존 메이너드 케인스는 주식 가격이 '미인 선발 대회'와 비슷한 방식으로 결정된다고 했다. 심사위원인 내 생각에 가장 예쁜 사람을 뽑아도 다른 사람들이 뽑지 않으면 그 후보는 탈락한다. 그렇게 되면 내 심사 능력이 떨어지는 것처럼 보일 테니, 결국 다른 사람들이 뽑을 것 같은 후보를 선택하게 된다는 것이다. 주가 역시 마찬가지다. 내가 생각하기에 좋은 주식, 저평가 가치주를 고르더라도 사람들이 그 주식을 사지 않으면 가격은 오르지 않는다. 케인스는 가치 투자 방식이 특별히 옳다고 믿지 않았다고 한다.

가치 투자는 장기투자를 기본으로 한다. 내가 선택한 기업의 가치가 제대로 평가받을 때까지 생각보다 긴 시간이 걸릴 수 있다. 그 시간 동안 시장의 외면을 견뎌야 한다. 낚시 역시 비슷하다. 물고기를 낚기까지 꽤 긴 시간이 걸린다. 어떤 날은 한 마리도 못 잡을 수 있다. 물때와 어종의 특성, 미끼 등에 대한 지식이 부족하면 물고기를 낚을 확률은 더 떨어질 수밖에 없다.

물고기를 잡는 두 번째 방법은 '작살'을 쏘는 것이다. 물안경을 쓰고 바다에 직접 들어가 물고기를 향해 끝이 뾰족한 꼬챙이를 발사해 잡는 것이다. 작살을 이용하는 방법은 원시시대부터 사용된 매우 직관적인 사냥법이다. 투자 방법에서는 '모멘텀 투자'가 작살 쏘기와 비슷하지 않을까 한다.

모멘텀 투자란 시장 분위기, 뉴스, 테마, 종목 정보, 투자 심리, 수

급(수요와 공급), 가치 판단, 기술적 분석 등의 다양한 요소를 판단의 '재료'로 사용한다. 투자자의 직관이나 영감으로 이 재료들 중 일부를 종합해 가격을 전망하고, 그러한 전망을 기반으로 투자하는 방법을 말한다. 퀀텀펀드라는 유명한 헤지펀드의 창립자인 짐 로저스와 조지 소로스가 대표적인 모멘텀 투자자였다. 판단에 필요한 모든 요소를 종합하여 결국 투자자의 직관으로 직접 투자 의사결정을 내리는 모멘텀 투자는 인간 본성의 지배를 받을 가능성이 높다. 모든 모멘텀 투자자가 심리적 직관만을 이용하는 것은 아니다. 계량적 방법을 사용하는 퀀트 기반의 모멘텀 투자자도 있다.

모멘텀 투자는 가격의 상승이나 하락을 전망하여 매수와 매도를 결정하는 방식으로 '추세 추종 전략'이라고도 부른다. 시장 상황에 민감해야 하며, 다른 무엇보다 투자 타이밍이 중요하다. 종일 시장 상황을 지켜볼 수 없는 직장인에게는 쉽지 않은 방법이다. 많은 초보 투자자가 쉽게 접하는 방법이고, 그만큼 쉽게 실패하기도 한다. 소위 작전주, 테마주 등 개미들을 이용해 단기적으로 돈을 벌려는 이들이 주로 사용하는 방법이기도 하다. 원시시대부터 작살을 이용해 물고기를 잡았던 본성이 아직 남아 있어서 그런 것인지도 모르겠다.

물고기를 잡는 세 번째 방법은 '그물'을 펼쳐놓는 것이다. 넓게 펼쳐놓은 그물에 물고기가 저절로 걸려들게 하는 방법이다. 이를 투자에 적용하면 '포트폴리오 투자법'이라 할 수 있다. 포트폴리오 투자란 투자금을 여러 자산에 분산하는 방법이다.

예를 들어 바이오나 2차 전지 같은 특정 섹터의 주식들에 분산해 투자한다면 그것은 '주식 포트폴리오 투자'이다. 이는 해당 섹터에 대한 전문성이 있고 어느 정도 상승 가능성을 예상하고 있으나, 구체적으로 어떤 종목이 오를지는 알 수 없을 때 사용하는 방법이다. 이보다 더 광범위하게 분산하는 방법이 바로 '자산배분 포트폴리오 투자법'이다. 어느 자산군이 오를지 알 수 없고, 상승과 하락의 타이밍을 알 수 없을 때 사용하는 방법이다. 미리 분산해 놓은 자산 중에서 가격이 상승한 자산은 일부 팔고, 상대적으로 저렴한 자산을 사는 방식으로 포트폴리오의 균형을 맞춘다. 이를 통해 '저가 매수 고가 매도'를 반복하며 수익을 누적시킨다. 이런 매매를 통한 수익 창출을 '리밸런싱 보너스'라고도 부른다.

자산배분 투자는 투자 공부에 많은 시간을 할애하기 어려운 직장인에게 유리한 투자 방법이다. 시장의 타이밍을 예측하기 어렵거나 곧바로 대응하기 어려운 사람에게도 도움이 된다. 손이 많이 가지 않고 변동성이 낮으며 적정한 수준의 수익을 기대할 수 있기 때문에 노후 대비 연금이나 주택 마련 자금과 같은 장기 자금을 굴리기에도 적합하다. 물론 작살을 쏘는 것처럼 직접적이고 강렬한 희열을 경험하긴 어렵다. 또한 낚시의 손맛 같은 쾌감을 느낄 수도 없다. 하지만 잔잔하고 꾸준한 수익으로 맛있는 물고기를 '지속적으로' 잡을 수 있다.

물고기 잡는 방법이 다양하듯이 투자를 하는 방법도 다양하다. 누구도 이 중에서 어떤 것이 정답이라고 주장할 수는 없다. 많은 투자의 대가들 역시 각자 자기만의 방식으로 투자를 하며 명성을 떨쳤다. 가치 투자의 대가로는 세계 부호 순위에 항상 오르는 워런 버핏, 벤저민 그레이엄 등이 있다. 모멘텀 투자의 세계에는 제시 리버모어, 게리 안토나치 등이 있다. 그리고 자산배분 투자 분야의 대표적인 인물로는 연기금 운용계의 거장 데이비드 스웬슨과 세계 1위 헤지펀드의 창립자인 레이 달리오 등이 있다. 이러한 투자법 중 무엇을 선택하든 투자자 본인이 제대로 이해하고 실천할 수 있는지가 가장 중요하다.

우산 장수와 짚신 장수 아들을 둔 할머니

어느 마을에 짚신 장수와 우산 장수 아들을 둔 할머니가 살았다. 할머니에게는 커다란 고민이 하나 있었다. 함께 장사를 나갔는데도 날씨에 따라 두 아들의 표정이 달라졌기 때문이다. 맑은 날에는 짚신을 많이 판 짚신 장수 아들이 기쁜 얼굴로 돌아왔지만, 우산을 조금밖에 팔지 못한 우산 장수 아들은 슬픈 얼굴로 돌아오곤 했다. 비 오는 날은 정반대였다. 할머니는 언제나 슬플 수밖에 없었다. 하루는 곁에서 그 모습을 지켜보던 손자가 할머니에게 말했다.

"에이, 할머니는 바보야. 기쁜 일만 생각해 봐요. 맑은 날에는 짚신을 많이 팔아서 좋고, 비 오는 날에는 우산을 많이 팔아서 좋잖아요.

얼마나 기뻐요!" 손자의 말에 할머니는 고개를 끄덕였다. 맑은 날은 맑아서 좋고, 비가 오는 날은 비가 와서 좋다고 생각하기 시작한 할머니는 비로소 시름을 잊을 수 있었다.

이 이야기는 '세상일은 마음먹기에 따라 달라진다'는 교훈을 전한다. 같은 상황에 처할지라도 기쁘게 생각하면 기뻐지고, 슬프게 생각하면 슬퍼진다는 이야기다. 이 이야기를 조금 다른 각도로 바라보면 이런 해석도 가능하다.

비가 오든 날씨가 맑든 두 아들 중 1명은 무조건 물건을 팔아 돈을 번다.

즉, 할머니의 가족은 날씨와 상관없이 지속적으로 생활비를 마련할 수 있는 것이다. 그러니 슬픈 일은 마음먹기에 따라 기쁜 일이 될수도 있다. 만약 두 아들이 모두 우산을 판다고 치자. 비가 오는 날은 수입이 2배가 되니 좋을 수 있지만, 날씨가 맑으면 둘 다 수입이 없어지니 생활조차 어려워질 것이다. 이렇게 되면 아무리 좋게 마음을 먹으려 해도 쉽지 않다.

금융의 관점에서 이 이야기를 살펴보면, '위험 관리'에 대한 내용임을 알 수 있다. 할머니네 가족이 걱정해야 할 위험은 생활비다. 두 아들이 각기 다른 일을 한다는 것은, 날씨에 구속받지 않고 꾸준하게 생활비를 벌 수 있는 환경을 만들었다는 뜻이다. 직업을 '분산'함으로써 생활비가 떨어지는 '위험'을 '관리'한 것이다.

투자 관점에서 더 나아가 보자. 두 아들의 소득은 상반된 움직임을 보인다. 비 오는 날에는 우산이 잘 팔리고 짚신은 안 팔린다. 우산의 수요는 늘어나고 짚신의 수요는 줄어드니 우산 가격은 비싸지고 짚신 가격은 싸진다. 비싸진 우산을 판 돈으로 저렴해진 짚신을 사둘 수 있다. 쌀 때 사둔 짚신은 날씨가 좋을 때 비싼 값으로 팔 수 있고, 그 돈으로 이번에는 저렴해진 우산을 살 수 있다. 이런 상황을 반복하게 되면 지속적으로 자산을 저가에 매수하고 고가에 매도하는 시스템이 갖춰지는 것이다.

이 세상에는 다양한 투자자들이 존재하지만, 그들 모두 공감하는 문장이 있다. 바로 "싸게 사서 비싸게 팔아라"이다. 가치 투자든 모멘텀 투자든 궁극적인 목표는 '매수한 가격보다 더 비싸게 파는 것'이다. 우산 장수와 짚신 장수 아들을 둔 할머니네처럼 서로 다른 움직임을 보이는 자산을 동시에 보유해 지속적이고 반복적인 수익을 얻는 투자법이 '자산배분 포트폴리오 투자'이다.

우산 장수와 짚신 장수 아들을 둔 할머니(일러스트: 김지민)

첫 번째 시스템

분산투자의 핵심 시나리오 6가지

자산 간 '케미'에 주목하라

영웅들의 파티 플레이_ 상관관계

이제 이야기 속 할머니가 당신이라고 가정하자. 당신은 자녀들이 짚신과 우산 중 어떤 장사를 하게 할지 결정해야 한다. 과연 어떤 장사가 좋을까? 필자라면 짚신 장사를 먼저 권할 듯하다. 이유는 단순하다. 비 오는 날보다 맑은 날이 더 많으니 짚신 장사가 더 잘될 것이기 때문이다. 투자 시장에서 가장 먼저 검토해야 할 자산은 주식이다. 주식을 먼저 포함하는 이유는 '장기 수익률'이 가장 우수하기 때문이다.

지난 94년간 미국 자산들의 누적 성과를 보면 미국 대형주(S&P 500 TR)가 연 10.0%의 수익률로 가장 많이 올랐다. 국채(10년물)는 5.0%, 부동산은 4.2% 상승했고, 단기채(3M T-bill)는 3.3%로 인플레이션

(3.0%)을 조금 앞섰다. 장기적으로 주식의 수익이 가장 좋다는 것을 알 수 있다(참고자료 2-1, 369쪽).

한국의 경우 2000년 12월부터 2021년 12월까지 21년간 자산들의 누적 성과를 보면 주식(코스피 200 TR)이 연 11.0%로 가장 많이 올랐다. 아파트(전국) 가격은 5.8%, 국채(10년물)는 5.1% 상승했고, 예금은 3.3%로 소비자물가(2.2%)를 조금 앞섰다. 미국과 마찬가지로 한국 역시 주식의 수익이 장기적으로 가장 좋았다(참고자료 2-2, 369쪽).

장기로 투자했을 때의 자산별 성과를 분석해 보면 주식이 가장 높게 나온다. 미국과 한국만의 사례는 아니다. 엘로이 딤슨은 저서 『낙관론자들의 승리』에서 1900년부터 2000년까지 북미, 유럽, 아시아, 아프리카를 포함한 16개국 시장의 주식과 장기채권, 재무부 단기채권의 투자 성과를 분석한 결과, 모든 국가에서 주식의 수익률이 가장 앞섰다고 이야기한다. 이 외에도 많은 연구에서 장기적으로는 주식의 수익률이 가장 우수한 결과를 보여준다.

그렇다면 주식에 모든 자산을 넣어놓고 장기간 묻어두면 되지 않을까? 아니다. 이런 종류의 장기 데이터를 바탕으로 한 주장을 접할 때 주의해야 할 점이 있다. 우선 누구도 특정 투자 대상을 수십 년간 보유하지 않는다. 물론 거주용 주택의 경우 실거주를 목적으로 한다면 수십 년간 보유하기도 하지만 투자를 목적으로 한다면 그렇지 않은 경우가 대부분이다. 어떤 투자 대상이 장기간 좋은 성과를 냈다고 해서, 그것이 반드시 투자자의 성과로 연결되는 것은 아니다. '투자

[그래프 21] 1990년대 미국과 신흥국 주식 수익률 비교

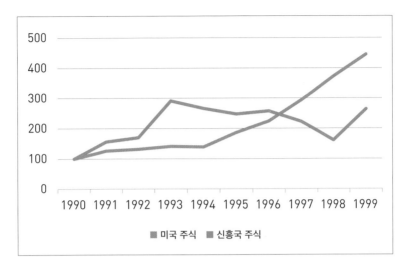

미국 주식: 345%(연 16.1%), 신흥국 주식: 164%(연 10.2%)

대상'은 같지만 '투자 기간'이 다를 수 있기 때문이다. 1부에서도 언급했지만, 투자자의 상당수는 투자 기간이 짧다. 미국이든 한국이든 주식 투자자의 평균 주식 보유 기간은 1년도 되지 않는다. 설사 5년, 10년 동안 꾹 참고 투자했더라도 투자 시점에 따라 손실을 겪는 경우도 많다.

심리적인 문제 역시 장기투자를 어렵게 한다. 1부에서 미국 시장에 투자하는 사례의 일부를 가져온 [그래프 21]과 [그래프 22]를 보며 타임머신을 타고 1998년으로 돌아가보자. 대학생이던 김 씨는 1990년대 초 상승하던 신흥국 주가를 보며 신흥국 펀드에 투자하고 싶어졌다. 그런데 1997~1998년 러시아의 국채 지불 유예와 동아

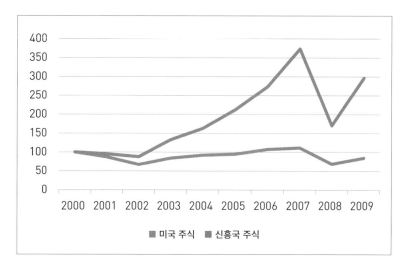

[그래프 22] 2000년대 미국과 신흥국 주식 수익률 비교

미국 주식: -16%(연 -1.7%), 신흥국 주식: 196%(연 11.5%)

시아 외환 위기 사태를 보며 역시 신흥국은 위험하다고 생각했다. 1990년대 말에는 인터넷의 확산과 더불어 세계 최고의 IT 기술력을 보유한 미국의 주가가 고공 행진을 했다. 김 씨는 미국 주가의 상승을 보며 미국 주식에 장기투자를 하겠다고 마음먹었다. 2000년 취업에 성공한 김 씨는 이번에는 미국 주식형 펀드에 투자했고 10년간 묻어두겠다고 결심했다. 그런데 인터넷 비즈니스에 과도하게 몰렸던 자금이 버블을 형성했고, 결국 버블의 붕괴와 함께 미국 주가가 하락했다. 2002년까지만 해도 신흥국 주가도 함께 빠졌으나 그 이후 미국 주가는 힘을 못 쓴 반면 신흥국 주가는 훨훨 날았다. 글로벌 금융 위기가 찾아들 무렵인 2009년 김 씨는 미국 펀드를 환매하고 신흥국 펀드로 갈아탔다. 이번엔 흔들리지 않겠다고 다짐하면서 말이다. 그런데 이번에는 신흥국이 힘을 못 쓰고 미국 주식이 독주하는 10년이 펼쳐졌다.

투자자를 괴롭히는 악당들

장기투자를 방해하는 것은 비교 심리만이 아니다. 주가가 올랐다 내렸다 하는 변동성 역시 투자자의 마음을 많이 괴롭힌다.

친구 사이인 강 씨와 김 씨는 [그래프 24], [그래프 25]와 같이 각각 A 자산과 B 자산에 투자했다. 최종적으로 자산 A와 B의 투자 결과는 동일하다. 둘 다 1월에 100만 원을 투자해서 12월에 110만 원이 됐으니 수익은 10만 원이고, 수익률은 10%다. 하지만 지난 1년간 강 씨와 김 씨의 심리 상태는 매우 달랐다.

두 사람 모두 1월에 투자해서 2월이 되었다고 치자. 강 씨가 투자한 A 자산은 102만 원으로 2%가 올랐으나 김 씨의 B 자산은 104만 원으로 4%나 올랐다. 김 씨는 자기가 더 나은 선택을 했다며 우쭐해했다. 그런데 3월에 A, B 자산 둘 다 가격이 빠졌다. 강 씨의 A 자산은 100.8만 원이 됐다. 강 씨는 2월의 가격인 102만 원보다 빠졌지만 처음 투자했던 100만 원보다는 높았으니 크게 마음을 쓰지 않았다. B 자산은 가격이 98.5만 원까지 하락했다. 김 씨는 첫 투자금 100만 원

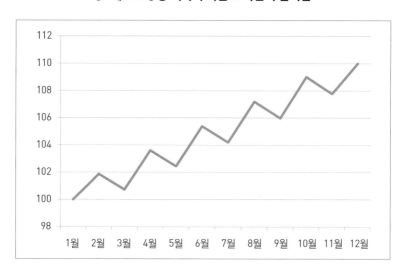

[그래프 23] 강 씨가 투자한 A 자산의 움직임

에서 98.5만 원이 되었으니 1.5만 원 손해를 본 것이지만, 심리적으론 2월의 최고 가격이었던 104만 원이 기준점이 되어 5.5만 원이나 손해를 봤다는 생각에 마음이 불편했다.

강 씨는 A의 가격이 오르내리긴 하지만 꾸준히 우상향한다는 생각에 12월까지 기다리는 게 그리 어렵지 않았다. 하지만 김 씨는 마음이 여간 불편한 게 아니었다. 4월에 가격이 다시 오르기는 했지만 5월에 99.9만 원으로 또 하락하며 다시 불안해졌다. 김 씨는 불안한 마음을 이겨내지 못하고 결국 5월에 B 자산을 팔아버렸다. 1000원쯤 손해를 본 것이면 양호한 결과라고 생각하면서 말이다. 결국 12월에 수익을 본 사람은 강 씨뿐이었다. 자신이 투자했던 자산 B의 가격역시 100만 원이 된 걸 본 김 씨는 '내가 팔면 오른다'는 증시 격언을

[그래프 24] 김 씨가 투자한 B 자산의 움직임

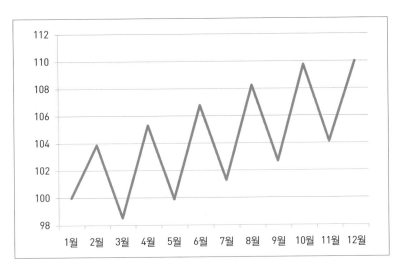

떠올리며 다시 스트레스를 받았다. 이것이 바로 자산 가격의 변동성이다. 이러한 변동성은 투자를 어렵게 만드는 중요한 요소다.

투자자가 겪게 되는 스트레스는 변동성만이 아니다. '손실 가능성' 역시 투자자의 마음을 불안하게 만든다. 김 씨가 2007년 10월에 미국 주식에 투자했다면 주가 하락으로 투자금이 반토막보다 더 하락해 -55%까지 빠졌을 것이고, 그 하락폭만큼 심리적 고통을 느꼈을 것이다. 이때의 고통을 수치로 표현한 것을 '최대낙폭(MDD, maximum drawdown)'이라고 부른다.

만약 2011년 4월에 코스피에 투자를 시작했다면 68개월 이후에 손실에서 벗어났을 것이다. 5년 8개월 동안 마이너스인 계좌를 바라보는 것은 매우 고통스러운 일이다. 단 1%만 손실이 나도 심리적 불편감이 느껴지기 때문이다. 이를 '손실기간underwater period'이라고 한다. '손실기간'을 뜻하는 영어 단어가 'underwater(period)'라는 것에서 알 수 있듯 수면 아래에 있어서 숨 쉬기가 어려울 정도로 고통스럽다는 의미를 내포하고 있다. 수면 아래에 있던 기간과 그 깊이를 포함해 면적으로 계산하면 '손실크기underwater size'를 구할 수 있다. -50%의 손실을 1개월간 겪었다면 손실크기는 50이다. -1%의 손실을 60개월 간 겪었다면 손실크기는 60이 된다. 많이 하락한 것도 고통스럽지만, 작은 하락도 길게 지속되면 그 스트레스 역시 무시할 수 없다.

2000년 말부터 2021년 말까지 한국 주식과 미국 주식의 실제 주가 움직임을 보면 각각의 변동성이 22.0%, 19.2%로 둘 다 20%에 가까운 높은 수치를 보인다. 최대낙폭은 둘 다 2007년 금융 위기 때 발생했는데, 각각 52%와 55%로 미국 주식의 최대낙폭이 좀 더 컸다. 손실최장기간은 한국과 미국이 달랐다. 미국의 손실최장기간은 56개월로 2007년 10월부터 2012년 4월에 발생했다. 한국의 경우 2011년 5월부터 2017년 2월까지 68개월간 지속됐다. 21년간 한국과 미국 주식은 각각 연 10.8%, 8.5%의 수익을 안겨주었지만, 투자자가 그 과정에서 느껴야 할 심리적 고통은 적지 않았다.

악당을 물리치는 영웅: 상관관계

지금까지 살펴본 '변동성', '최대낙폭', '손실기간' 등은 투자자를 괴롭히는 악당들이다. 이 악당들을 잘 물리친다면 더 좋은 수익률을 얻기가 상대적으로 쉬워질 것이다. 그리고 이들을 물리칠 영웅이 있다. 그의 이름은 바로 상관관계다.

상관관계란 두 가지 대상이 서로 관련이 있다고 추측되는 관계를 말한다. [그래프 25]를 보면 시간이 1에서 2 혹은 3에서 4로 흐르는 동안 A 자산이 상승할 때 B 자산도 덩달아 상승하는 모습이 보인다. 또한 2에서 3 혹은 4에서 5로 시간이 변할 때는 A와 B 자산 둘 다 가격이 하락하는 모습을 보인다. 이렇게 위쪽이든 아래쪽이든 두 자산이 같은 방향으로 움직이는 경우 '양의 상관관계'를 가진다고 말한다. 양의 상관관계가 높은 A, B 자산에 절반씩 투자한 '포트폴리오 1'의 움직임은 그래프 속 가운데 점선과 같은데, 보다시피 A와 B 자산의 움직임과 비슷하다.

이러한 상관관계를 수치로 표현한 것을 '상관계수'라고 하는데, 상관계수는 '+1'에서 '-1' 사이의 값을 갖는다. '+1'에 가까운 상관계수는 '변동성' 같은 악당을 물리치지 못한다. 다르게 말하면 '포트폴리오 1'은 A와 B자산과 유사한 변동성, 최대낙폭, 손실기간을 보일 것이라는 뜻이다.

이와 반대로 자산이 서로 다른 방향으로 움직이는 경우 '음의 상관

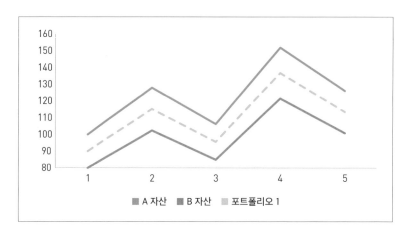

[그래프 25] 양의 상관관계(포트폴리오 1)

관계'를 갖는다고 말하며 이때의 상관계수는 마이너스 값을 가진다.
[그래프 26]에서 보듯이 시간이 1에서 2로 지나갈 때 A 자산의 가격
은 올라가고, C 자산의 가격은 반대로 내려간다. 2에서 3으로 시간이
변할 때는 반대로 A 자산 가격이 하락하고 C 자산 가격은 상승한다.
그래프를 보면, 서로 움직임이 반대인 A와 C 자산에 절반씩 투자하
는 '포트폴리오 2'의 움직임(가운데 점선)은 '포트폴리오 1'의 움직임
과는 다르게 꾸준히 우상향하는 것으로 나온다. '포트폴리오 2'는 급
격하게 오르거나 내려가는 구간이 없이 부드럽게 움직인다. 이를 다
르게 표현하면 '변동성이 매우 낮다'고 말할 수 있을 것이다. 더불어
최대낙폭이나 손실기간도 매우 개선되었음을 알 수 있다(이 그래프에
서는 '포트폴리오 2'가 전 고점보다 가격이 떨어진 적이 없으니 최대낙폭이나 손
실기간이 0이지만, 더 긴 기간을 투자한다면 손실이 발생할 수 있을 것이다. 따라

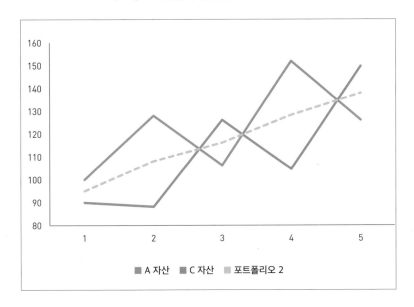

[그래프 26] 음의 상관관계(포트폴리오 2)

■ A 자산 　■ C 자산 　■ 포트폴리오 2

서 '개선되었다'고 표현한 것이다). 서로 상관관계가 낮은 자산을 포트폴리오에 편입했을 때 포트폴리오의 위험(변동성)을 낮출 수 있다는 말이 바로 이 뜻이다. 이처럼 상관관계는 투자자를 괴롭히는 악당을 물리쳐줄 영웅이 될 수 있다. 그럼 실제 어떤 자산들이 영웅의 역할을 해주는지 살펴보자.

참고로 상관관계는 '인과관계'와는 다른 말이다. 인과관계는 어떤 사건이 원인이 되어 그 결과 다른 사건이 발생하는 것을 말한다. 많은 투자자들이 투자 시장의 인과관계를 찾으려고 노력한다. 인과관계만 알아낸다면 투자가 훨씬 쉬워질 테니 말이다.

예를 들어, 주가 움직임의 원인을 금리에서 찾기도 한다. 금리가 하락하면 주가가 폭락한다거나, 금리가 상승하는 동안은 주식이 활황이라는 식으로 말이다. 하지만 인과관계를 내세운 이런 설명들은 틀리는 경우가 상당히 많다. 주가의 움직임에 영향을 주는 요소는 금리 하나만이 아니기 때문이다. 그리고 반대로 주가의 움직임이 금리에 영향을 미치기도 한다. 투자 시장은 생각보다 매우 복잡해서 인과관계를 찾는 것은 전문가들에게도 쉽지 않은 영역이다. 40년 만에 최고치를 찍은 인플레이션을 잡기 위해서 각국 중앙은행과 정책 담당자들이 고심하지만 해법이 쉽게 나오지 않는 것도 인과관계가 명확하지 않아서다. 인과관계를 찾으려 애쓰는 노력의 100분의 1만 투자해도 상관관계를 이해할 수 있을 것이다. 그러니 지금부터 하나씩 공부해 보자.

단순함이 가장 강력하다

첫 번째 영웅과 두 번째 영웅_ 주식과 국채

주식의 첫 번째 동반자는 바로 국채다. 국채는 채권의 일종인데, 채권이란 돈을 빌릴 때 원금과 이자를 지급하기로 약속하는 증권이다. 채권은 돈을 빌리는 주체에 따라 '회사채'와 '국채'로 나뉜다. 회사채의 경우 회사가 부도날 확률이 있는 데 반해 국채의 경우 국가의 신용도에 따라 변동하므로 부도 확률이 매우 낮다. 그 대신 국채의 수익률은 회사채에 비해 낮다. 수익률이 낮음에도 국채를 주식의 첫 번째 동반자로 삼은 이유는 주식과 국채의 '상관관계'가 낮기 때문이다.

상관관계가 낮다는 것은 시장에서 두 자산이 서로 다른 움직임을 보인다는 뜻이라고 앞에서 설명했다. 이 상관관계가 낮으면 어느 한 자산이 하락해도 다른 자산이 상승하며 균형을 유지해 주기에 주식과 국채를 조합한 포트폴리오는 주식 투자자를 괴롭히는 악당들을 물리치는 데 큰 도움을 준다. 이처럼 주식과 국채의 조합은 단순해 보이지만 자산배분 포트폴리오 투자의 가장 기본적인 출발점이다.

투자 역시 사람의 신체와 마찬가지로 균형이 매우 중요하다. 보통 근육 운동을 할 때 상체를 돋보이게 하려는 사람이 많은데, 사실 균형 잡힌 몸매를 만들기 위해서는 하체 운동을 빼놓으면 안 된다. 야구나 골프에서도 공을 멀리 쳐내려면 팔이나 상체의 힘뿐만 아니라 든든한 하체의 힘도 받쳐주어야 한다. 투자 관점에서 보면 주식은 상체 운동, 국채는 하체 운동으로 비유할 수 있다. 투자 수익이라는 장타를 치려면 든든한 버팀목이 필요한 것이다.

국채는 국가의 신용도에 따라 평가된다. 우리나라에서 ETF로 거래할 수 있는 주요 국채는 미국과 한국의 국채다. 무디스, S&P, 피치 등 세 곳의 국제적인 신용평가회사가 각 나라의 신용등급을 매긴다. 미국은 무디스와 피치에서 가장 높은 등급을 받았고, S&P에서는 두 번째 등급을 받았다. 한국은 어느 정도일까? 무디스와 S&P의 한국 신용등급은 세 번째 등급인 'AA(Aa2)'이다. 이는 프랑스와 같은 등급으로 매우 높은 신용도를 뜻한다. 일본과 중국의 신용등급은 'A+(A1)'로 우리보다 두 단계나 낮다. 피치의 기준으로도 한국은 영국 등과 같은 네 번째 등급으로 중국보다 한 등급 높으며 일본보다는 두 등급 높은 신용도를 갖는다. 국채의 신용도는 국채를 발행한 국가의 신용도와 같다. 우리나라의 국채 역시 국제적으로 매우 신용도가 높은 채권임을 알 수 있다.

[성과 검증] 6040 포트폴리오

전통적인 주식 국채 포트폴리오는 주식 60%에 국채 40%를 섞어 만든다(6040 포트폴리오). 여기서 '전통적'이라는 말은 '오래되었다'는 뜻으로, 특별히 과학적이라거나 수학적이라는 뜻은 아니다. 그래도 '옛것을 본받아 새로운 것을 창조한다'는 '법고창신法古創新'의 마음으로 주식, 국채 포트폴리오를 분석해 보자.

국채가 변동성, 최대낙폭, 손실기간이라는 악당을 얼마나 잘 물리치는지 확인해 보자. [그래프 27]은 '6040 포트폴리오'의 누적 성과를 그린 것이다. 목표 비중인 '60 대 40'을 유지하기 위해 매달 주식과 국채의 비중을 다시 맞췄다. 주식과 국채를 섞어 투자했을 때가 미국 주식만 보유했을 때보다 하락할 때 덜 빠졌다는 것을 알 수 있다. [표 13]에서 구체적인 성과 수치를 확인할 수 있는데, 주식에만 투자할 때보다 주식과 국채를 섞어 투자했을 때 변동성은 15.3%에서 8.8%로 6.5%p나 감소했다. 최대낙폭은 50.9%에서 28.9%로 22.0%p 감소했고, 손실최장기간은 73개월에서 40개월로 33개월이나 줄어들었다.

주식과 국채를 섞어줬을 뿐인데 세 가지 위험 지표가 모두 절반 가

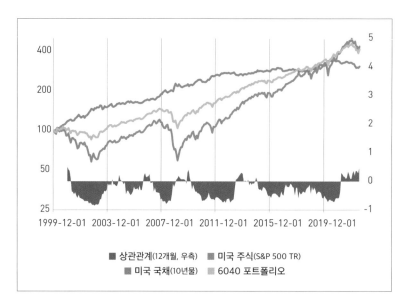

[그래프 27] 6040 포트폴리오 누적 성과

기간: 1999년 12월 ~ 2022년 7월

까이 줄어들었다(좀 더 정확히 말하면 변동성, 최대낙폭, 손실최장기간의 개선 효과가 각각 42.4%, 43.2%, 45.2%로 나타났다). 주식 투자자를 괴롭히는 악당의 힘을 절반이나 줄여준 것이다. 하지만 아쉽게도 수익도 다소 줄었다. 미국 주식에만 투자했을 때의 수익률이 연 6.7%인데, 6040 포트폴리오의 수익률은 연 6.5%로, 0.2%p만큼 연수익률이 감소했다.

참고로 '위험'과 '수익'을 동시에 비교해 볼 수 있는 대표적인 지표로 샤프비율이 있다. 노벨 경제학상을 받은 윌리엄 샤프가 고안한 지표인데, '초과수익률(초과수익률은 수익률에서 '무위험수익률'을 뺀 값을 말한다. 무위험수익률이란 단기국채, 현금성 자산 등을 통해 얻는 수익률을 말한

[표 13] 6040 포트폴리오 성과 분석

구분	미국 주식 (S&P 500 TR)	미국 국채 (10년물)	6040 포트폴리오
기간 수익률	336%	208%	313%
연수익률	6.7%	5.1%	6.5%
연변동성	15.3%	5.8%	8.8%
최대낙폭	50.9%	12.2%	28.9%
손실최장기간(개월)	73	33	40
샤프비율	0.34	0.61	0.56
김씨비율(by MDD)	0.10	0.29	0.17
김씨비율(by UWP)	0.0007	0.0011	0.0012

기간: 1999년 12월 ~ 2022년 7월

다)'을 변동성으로 나누어 계산한다. 미국 주식에만 투자했을 때의 샤프비율이 0.34인 데 비해 6040 포트폴리오에 투자했을 때는 0.56이다. 위험 대비 수익 관점으로 볼 때 65%나 좋아졌다.

다만, 샤프비율의 단점은 위험 지표로 변동성만을 사용한다는 점이다. 일반적으로 변동성 지표로 표준편차 값을 많이 사용하는데 표준편차는 평균 수익률과 개별 수익률의 편차를 계산해서 만든다. 표준편차는 평균을 중심으로 얼마나 퍼져 있는지를 나타내는 값이며 표준편차를 제곱한 값을 '분산'이라고 부른다.

예를 들어 평균 수익률이 6%일 때 표준편차가 5%라는 것은 실제 수익률이 1%(6%-5%)에서 11%(6%+5%) 사이에 속할 확률이 68.27%라는 의미다. 이때 표준편차가 15%로 늘어나게 되면 수익률은 68.27%의 확률로 -9%(6%-15%)에서 21%(6%+15%) 사이에 존재하게 된다. 표준편차(변동성)가 '5%'에서 '15%'로 커지면서 (68.27% 확률인) 수익률의 범위가 1~11%에서 -9~21%로 넓어진 것이다. 이를 달리 표현하면 '분산이 커졌다'고 말한다. 여기서의 확률은 수익률이 정규분포일 경우를 가정해 설명한 것이다. 주식 시장은 정규분포를 따르지 않으니 변동성(표준편차)이 무엇인지를 이해하는 용도로만 참고하자.

변동성만이 투자의 위험은 아니다. 같은 변동성을 보이더라도 최대낙폭(전 고점 대비 하락폭의 최대값)이 더 큰 경우 투자자는 더 위험하다고 느낀다. 갑작스러운 금융 위기로 주가가 급락할 때 -10% 하락한 주식과 -30% 하락한 주식에 대해 느끼는 스트레스가 다르다는 말이다. 따라서 투자의 성과를 분석할 때 이와 같은 최대낙폭을 위험 지표로 같이 검토해야 한다.

최대낙폭을 위험 지표로 사용하기 위해 샤프비율을 변형해 필자가 만든 것이 김씨비율(by MDD)이다. 김씨비율은 초과 수익률을 최대낙폭으로 나누어 계산한다.

앞에서 또 다른 위험 지표로 손실최장기간을 설명했다. 이는 손실이 얼마나 오래 지속되었는지를 측정하는 지표다. 손실 폭은 -10%

인데 손실이 지속된 기간이 1개월인 경우와 손실 폭은 -5%인데 손실이 지속된 기간이 12개월인 경우를 비교하면 12개월 동안 -5%의 손실이 난 계좌를 바라보는 것이 더 고통스러울 수 있다. 손실최장기간을 위험 지표로 사용해 위험 대비 수익을 계산한 것이 바로 김씨비율(by UWP)이다. 김씨비율(by UWP)은 초과수익률을 손실최장기간으로 나누어 계산한다.

김씨비율(by MDD)로 보면 미국 주식에만 투자한 경우가 0.10이었고 6040 포트폴리오의 경우가 0.17로 67%나 개선됐다. 김씨비율(by UWP)은 미국 주식에만 투자한 경우가 0.0007, 6040 포트폴리오가 0.0012로 74% 개선됐다.

[그래프 27]에서 면적으로 표시된 부분은 주식과 국채의 상관관계다. 과거 12개월간 월별 수익률의 상관관계를 계산한 것으로 상당히 오랜 기간 동안 음의 상관관계를 보였다는 것을 알 수 있다. 종종 양의 상관관계를 보이기도 했지만, 상관관계가 양일 때에도 그 값이 0.5 미만 정도로 높지 않았다. 전체 기간의 상관관계는 -0.26으로 대체로 음의 상관관계를 보여줬다.

[성과 검증] 한국형 6040 포트폴리오

그렇다면 '한국형 6040 포트폴리오'의 성과는 어떨까? 앞서 본 미국 사례와 마찬가지로 한국 주식과 한국 국채를 이용해 한국형 6040 포트폴리오를 구성했다.

한국 주식에만 투자했을 때보다 국채와 섞었을 때 변동성은 21.8%에서 13.1%로 8.7%p나 감소했다. 최대낙폭은 55.9에서 27.7%로 28.2%p 감소했고, 손실최장기간은 68개월에서 25개월로 43개월이나 줄어들었다. 이처럼 세 가지 위험 지표가 모두 감소함으로써 변동성, 최대낙폭, 손실최장기간의 개선 효과는 40.2%, 50.4%, 63.2%로 나타났다. 주식 투자자를 괴롭히는 악당의 힘을 절반가량 줄여준 것이다.

미국 버전의 6040 포트폴리오의 연수익률이 미국 주식에만 투자

[그래프 28] 한국형 6040 포트폴리오 누적 성과

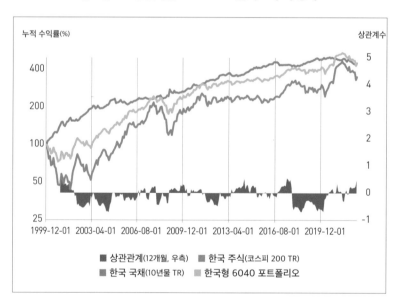

기간: 1999년 12월 ~ 2022년 7월

했을 때의 연수익률(6.7%)보다 0.2%p 적은 6.5%였다. 그런데 한국형 6040 포트폴리오의 연수익률은 한국 주식만 보유했을 때(5.7%)보다 오히려 1.2%p 상승해 6.9%의 연수익률을 보였다. 위험이 감소했을 뿐 아니라 수익률이 더 높아진 것이다.

한국 주식에만 투자했을 때의 샤프비율은 0.12였고, 한국형 6040 포트폴리오는 0.30으로 141% 상승했고, 김씨비율(by MDD)은 한국 주식에만 투자했을 때(0.05)보다 한국형 6040 포트폴리오(0.14)

[표 14] 한국형 6040 포트폴리오 성과 분석

구분	한국 주식	한국 국채	한국형 6040 포트폴리오
기간 수익률	252%	354%	353%
연수익률	5.7%	6.9%	6.9%
연변동성	21.8%	7.1%	13.1%
최대낙폭	55.9%	13.6%	27.7%
손실최장기간(개월)	68	28	25
샤프비율	0.12	0.55	0.30
김씨비율(by MDD)	0.05	0.28	0.14
김씨비율(by UWP)	0.0004	0.0014	0.0015

기간: 1999년 12월 ~ 2022년 7월

가 191% 개선됐다. 김씨비율(by UWP)은 한국 주식에만 투자했을 때 (0.0004)보다 한국형 6040 포트폴리오(0.0015)가 293% 개선됐다. 전체 기간 동안 한국 주식과 한국 국채의 상관관계는 -0.09로 매우 낮은 상관관계를 보였다.

주식 시장이 하락하면 국채 시장은 어떻게 될까?

지금까지 미국과 한국의 금융 시장을 기반으로 한 '6040 포트폴리오'의 성과를 각각 살펴봤다. 그런데 국채와 주식의 상관관계는 왜 낮은 걸까? 안전과 위험은 상대적인 개념인데 나라(국채)가 부도날 확률은 아주 적지만, 상대적으로 회사(주식)가 부도날 확률은 높기 때문에 금융 시장의 참가자들은 국채는 안전자산, 주식은 위험자산이라고 생각하는 경향이 있다. 주가가 하락하거나 변동성이 커지는 상황이 오면 주식이 위험하다고 느끼면서 주식에 투자했던 자금을 회수해 국채에 투자한다. 반대로 주식 시장이 활황일 때는 국채에 투자되어 있던 돈을 찾아서 주식 시장에 투자한다. 국채에 대한 매수 수요가 늘면 국채 가격이 오르고 반대로 국채를 매도하려고 하면 국채 가격이 하락한다.

주가 하락 시 국채 가격이 상승하는 또 하나의 원인은 금리와 관련 있다. 대체로 주식이 크게 하락하는 시기는 경기가 안 좋은 시기다. 무너지는 경기를 살리기 위해 각국 정부는 기준금리를 인하하거나 국채를 매입한다. 경기를 살리기 위해 금리를 낮추면 기존에 발행되어 있는 국채의 금리는 상대적으로 높은 수준이 되며 해당 국채의 인기가 많아진다. 국채를 사려는 수요가 증가하고 덩달아 국채 가격이 오른다. 정부의 국채 매입 정책 역시 국채 수요를 늘려 국채 가격 상승의 한 원인이 된다.

일반적으로 경기 침체란 '국내총생산(GDP)이 연속으로 2분기 이상 마이너스 성장을 기록하는 경우'로 정의된다. 하지만 전미경제연구소(NBER)는 이러한 기준을 따르지 않는다. 침체에 대한 NBER의 전통적인 정의는 경제 활동에서 의미 있는 하락이 경제 전반에 퍼져있고 수개월 이상 지속되는 상황을 말한다. 경제 활동 하락의 깊이, 범위, 지속 기간 등 3가지 기준이 개별적으로 어느 수준인지를 종합적으로 검토하지만, 한 기준에서 극단적인 상황이 발생하면 경기 침체로 보기도 한다.

2020년 2월의 경우 경제 활동의 감소 폭이 매우 컸고 그러한 경향이 널리 확산되었기 때문에 단기간이었을지라도 경기 침체로 분류했다. NBER이 경기 하락을 확인하기 위해 사용하는 지표는 실질 개인 소득, 고용, 실질 개인 소비 지출, 도소매 판매, 산업 생산 등이다. 지표별 가중치에 대한 규정은 없으며, NBER이 경기 침체에 대한 판정을 내리는 시기는 침체가 시작되고 6~10개월이 지난 후다.

2000년 이후 미국의 공식적인 경기 침체는 총 3번으로 [그래프 29]

의 회색 영역에 해당한다. 첫 번째 기간(2001년 3월부터 2007년 10월까지)은 IT 버블 붕괴가 있던 시기였고 미국 중앙은행은 6.5%였던 기준금리(상한)를 12개월 만에 1.75%까지 4.75%p나 낮췄다. 미국 대형주(S&P 500 TR) 지수는 2000년 3월 27일 이후 2002년 10월 9일까지 47.3% 하락했고, 미국 기술주(NASDAQ100 TR) 지수는 82.8% 폭락했다. 같은 기간 미국 국채(10년물) 지수는 28.7% 상승했다.

두 번째 기간(2007년 12월부터 2009년 5월까지)은 서브프라임 모기지론으로 시작된 미국발 글로벌 금융 위기 시기였다. 이때 미국은 4.5%였던 기준금리(상한)를 13개월 만에 '제로금리' 수준인 0.25%까지 낮췄다. 미국 대형주(S&P 500 TR) 지수는 2007년 10월 9일부터 2009년

[그래프 29] 미국 기준금리 추이

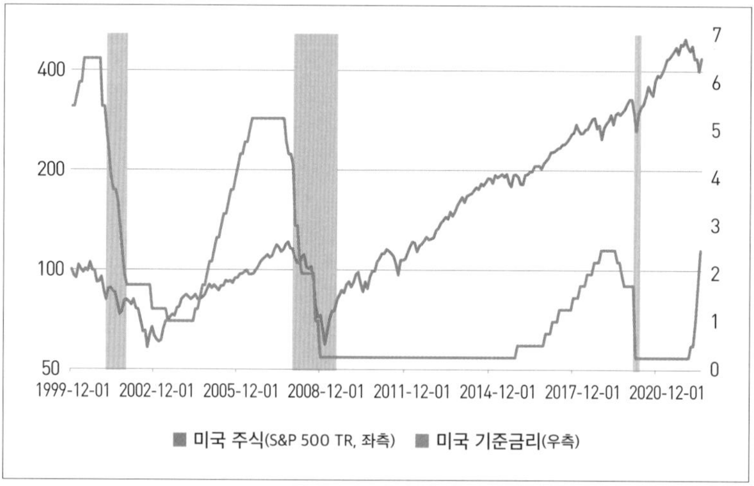

기간: 1999년 12월 ~ 2022년 7월

3월 9일까지 55.2% 하락했고, 같은 기간 미국 국채(10년물) 지수는 20.3% 상승했다.

가장 최근인 세 번째 기간(2020년 2월부터 2020년 3월까지)은 코로나19 팬데믹 시기로 전 세계가 유행병의 몸살을 앓았다. 미국은 1.75%였던 기준금리(상한)를 1개월 만에 0.25%로 급격하게 낮췄다. 미국 대형주(S&P 500 TR) 지수는 2020년 2월 19일부터 빠지기 시작해 한 달 만인 2020년 3월 23일까지 33.8% 하락했고, 같은 기간 미국 국채(10년물) 지수는 5.5% 상승했다.

주식과 국채가 동시에 빠지기도 한다던데?

주식 가격이 하락한다고 해서 언제나 국채 가격이 늘 상승하는 것은 아니다. 국채 가격이 주식 가격에만 영향을 받는 것은 아니기 때문이다. '주가가 하락하면 국채 가격이 상승한다', '주가가 상승하면 국채 가격은 하락한다' 등의 주장은 주식과 국채의 움직임을 인과관계로 설명할 때 흔히 사용하는 말이지만, 실제 경제 현상을 보면 이런 식의 설명이 100% 들어맞지는 않는다. 인과관계란 '어떤 행위와 그 후에 발생한 사실과의 사이에 원인과 결과의 관계가 있는 일'을 말하는데 주가 움직임이 국채 가격 움직임의 원인이라고 말하기는 어렵다. 반면 상관관계는 '두 가지 가운데 한쪽이 변화하면 다른 한쪽도 따라서 변화하는 관계'를 말하는데 어느 쪽이 먼저라는 가정은 없다. 또한 상관관계 역시 항상 들어맞지는 않는다.

주식과 국채는 서로 반대로 움직이는 시기도 있었지만, 둘 다 상승하는 시기도 있었다. 장기간 두 자산 모두 하락한 경우도 있었는데, 이는 이런 경우는 언제든지 충분히 발생할 수 있다.

2022년 연초부터 상반기 저점(6월 16일)까지 주식은 23% 하락했고, 국채도 10%나 하락했다. 특히 코로나19 이후 대규모로 풀린 유동성과 러시아·우크라이나 전쟁으로 인한 물가상승 압력에 따라 40~50년 만에 최대 인플레이션이 발생했고 이를 잡기 위해 중앙은행이 대폭 금리를 인상하면서 2022년 상반기에 이르러 국채 가격은 큰 폭으로 하락했다. 국채 지수의 고점은 2022년 초가 아니었다. 이미 2020년 8월 고점에서 지속적으로 하락하던 추세가 2022년 상반기에 급격하게 무너져 내린 것이다.

이런 상황 때문에 혼란스러워하는 투자자가 많다. 이 책의 독자들역시 이런 질문을 던질 것이다. '아니, 바로 앞에서는 서로 반대 방향으로 움직이는(상관관계가 낮은) 주식과 국채를 조합해 안전한 포트폴리오를 만들라고 했으면서?' 좋은 질문이다. 당연히 그 질문에 대한답변도 준비되어 있다. 다음 장에서 자세히 알아보자.

현금은 쓰레기가 아니다

세 번째 영웅_ 현금성 자산

2021년 9월 「헤지펀드 대부의 충고 '현금은 쓰레기, 자산으로 보유 말라'」라는 제목의 기사가 눈에 띄었다. 세계 최대 헤지펀드인 브리지워터의 창업자 레이 달리오는 '올웨더'라는 자산배분 포트폴리오로 국내에 유명하다. 그가 언론에 "현금은 쓰레기Cash Trash"라고 말한 것이다. 그는 2020년 4월에도 "현금은 금, 주식과 같은 다른 자산과 비교하면 쓰레기"라고 말한 적이 있었다. '리플레이션(점진적 물가 상승)' 시기에 다른 자산들은 현금과 비교했을 때 가치를 유지하거나 높이는 데 더 유리하다는 이야기였다.

필자는 현금은 쓰레기라는 레이 달리오의 발언에 동의하지 않는다. 여유 자금 혹은 투자 자산을 모두 현금으로만 들고 있지 말라는 의미라면 모르겠지만, 말 그대로 현금이 쓰레기라고는 생각하지 않는다. 그 이유는 주식이나 국채 등 대부분의 자산이 하락하는 시기에 현금으로 포트폴리오를 지킬 수 있고, 저렴해진 자산들을 저가에 매수할 기회를 얻을 수 있기 때문이다.

[그래프 30]에서 확인할 수 있듯이 코로나19 대유행 시기였던 2020년 3월 대부분의 자산 가격이 단기간에 급격히 하락했다. 원유는 46%, 미국 리츠는 38%, 미국 주식은 27%, 한국 주식은 25%, 금은 15% 하락했으며, 한국 국채 역시 3%의 하락을 보였다. 2022년 상반기 역시 역대급의 하락장이었다. 미국 주식과 미국 리츠는 23%, 한국 주식은 18% 하락했다. 과거와 달랐던 점은 미국 국채나 한국 국채 모두 10% 이상 하락했다는 점이다. 이렇게 많은 자산이 동시에 하락하면 '현금성 자산'이 비로소 힘을 발휘하게 된다. 현금성 자산이 쓰레기가 아니라 구세주가 되는 것이다.

투자를 할 때 순수하게 현금만 들고 있으면 안 되는 이유는 1부에서 설명한 것처럼 물가상승률을 못 따라가기 때문이다. 특히 2022년처럼 인플레이션이 높은 시기에는 더욱더 현금으로 놔두면 안 된다. 그 대신 현금처럼 수시로 찾을 수 있되, 최소한의 (이자) 수익은 챙길 수 있는 자산을 보유하는 게 좋다. 이를 '현금성 자산'이라고 부르는데 현금성 자산에 투자하는 방법으로는 'CMA 계좌'에 돈을 넣어놓거나, '단기국공채ETF'에 투자하는 것 등이 있다.

CMA는 종합자산관리계좌Cash Management Account라고도 불리며, 고

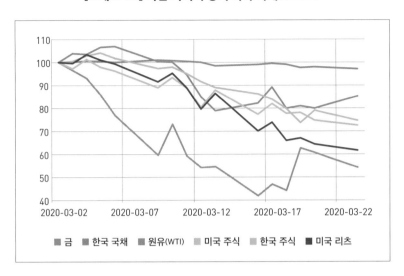

[그래프 30] 자산 가격의 동시 하락 사례(2020년)

■ 금 ■ 한국 국채 ■ 원유(WTI) ■ 미국 주식 ■ 한국 주식 ■ 미국 리츠

객이 예치한 자금으로 신용등급이 높은 은행채 및 국공채, 기업 어음 등에 투자를 하여 그 수익을 고객에게 돌려주는 상품이다. 이러한 특성 때문에 단 하루를 맡겨도 이자를 받을 수 있다. 그리고 단기국공채 펀드에 넣어놓는 것도 방법이겠으나 ETF와 달리 펀드는 매수와 매도에 며칠이 소요된다는 것이 단점이다.

모든 이로 하여금 자신의 돈을 세 부분으로 나누게 하되, 3분의 1은 토지에, 3분의 1은 사업에 투자케 하고, 나머지 3분의 1은 예비로 남겨두게 하라.

『탈무드』에 나온 이 문구는 분산투자의 중요성을 강조하는 유대

[그래프 31] 자산 가격의 동시 하락 사례(2022년)

■ 한국 국채 ■ 미국 주식 ■ 미국 국채 ■ 한국 주식 ■ 미국 리츠

인의 지혜를 담고 있다. 성격이 서로 다른 자산인 토지와 사업에 나눠서 투자하고 또 그만큼의 돈을 예비 자금으로 남겨두라고 이야기한다. 다양한 금융 투자 환경이 갖춰진 지금 시대의 개인 투자자에게 맞추어 이 문장을 해석해 보자면 이럴 것이다.

첫째, 사업에 대한 투자란 위험이 높지만 성공했을 시 고수익을 얻는 경우이므로 주식 투자로 대체할 수 있다.

둘째, 예비는 유동성이 높은 현금성 자산을 보유하는 것이다.

셋째, 토지 투자는 두 가지로 해석이 가능하다. 하나는 부동산에 투자해 자본소득과 임대수익을 동시에 노리는 리츠REITs 투자다. 리츠는 'Real Estate Investment Trusts(부동산투자신탁)'의 약자로 거주용 부동산 외에도 호텔, 리조트, 상가, 사무실, 빌딩, 모기지 등 다양한 부동산에 투자하는 형태를 말한다. 다른 하나는 임대수익처럼 안정적이고 지속적인 수익을 얻을 수 있는 국채 투자다.

미국의 리츠는 [그래프 31]에서 확인할 수 있듯이 1998년 1월부터 2002년 6월까지는 주식과 대체로 다르게 움직여 상관관계가 0.20이었으나, 최근 20년간은 상관관계가 0.70으로 매우 유사하게 움직였다. 반면 국채의 경우 주식과의 상관관계는 최근 20년간 -0.24를 보였다.

유대인들이 『탈무드』를 통해 전하고자 했던 지혜가 '움직임이 다른 자산에 분산해 투자하라'는 뜻이었다면, '유대인 포트폴리오'의 세 번째 자리는 리츠보다는 국채 쪽이 더 가까워 보인다.

주식과 국채, 현금성 자산으로 구성된 유대인 포트폴리오의 성과를 점검해 보자.

[성과 검증] 유대인 포트폴리오

[그래프 32]는 앞서 살펴봤던 6040 포트폴리오와 유대인 포트폴리오의 성과를 같이 그린 것이다. 6040 포트폴리오와 유대인 포트폴리오의 성과를 비교해 보면 변동성이 8.8%에서 4.9%로 3.9%p나 감소한 것을 알 수 있다. 최대낙폭은 28.9%에서 14.6%로 14.3%p 감소했

고, 손실최장기간은 40개월에서 27개월로 13개월 감소했다. 세 가지 위험 지표 모두 상당히 개선됐다. 다만 연수익률이 6.5%에서 4.8%로 1.7%p만큼 감소했다.

위험 대비 수익 지표로 두 포트폴리오를 비교해 보면 샤프비율은 0.56에서 0.66으로 18%의 개선 효과가 있었다. 김씨비율(by MDD)로 보면 0.17에서 0.22로 30%가 개선됐다. 김씨비율(by UWP)은 0.0012로 비슷한 수준이었다.

정리하면, 기존 6040 포트폴리오에서 현금성 자산을 추가한 유대인 포트폴리오는 위험을 낮추면서 위험 대비 수익 지표들을 개선시

[그래프 32] 유대인 포트폴리오 누적 성과

■ 미국 주식(S&T 500 TR)　■ 유대인 포트폴리오　■ 6040 포트폴리오

기간: 1999년 12월 ~ 2022년 7월
출처: 프리즘투자자문

[표 15] 유대인 포트폴리오 성과 분석

구분	미국 주식	6040 포트폴리오	유대인 포트폴리오
기간 수익률	336%	313%	187%
연수익률	6.7%	6.5%	4.8%
연변동성	15.3%	8.8%	4.9%
최대낙폭	50.9%	28.9%	14.6%
손실최장기간(개월)	73	40	27
샤프비율	0.34	0.56	0.66
김씨비율(by MDD)	0.10	0.17	0.22
김씨비율(by UWP)	0.0007	0.0012	0.0012

기간: 1999년 12월 ~ 2022년 7월

켰다고 평가할 수 있다. 다만, 수익률이 떨어진 점이 걸릴 것이다. 포트폴리오의 연 단위 성과는 매년 초에 해당 투자를 시작해 연말까지의 수익률을 계산한 것이다. 6040 포트폴리오는 2008년에 17% 하락했고, 2022년 7월까지 -10%의 두 자릿수 하락을 기록 중이다. 반면 유대인 포트폴리오는 손실이 나던 해에도 마이너스 수익률이 한 자릿수 이내로 안정적이었다.

수익률을 개선시킬 방법은 아직 많이 남았으니 좀 더 지켜보자.

[성과 검증] 한국형 유대인 포트폴리오

이번에는 한국형 유대인 포트폴리오다. 한국형 6040 포트폴리오와 한국형 유대인 포트폴리오의 성과를 비교해 보면 변동성이 13.1%에서 7.4%로 5.7%p나 감소했다. 최대낙폭은 27.7%에서 14.4%로 13.3%p 감소했고, 손실최장기간은 25개월에서 14개월로 11개월 감소했다. 세 가지 위험 지표 모두 상당히 개선됐다. 연수익률은 6.9%에서 5.9%로 1%p 감소했다.

위험 대비 수익 지표로 두 포트폴리오를 비교해 보면 샤프비율은 0.30에서 0.38로 28%의 개선 효과가 있었다. 김씨비율(by MDD)로 보면 0.14에서 0.19로 40%가 개선됐다. 김씨비율(by UWP)은 0.0015에서 0.0020으로 30% 개선됐다.

이처럼 기존 6040 포트폴리오에서 현금성 자산을 추가한 유대인 포트폴리오가 위험을 낮추며 위험 대비 수익 지표들을 개선시킨 것은 미국이나 한국이나 비슷했다.

[그래프 33] 한국형 유대인 포트폴리오 누적 성과

320

160

80

40

1999-12 2002-11 2005-10 2008-09 2011-08 2014-07 2017-06 2020-05

■ 한국 주식(코스피 200 TR)   ■ 유대인 포트폴리오   ■ 6040 포트폴리오

기간: 1999년 12월 ~ 2022년 7월

[표 16] 한국형 유대인 포트폴리오 성과 분석

구분	한국 주식	한국형 6040 포트폴리오	한국형 유대인 포트폴리오
기간 수익률	252%	353%	262%
연수익률	5.7%	6.9%	5.9%
연변동성	21.8%	13.1%	7.4%
최대낙폭	55.9%	27.7%	14.4%
손실최장기간(개월)	68	25	14
샤프비율	0.12	0.30	0.38
김씨비율(by MDD)	0.05	0.14	0.19
김씨비율(by UWP)	0.0004	0.0015	0.0020

기간: 1999년 12월 ~ 2022년 7월

최후의 순간까지 자산을 지켜줄 구원군

네 번째 영웅_ 금

금의 투자 가치에 대해서는 다양한 의견이 있다. 오마하의 현인으로 불리는 워런 버핏은 대표적인 금 회의론자다. 1998년 하버드대 연설에서는 "금은 땅에서 채굴해 녹인 다음 다시 땅에 묻고, 그걸 지킬 사람들에게 돈을 지불하게 할 뿐 아무 효용이 없다. 화성에서 온 사람이 본다면 머리를 긁을 것"이라고 말했다. 2012년 주주 연례서한에서는 "금은 기업처럼 새로운 자산을 만들어내지 못한다. 금 투자자들은 다른 사람들도 덩달아 금에 투자할 것이란 생각 때문에 투자한다"라고 했으며, 2019년엔 "금 1온스는 아무리 오래 보유해도 여전히 1온스"라며 금 투자에 대한 무용론을 이야기했다.

하지만 금의 유용성에 대한 의견도 많다. 전 연준 의장인 앨런 그

린스펀은 "금은 전 세계에서 여전히 최후의 지불 수단이 되고 있다"라면서 "최악의 경우 신용화폐가 거부될 때에도 금은 여전히 사용 가능할 것"이라고 말했다. 마리오 드라기 유럽중앙은행(ECB) 전 총재는 중앙은행에 금은 유용한 안전자산이며 국가 차원에서도 마찬가지라며 "미국 외 다른 국가들의 경우 금은 달러 변동성에 대비한 좋은 헤지 수단이 될 수 있다"라고 언급하기도 했다. 2011년 노벨경제학상 수상자인 로버트 졸릭 세계은행 총재 역시 "비록 교과서에서는 금을 낡은 통화로 볼지 모르지만, 오늘날 시장은 여전히 금을 대체 통화 자산으로 사용한다"라고 말했다.[29]

필자는 상관관계 관점에서 금을 유용한 투자 대상이라고 생각한다. 다른 자산과 다른 움직임을 보임으로써 투자자를 괴롭히는 악당을 물리치는 데 도움을 주기 때문이다. 앞에서 설명했듯이, 상관관계를 수치로 나타내면 +1에서 −1 사이의 값이 나오는데 금과 미국 주식은 0.03의 매우 낮은 상관관계를 보인다. 한국 주식과는 0.11, 한국 국채와는 0.14, 미국 국채와는 0.25로, 역시나 상당히 낮은 수준이다. [그래프 34]에서 보듯 금은 주식의 성과가 안 좋을 때 다른 방향으로 움직이는 모습을 보이기도 했다. 2000년 초 IT 버블이 붕괴하던 시기에 한국 주식은 48%, 미국 주식은 39% 하락했는데, 금은 15% 상승했다. 2007년 미국발 금융 위기 때는 한국 주식이 45%, 미국 주식이 51% 하락하는 동안 금은 21% 올랐다. 2020년 코로나19 팬데믹 기간에는 한국과 미국이 19%, 20% 빠질 때 금은 6%가 올랐고, 2021년

[그래프 34] IT 버블 붕괴 당시 금, 한국 주식, 미국 주식의 움직임

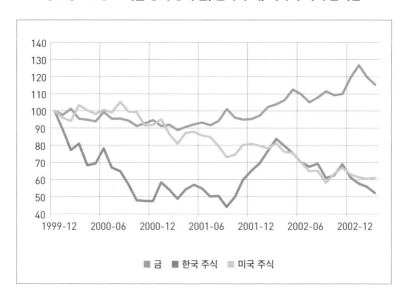

[그래프 35] 미국발 금융 위기 당시 금, 한국 주식, 미국 주식의 움직임

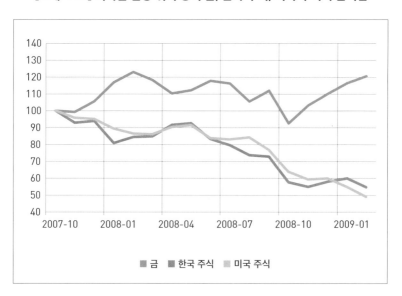

[그래프 36] 코로나19 팬데믹 당시 금, 한국 주식, 미국 주식의 움직임

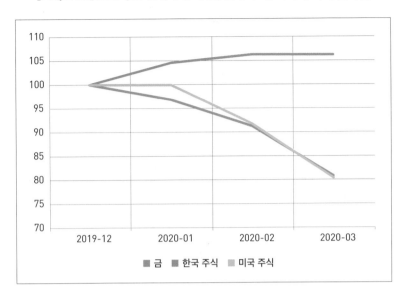

[그래프 37] 인플레이션과 주가 하락 시기 금, 한국 주식, 미국 주식의 움직임

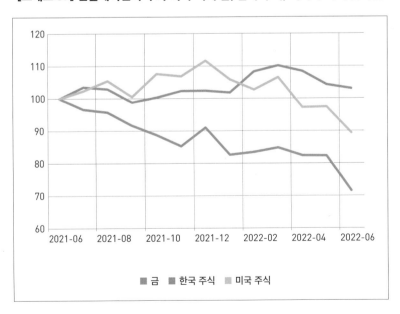

[표 17] 금과 다른 자산 간의 상관관계(월 단위 수익률 기준)

한국 주식	한국 국채	한국 현금성 자산	미국 주식	미국 국채	미국 현금 (T-Bill)
0.11	0.14	0.01	0.03	0.25	0.04

조사 기간: 1999년 12월 ~ 2022년 7년

하반기 이후 한국 주식이 28% 하락하고 미국 주식 역시 11% 하락하는 동안에도 금은 3% 상승했다.

주식이 빠질 때마다 금이 올랐다는 이야기를 하려는 게 아니다. 주식 등 다른 자산들과 다르게 움직이는 성격(상관관계) 때문에 금을 포트폴리오에 편입시킬 가치가 있다고 말하는 것이다.

금을 투자 대상에 포함시킨 투자법 중 가장 오래되고 유명한 투자 전략은 '영구 포트폴리오The Permanent Portfolio'이다. 영구적으로 사용할 수 있는 포트폴리오라는 명칭에 걸맞게 매우 오래된 전략이며 전 세계에 널리 알려져 있다. 이 전략은 경제 상황을 '물가상승', '물가 하락', '경기 호황', '경기 불황'의 4가지로 나누고 모든 경제 상황에 대비할 수 있도록 금, 주식, 장기국채, 현금 등에 투자금을 동일하게 나눈다. 금은 물가상승에 대비한 것이고, 주식은 경기 호황에 대비한 것이다. 국채는 물가 하락에 대한 대비이고, 현금은 경기 불황에 대한 대비다.[30]

이 책에서는 주식, 국채(10년물), 금, 현금성 자산에 각각 25%의 투자금을 배분한 '영구 포트폴리오'를 기준으로 성과를 검토해 봤다.

[성과 검증] 영구 포트폴리오

6040 포트폴리오, 유대인 포트폴리오, 영구 포트폴리오의 성과를 비
교해 보자. 수익률 측면에서 영구 포트폴리오는 연 5.9%로 유대인 포

[표 18] 영구 포트폴리오 성과 분석

구분	미국 주식	6040 포트폴리오	유대인 포트폴리오	영구 포트폴리오
기간 수익률	336%	313%	187%	266%
연수익률	6.7%	6.5%	4.8%	5.9%
연변동성	15.3%	8.8%	4.9%	5.9%
최대낙폭	50.9%	28.9%	14.6%	12.7%
손실최장기간 (개월)	73	40	27	18
샤프비율	0.34	0.56	0.66	0.75
김씨비율 (by MDD)	0.10	0.17	0.22	0.35
김씨비율 (by UWP)	0.0007	0.0012	0.0012	0.0024

기간: 1999년 12월 ~ 2022년 7월

트폴리오보다는 1.1%p 높고, 6040 포트폴리오보다는 0.6%p 낮다. 최대낙폭은 6040 포트폴리오의 절반 수준이며, 유대인 포트폴리오보다도 낮은 12.7%이며, 손실최장기간은 18개월로 훨씬 우수하다. 샤프비율과 김씨비율(by MDD), 김씨비율(by UWP)은 각각 0.75, 0.35, 0.0024로 6040 포트폴리오와 유대인 포트폴리오보다 훨씬 개선됐다.

[성과 검증] 한국형 영구 포트폴리오

연수익률은 6.7%로 6040 포트폴리오(6.5%), 유대인 포트폴리오(4.8%), 영구 포트폴리오(5.9%), 한국형 유대인 포트폴리오(5.9%)보다 앞선다. 하지만 한국형 6040 포트폴리오(6.9%)보다는 0.2%p 낮다.

변동성은 6040(13.1%)의 절반 수준인 7.4%이며 최대낙폭도 6040(27.7%)의 절반이 안되는 13.3%이다. 손실최장기간은 44개월로 오히려 더 늘어났다. 이는 2011년 이후 5년간 횡보했던 한국 주식의 영향과 2011년 고점을 찍고 하락했던 금의 영향 때문이다.

샤프비율과 김씨비율(by MDD)은 0.50, 0.28로 개선되었으나, 김씨비율(by UWP)은 손실최장기간이 늘어난 탓에 6040 포트폴리오나 유대인 포트폴리오보다 낮은 수치를 보였다.

[표 19] 한국형 영구 포트폴리오 성과 분석

구분	한국 주식	한국형 6040 포트폴리오	한국형 유대인 포트폴리오	한국형 영구 포트폴리오
기간 수익률	252%	353%	262%	337%
연수익률	5.7%	6.9%	5.9%	6.7%
연변동성	21.8%	13.1%	7.4%	7.4%
최대낙폭	55.9%	27.7%	14.4%	13.3%
손실최장기간 (개월)	68	25	14	44
샤프비율	0.12	0.30	0.38	0.50
김씨비율 (by MDD)	0.05	0.14	0.19	0.28
김씨비율 (by UWP)	0.0004	0.0015	0.0020	0.0008

기간: 1999년 12월 ~ 2022년 7월

한국이 좋을까? 미국이 좋을까?

지금까지 몇 가지 시나리오에 맞춘 투자 포트폴리오들을 검증해 보았는데 궁금한 점이 생겼을 것이다. 왜 '미국형'과 '한국형'을 계속 보여줄까? 첫 번째 이유는 미국에서도 먹히고, 한국에서도 작동하는 시나리오인지 확인하기 위해서이다. [표 20]과 같이 영구 포트폴리오는 한국이나 미국 양쪽에서 위험을 낮추고 수익은 보전해 준다. 위험 대비 수익 관점에서도 상당히 개선된 모습을 보인다.

여기서 생기는 질문이 '과연 한국과 미국 중 어떤 영구 포트폴리오가 더 나은가?'일 것이다. 수익률만 보면 한국형 영구 포트폴리오가 6.7%로 영구 포트폴리오(5.9%)보다 높다. 변동성이나 최대낙폭 같은 위험 지표는 영구 포트폴리오가 더 좋다. 특히 손실최장기간은 영구 포트폴리오가 2.4배나 나은 수치를 보인다. 위험 대비 수익 지표 중 샤프비율은 영구 포트폴리오(0.75)가 한국형 영구 포트폴리오(0.50)보

[표 20] 한국과 미국 영구 포트폴리오의 성과 분석

구분	한국 주식	한국형 영구 포트폴리오	미국 주식	영구 포트폴리오
기간 수익률	252%	337%	336%	266%
연수익률	5.7%	6.7%	6.7%	5.9%
연변동성	21.8%	7.4%	15.3%	5.9%
최대낙폭	55.9%	13.3%	50.9%	12.7%
손실최장기간 (개월)	68	44	73	18
샤프비율	0.12	0.5	0.34	0.75
김씨비율 (by MDD)	0.05	0.28	0.1	0.35
김씨비율 (by UWP)	0.0004	0.0008	0.0007	0.0024

기간: 1999년 12월 ~ 2022년 7월

다 높고, 김씨비율(by MDD)도 영구 포트폴리오(0.35)가 한국형 영구 포트폴리오(0.28)보다 높다.

조사 기간의 전반기(1999년 12월부터 2010년 12월까지)에는 한국 주식이 누적 142%(연 8.3%) 상승해 미국 주식(누적 6%, 연 0.5%)에 비해 월등한 성적을 냈다. 반면 후반기(2011년 1월부터 2022년 7월)에는 미국 주식이 누적 303%(연12.9%)로 한국 주식(누적 45%, 연 3.3%)을 압도했다. 영구 포트폴리오 역시 주식 성과의 영향을 받을 수밖에 없었다. 전반기에는 한국형 영구 포트폴리오가 연 10.7%로 영구 포트폴리오(7.1%)보다 좋았고, 후반기에는 영구 포트폴리오(4.9%)가 한국형 영구 포트폴리오(3.3%)를 앞섰다. 이처럼 '미국형'과 '한국형'을 나누어 분석해 본 두 번째 이유는 조사 시기가 달라지면 국가별 성과 역시 달라진다는 점을 확인하기 위해서였다(참고자료 2-3~4, 370~371쪽).

하지만 우리는 미래에 어떤 나라의 주식 시장이 호황일지 알 수 없으며, 국가별로 최고의 매매 타이밍을 찾아내는 일도 불가능에 가깝다. 그렇다면 미국과 한국 중 어떤 시장에 투자해야 할까? 이런 고민 끝에 필자는 미국과 한국에 동시에 투자하기로 했다.

미국과 한국에 동시에 투자하라

영웅들의 첫 번째 필살기_ 글로벌 투자

지금까지 투자자를 괴롭히는 악당을 물리칠 영웅들을 소개했다. 순서대로 주식, 국채, 현금, 금이었다. 당신의 소중한 자산을 지켜줄 영웅들은 이 넷으로 충분하다고 생각할 수도 있다. 하지만 우리는 아직 이들의 능력을 100% 활용하지 못했다. 이게 무슨 뜻일까?

지금부터 설명할 'GAA 포트폴리오'는 'Global Asset Allocation(글로벌 자산배분)'의 앞 글자를 이용해 만들었다(참고로 미국에는 GAA라는 이름의 ETF가 상장되어 있는데 이는 미국 자산운용사인 캄브리아가 운용하는 상품으로, 이 책에서 말하는 GAA 포트폴리오와는 다르다). GAA 포트폴리오의 자산 간 비율은, 우리가 바로 앞에서 다뤘던 영구 포트폴리오의 비율(주식, 국채, 현금, 금 각 25%)과 동일하다. 하지만 이 영구 포트폴리오에서 한 가지 아쉬운 점은 자산별로는 충분히 분산되어 있지만, 국가별(혹은 지역별)로는 그렇지 못하다는 것이다. 과거에는 다른 나라의 주식이나 국채에 투자하는 것이 현실적으로 어려웠으니 국가별, 지역별로 고르게 분산하지 못했을 것이라고 짐작해 볼 수 있다. 하지만 오늘날 투자 환경은 과거와 달리 해외 투자의 여건이 매우 좋아졌다. 특히 ETF의 발달로 개인 투자자도 얼마든지 해외 투자의 장점을 누리게 됐다.

대다수의 투자자는 자기 나라에 투자하는 것이 당연하다고 생각하는 '자국 투자 성향'을 갖고 있다. 자신이 사는 곳이니 잘 알고 있다는 생각 때문에 가장 먼저 떠올리는 투자 '범주'가 자신의 '국가'가 된다. 시카고대학의 연구에 따르면, 사람들은 위험보다 모호성(불확실성)을 더 싫어하는 '모호성 회피 성향' 때문에 자기 나라 주식을 더 선호한다고 한다. 자신이 속한 국가를 더 잘 알고 있다는 '편향bias'에 빠져 있는 것이다. 사전에서는 편향을 '한쪽으로 치우침'이라고 정의하는데, 이는 잘못된 판단을 하도록 영향을 미치는 인지적 함정을 말한다. 특정 국가만을 투자의 범주로 한정하면 해외에서 발생할 수익의 가능성을 놓쳐버리게 되므로 비합리적인 결정이라고 할 수 있다.

[표 21] GAA 포트폴리오의 구성 및 투자 비중

구분	투자 대상	투자 비중	
위험 자산	한국 주식	50%	17.5%
	미국 주식		17.5%
	금		15%
안전 자산	한국 국채	50%	17.5%
	미국 국채		17.5%
	현금성 자산		15%

해외 투자의 중요성을 강조하는 것은 비단 나뿐만이 아니다. 무려 수백조 원의 자금을 운용하는 연기금에서도 해외 투자의 중요성을 잘 알고 있다. 국민연금은 2001년부터 해외 투자를 시작했으며, 또 다른 대규모 기관 투자자인 사학연금이나 공무원연금 등은 2008년을 전후해 해외 투자를 시작하여 지속적으로 확대해 나가고 있다. 연기금들이 해외 투자를 확대하는 이유는 기금 규모가 방대해짐에 따라 기금의 위험을 분산하고, 자산의 유동성 및 수익률을 확보하기 위한 차원으로 분석되고 있다. 전 세계 대형 연기금들도 글로벌 시장의 변동성 및 불확실성에 대비하여 자산 다변화를 통해 포트폴리오 위험 감소와 수익률 제고에 초점을 맞추고 있다.

한국과 미국 두 나라를 포함하는 GAA 포트폴리오는 [표 21]과 같이 총 6개 자산군으로 구성되어 있으며, 크게 위험 자산과 안전 자산으로 나누어 50%씩 배분한다. 위험 자산은 주식 35%, 금 15%로 배분하고, 한국 주식과 미국 주식을 각 17.5%로 배분한다. 안전 자산에서는 한국 국채와 미국 국채를 각 17.5%, 현금성 자산을 15%로 배분한다.

많은 국가 중에서 왜 '미국'과 '한국'일까?

이 책에서는 국가(혹은 지역) 분산의 대상을 한국과 미국으로 나누었다. 하지만 자산배분의 관점에서 더 적합한 분류는 선진국과 신흥국으로 나누는 것이다.

[그래프 38]의 색칠된 영역을 보면 알 수 있듯이 선진국과 신흥국은 자주 다르게 움직인다. 1989년부터 1992년까지 선진국은 횡보하거나 다소 하락한 반면 신흥국은 큰 폭으로 올랐다. 2011년부터 2016년 사이에는 그 반대로 선진국이 상승하고 신흥국이 주춤했다. 이렇게 선진국과 신흥국 주식이 서로 다르게 움직인다는 점을 투자에 이용하려면 신흥국과 선진국의 주식과 국채를 동시에 보유해야 한다.

그런데 이 책에서는 왜 선진국과 신흥국이 아닌 미국과 한국을 선

[그래프 38] 선진국, 신흥국 주식 움직임

기간: 1988년 2월 ~ 2022년 7월

택했을까? 그 이유는 바로 이러한 분산 개념을 실제 투자에 활용하려면 국내에 상장된 ETF 상품이 있어야 하는데, 선진국과 신흥국 지수를 추종하는 ETF 상품이 제한적이라는 문제가 있기 때문이다.

선진국 지수를 추종하는 ETF는 2개가 있는데 이 중 'ARIRANG 선진국MSCI(합성 H)'가 추종하는 MSCI EAFE 지수는 미국과 캐나다를 제외한 유럽, 호주, 극동 지역 국가 등을 포함한다. 그러나 선진국의 대표인 미국을 제외하였기 때문에 정확하게 '선진국'을 대표하는 ETF라고 말하긴 어렵다. EAFE는 'Europe, Australasia and the Far East'의 앞 글자를 따서 만든 약어다.

선진국 지수를 추종하는 또 다른 ETF인 'KODEX 선진국MSCI

[그래프 39] 선진국, EAFE, 미국(S&P 500) 지수 움직임

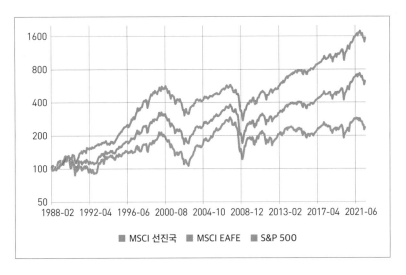

기간: 1988년 2월 ~ 2022년 7월

World'는 MSCI World 지수를 추종한다. 이 MSCI World 지수는 선진국 시장을 대표하는 지수로 23개 선진국의 대형주, 중형주를 편입하고 있으며, 이 중에서 미국이 차지하는 비중은 66%를 넘는다. 즉 미국 주가와 높은 상관관계를 가진다.

[그래프 39]를 통해 확인할 수 있듯이, MSCI World 지수, MSCI EAFE 지수, 미국의 주가지수는 매우 유사하게 움직인다. 선진국 대신 미국에 투자해도 가능하다는 뜻이다. 참고로, 미국 주가지수를 추종하는 ETF는 무려 10가지이며, 이 중에서 'TIGER 미국S&P 500'의 경우 선진국 ETF에 비해 순자산총액은 4배, 거래대금은 20배 이상 많다. 더욱이 총보수는 7분 1 수준으로 비용도 적게 든다(참고자료

2-5, 372쪽).

신흥국 지수를 추종하는 ETF 역시 선진국 지수를 추종하는 ETF 와 비슷한 상황이다. 신흥국 지수를 추종하는 ETF는 2개인데 이 중에서 'KODEX MSCI EM선물(H)' ETF는 하루 평균 거래대금이 100만 원도 안 되고 순자산총액이 50억 원 미만으로 투자에 활용하기엔 고민이 더 필요해 보인다.

신흥국 지수를 추종하는 또 다른 ETF인 'ARIRANG 신흥국 MSCI(합성 H)'의 경우 개인 투자자가 거래하기에 큰 문제는 없으나 총보수가 0.50%로 높은 편이고, 하루 평균 거래대금(1억 7300만 원)과 순자산총액(680억 원)이 크지 않은 점은 다소 아쉽다.

여기서 한 가지 대안으로 삼을 만한 아이디어는 한국 역시 신흥국 지수에 속해 있다는 점이다. 즉, 글로벌 투자자 입장에서 신흥국 지수에 돈을 넣게 되면 그중의 일부는 한국 시장으로 들어오게 되어 있다. [그래프 40]은 2000년 1월 이후 신흥국과 한국 지수의 움직임을 그래프로 나타낸 것인데, 2016년 전후를 제외하고는 두 지수의 상관성이 매우 높게 나온다는 것을 알 수 있다. 이런 상관관계가 지속된다고 가정하면 한국 주식을 신흥국 투자의 대안으로 삼을 수 있다. '코스피 200 TR 지수'를 추종하는 7개의 ETF의 경우 총보수가 최저 0.012%로 신흥국 지수를 추종하는 ETF보다 40배나 저렴하고, 거래대금도 많다(참고자료 2-6, 373쪽).

이와 같은 이유로 선진국과 신흥국 지수를 추종하는 ETF를 대신

기간: 1988년 2월 ~ 2022년 7월

해 미국과 한국 지수를 추종하는 ETF를 선택했다. 향후 선진국과 신흥국 지수를 추종하는 다양한 ETF 상품이 출시되면서, 비용이 저렴해지고 거래량이 많아지면 변경을 검토해 볼 수 있을 것이다.

최적의 자산배분 비중을 찾아라

앞의 [표 21]에서 GAA 포트폴리오의 자산별 비중을 한국 주식 17.5%, 미국 주식 17.5%, 금 15%, 한국 국채 17.5%, 미국 국채 17.5%, 현금성 자산 15%로 배분했다. 이렇게 나눈 근거는 무엇일까? 그리고 과연 이것이 최선일까? 이 질문에 대한 답을 찾기 위해 자산배분 포트폴리오 투자를 전문적으로, 그리고 장기간 지속해 온 연기금들의 포트폴리오 사례를 찾아보자.

국내 4대 연기금과 공제회의 자산배분 현황을 살펴보면 각기 다른 배분 비중을 보이고 있음을 알 수 있다. 국민연금, 공무원연금, 군인연금, 사학연금의 경우 채권 비중이 40% 이상으로 높다. 행정, 교직원, 군인, 경찰 등 일부 공제회는 대체 투자 비중이 절반 이상을 차지한다. 해외 투자 비중 역시 각 연기금마다 매우 다르다. 이 비중 역시 매해 고정된 것이 아니라 다양한 사유로 계속 변경된다.

국가별로도 다양한 연기금이 있다. 2018년 발표된 자산 크기를 기준으로 나열하면 일본의 공적연금펀드(GPIF, 1645조 원), 노르웨이의 국부펀드(GPFG, 1130조 원), 한국의 국민연금(NPS, 638조 원) 등이 있다. 연기금별 자산배분 현황을 보면 미국(CalPERS), 캐나다(CPPIB), 노르웨이(GPFG)는 자산 구성항목 중 주식 비중이 상대적으로 높다(56% 이상). 반면 한국(NPS)의 경우 채권 비중이 높으며(52.9%), 해외 투자 비중은 30.1%로 다른 연기금에 비해 낮은 편이다. 미국(CalPERS)의 경우 자국 시장의 크기가 커서 해외 투자 비중이 적은 것으로 보이며, 노르웨이(GPFG)는 100% 해외에 투자한다.

과연 이 중에 어떤 투자 비중이 가장 좋은 걸까? 성과가 높으면 더 좋은 자산배분일까? 5년간의 연평균 수익률은 미국(CalPERS)과 캐나다(CPPIB)가 연 10%를 초과해 가장 좋았다. 하지만 10년간 연평균

[표 22] 국내 4대 연기금, 주요 공제회 기금의 자산배분 비중 현황(단위: %)

구분		4대 연기금				주요 공제회 기금				
		국민	공무원	군인	사학	행정	교직원	군인	건설근로자	경찰
자산배분 비중	주식	34.8	33.6	12.6	39.8	17.0	14.6	17.0	12.5	5.4
	채권	52.9	46.9	45.5	41.4	12.7	28.7	16.9	60.8	39.7
	대체투자	12.0	19.5	1.3	17.2	65.0	56.7	66.1	19.7	48.5
해외 투자 비중		30.1	17.6	8.8	27.0	45.9	42.0	33.3	19.7	37.5
자산 규모(조 원)		638	7.8	1.0	16.5	10.9	26.2	7.6	3.7	2.6

기준: 2018년

수익률로 보면 네덜란드(ABP)와 노르웨이(GPFG)가 수익률 상위(연 8% 초과)를 차지한다. 2018년 하락장의 성과를 보면 캐나다(CPPIB)가 8.4%로 1위이고, 한국(NPS)이 -0.9%로 2위였다. 이처럼 수익률을 기준으로 어떤 자산배분 비중이 가장 우수하다고 결론짓기는 어렵다. 최적의 비중을 찾는 일은 마치 '성배'를 찾는 일처럼 불가능의 영역일 가능성이 높다.

윌리엄 번스타인은 그의 책 『현명한 자산배분 투자자』에서 "꾸준

[표 23] 주요 국가 연기금 자산배분 비중 현황(단위: %)

국가 (기금명)		한국 (NPS)	일본 (GPIF)	미국 (CalPERS)	캐나다 (CPPIB)	네덜란드 (ABP)	노르웨이 (GPFG)
자산배분 비중	주식	34.8	48.0	56.6	59.1	33.3	66.3
	채권	52.9	45.6	22.5	21.6	40.2	30.7
	대체 투자	12.0	-	10.8	23.5	27.2	3.0
	기타	0.3	6.4	10.1	-4.2	-	-
대체 투자 비중		12	(0.21)	10.8	23.5	27.2	3.0
해외 투자 비중		30.1	41.7	26.8	84.9	-	100.0
자산 규모 (원화 기준, 조 원)		638	1645	428	326	532	1130

기준: 2018년

히 자산배분 정책을 해나가는 것이 '최고의' 배분을 찾아 헤매는 것
보다 훨씬 중요하다"라고 이야기한다. 또한 미래를 예측할 수 없기
에, 미래를 위해 가장 좋은 자산배분이 어떤 것인지 미리 알아내는
것은 불가능하며, 오히려 광범위한 상황에서 가장 적절하게 움직일
수 있는 배분 비중을 찾는 것이 현명하다고 말한다.

나 역시 번스타인의 의견에 동의한다. '최고' 혹은 '최적'의 배분
비중을 찾는 것은 불가능하다고 여긴다. 오히려 다양한 시장 상황에
도 휩쓸리지 않는 '견고한robust' 비중으로 배분하고, 그 원칙을 꾸준

[표 24] 주요 국가 연기금 누적 운용 수익률 현황(단위: %)

구분	한국 (NPS)	일본 (GPIF)	미국 (CalPERS)	캐나다 (CPPIB)	네덜란드 (ABP)	노르웨이 (GPFG)
5년간 (2014~2018년)	4.14	5.80	10.24	12.20	6.24	4.75
10년간 (2009~2018년)	5.53	4.04	4.95	8.12	8.70	8.33
15년간 (2004~2018년)	5.45	3.91	7.43	8.96	6.65	5.78
2018년	-0.9	-7.7	-3.5	8.4	-2.3	-6.1

기준: 2018년

히 유지하는 것이 훨씬 더 중요하다고 생각한다.

지금까지의 검토를 참고하여 'GAA 포트폴리오'의 배분 비중을 다음과 같이 정리했다. 우선 위험 자산과 안전 자산을 50%씩 나누었다. 위험 자산에는 주식(35%)과 금(15%)이 포함되는데, 이 중에서 주식을 다시 한국 주식(17.5%)과 미국 주식(17.5%)으로 배분했다. 나머지 50%에 해당하는 안전 자산은 한국 국채와 미국 국채에 각 17.5%를 부여하고 나머지 15%를 현금성 자산으로 채웠다.

[성과 검증] GAA 포트폴리오

GAA 포트폴리오의 연수익률은 같은 기간 한국 주식의 연수익률(5.7%)보다 높고, 미국 주식의 연수익률(6.7%)과 비슷한 6.7%다. 영구 포트폴리오의 연수익률과 비슷하며, 6040 포트폴리오의 연수익률보다는 낮고 유대인 포트폴리오의 연수익률보다는 높다.

수익률만으로 포트폴리오의 우열을 가리긴 어렵다. 비슷한 수익률이라면 덜 위험한 것이 좋다. 그래서 위험 지표를 확인하는 것이다.

[표 25] GAA포트폴리오 성과 분석

구분	한국 주식	6040 포트폴리오	유대인 포트폴리오	영구 포트폴리오	GAA 포트폴리오
기간 수익률	252%	353%	262%	337%	332%
연수익률	5.7%	6.9%	5.9%	6.7%	6.7%
연변동성	21.8%	13.1%	7.4%	7.4%	6.7%
최대낙폭	55.9%	27.7%	14.4%	13.3%	14.2%
손실최장기간 (개월)	68	25	14	44	16
샤프비율	0.12	0.30	0.38	0.50	0.55
김씨비율 (by MDD)	0.05	0.14	0.19	0.28	0.26
김씨비율 (by UWP)	0.0004	0.0015	0.0020	0.0008	0.0023

기간: 1999년 12월~2022년 7월

[표 26] GAA 포트폴리오 구성 자산 간 상관관계

구분	한국 주식	미국 주식	금	미국 국채	한국 국채	현금성 자산
한국 주식	1.00	0.65	0.11	-0.23	-0.09	-0.13
미국 주식	0.65	1.00	0.03	-0.26	-0.05	-0.17
금	0.11	0.03	1.00	0.25	0.14	0.01
미국 국채	-0.23	-0.26	0.25	1.00	0.43	0.21
한국 국채	-0.09	-0.05	0.14	0.43	1.00	0.25
현금성 자산	-0.13	-0.17	0.01	0.21	0.25	1.00

기간: 1999년 12월 ~ 2022년 7월
출처: 프리즘투자자문

위험 지표인 변동성, 손실최장기간의 경우 GAA 포트폴리오가 가장 우수했다. 최대낙폭은 영구 포트폴리오에 뒤이어 두 번째로 우수했다.

위험 대비 수익 지표인 샤프비율은 GAA 포트폴리오가 0.55로 가장 우수하다. 한국 주식만 갖고 있는 것에 비하면 2~4배 우수하다. 김씨비율(by MDD)은 영구 포트폴리오 다음으로 높고, 김씨비율(by UWP)은 유대인 포트폴리오와 비슷한 수준으로 높다.

여기까지 살펴본 것처럼 GAA 포트폴리오가 한국 주식에만 투자하는 것에 비해 수익은 보전하면서 위험은 줄일 수 있는 꽤 괜찮은 포트폴리오임을 확인했다. 자산배분 포트폴리오의 핵심은 상관관계다. [표 26]을 보면 알 수 있듯이, 6개의 자산들은 서로 상관관계가 낮아 이러한 성과를 낼 수 있었던 것이다. 이 정도면 괜찮을까? 아직 끝나지 않았다. 성과를 높일 수 있는 방법이 더 남아 있다.

달러 강세의 수혜를 포트폴리오에 연결하라

영웅들의 두 번째 필살기_ 환노출

한국과 같은 신흥국에서는 주가가 하락하는 등 경제 환경이 나빠질 때마다 달러 가치가 상승하며 환율이 급등하는 현상이 벌어졌다. 2000년 초 IT 버블 붕괴와 함께 한국뿐 아니라 미국 등 많은 주식 시장이 하락을 겪었는데 당시 달러당 1100원 수준이던 환율이 1330원까지 상승했다. 2000년 이후 환율이 가장 급격하게 변화를 보였던 기간은 2007년으로, 미국 모기지발 금융 위기로 전 세계 주가가 반토막 나던 시기에 환율은 900원 수준에서 1570원으로 70% 넘게 올랐다. 2011년엔 남유럽 국가 신용 위기 사태와 2020년 초 코로나19 대유행 때 환율이 단기간에 급등했다. 그리고 2022년 7월 환율이 1300원을 넘기면서 다시금 높은 수준에 있다.

[그래프 41] 코스피 지수와 달러원환율 움직임

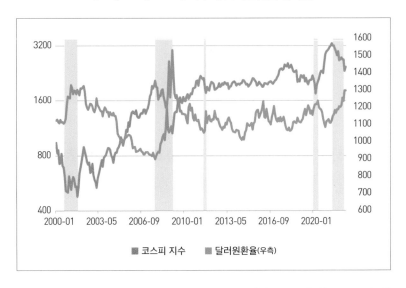

기간: 2000년 1월 ~ 2022년 7월
출처: 프리즘투자자문

이렇듯 위기 때마다 상승하는 달러는 한국의 투자자에게는 더없이 유리한 투자 대상이다. [그래프 41]에서 확인할 수 있듯이, 한국 주식과 달러원환율은 자주 반대로 움직였다. 회색으로 표시된 구간은 '주가 폭락'과 '환율 급등'이 교차했던 시기들이다.

달러에 투자하는 방법은 다양하다. 지폐인 달러로 바꿔 보관할 수도 있고, 달러 예금에 가입할 수도 있다. 달러 ETF나 달러 펀드에 가입하는 것도 방법이다.

또 다른 방법으로는 기존의 투자 자산을 환노출 상품으로 바꾸는 것이다. 미국 주식 ETF를 예로 들면, 미국에 있는 주식으로 만든 상품이므로 해당 ETF 상품을 운용하기 위해선 원화를 달러로 환전한 후 그 상품을 매수해야 한다. 이때 환율의 변동에 영향을 받지 않고 미국 주식의 움직임에만 투자하고 싶다면 '환헤지' 상품을 보유하면 된다.

'헤지hedge'란 원래 '쐐기를 박는다'는 뜻이다. 금융 투자 분야에서는 쐐기를 박아 가격이 움직이지 않도록 하는 것을 말한다. 즉, 여기서 '환헤지'란 환율의 변동으로 인해 투자자가 매수한 주식 상품의 가격이 움직이는 걸 방지하기 위해 쐐기를 박는 것을 말한다.

반대로 '환노출'은 환율의 변동을 이용하겠다는 의미다. 환헤지를 하지 않은 환노출 상품은 미국 주식의 움직임과 더불어 달러 환율의 움직임까지 반영하므로 결과적으로 둘 모두에 투자한 것과 같은 효과를 얻을 수 있다.

여기서는 환노출 상품으로 변경이 가능한 '미국 주식', '미국 국채', '금'을 환노출 상품으로 변경하여 달러 투자 효과를 더하고자 한다. 앞서 본 GAA 포트폴리오에서 달러 투자가 추가된 버전을 '한국인을 위한 글로벌 자산배분 포트폴리오'라는 의미에서 'K-GAA 포트폴리오'라고 부르겠다.

K-GAA 포트폴리오는 GAA 포트폴리오와 같은 구성에서 미국 주식을 '미국 주식(UH)'으로, 미국 국채를 '미국 국채(UH)'로, 금을 '금(UH)'으로 변경하고 배분 비중은 동일하게 가져간다. 여기서 'UH'는 '언헷지unhedge'의 약자로, 환율 변동을 '헤지'하지 않는 '환노

[표 27] K-GAA 포트폴리오 구성 및 투자 비중

구분	투자대상	투자비중	
위험 자산	한국 주식	50%	17.5%
	미국 주식(UH)		17.5%
	금(UH)		15%
안전 자산	한국 국채	50%	17.5%
	미국 국채(UH)		17.5%
	현금성 자산		15%

출'을 뜻한다. 반대로 'H'가 붙으면 '환헤지'를 뜻한다.

[성과 검증] K-GAA 포트폴리오

K-GAA 포트폴리오의 연수익률은 한국 주식 혹은 미국 주식에만 투자한 경우를 포함해 다른 포트폴리오들보다 높은 7.2%다.

위험 지표인 변동성과 최대낙폭 역시 K-GAA 포트폴리오가 가장 우수하다. 손실최장기간은 유대인 포트폴리오와 GAA 포트폴리오에 이어 3위였고, 김씨비율(by UWP)은 유대인 포트폴리오(0.0020)보다 높고, GAA 포트폴리오(0.0023)와 같은 수준인 0.0023이다.

[그래프 42] K-GAA 포트폴리오 누적 성과

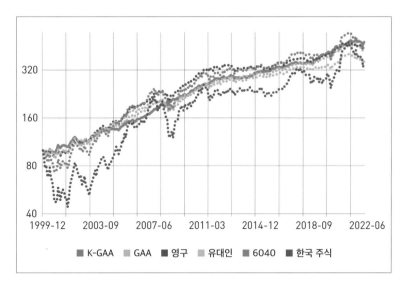

기간: 1999년 12월 ~ 2022년 7월
출처: 프리즘투자자문

샤프비율은 2위인 GAA 포트폴리오(0.55)보다 개선된 0.74를 보였다. 김씨비율(by MDD)은 수익률 개선과 최대낙폭의 개선 덕분에 0.47로 GAA 포트폴리오나 영구 포트폴리오보다 각각 68%, 81%가 개선됐다(참고자료 2-7~8, 374~3750쪽).

달러에 대한 환노출을 적극적으로 적용함으로써 자산 간 상관관계는 더욱 양호해졌다. 상관관계가 낮은 자산들의 조합은 포트폴리오의 위험을 낮출뿐 아니라 수익성을 개선할 수 있다는 것을 보여주는 사례라고 할 수 있다.

그런데 1부에서 이야기한 것처럼 개인 투자자의 일반적인 투자 기

[표 28] K-GAA 포트폴리오 성과 분석

구분	한국 주식	6040	유대인	영구	GAA	K-GAA
기간 수익률	252%	353%	262%	337%	332%	379%
연수익률	5.7%	6.9%	5.9%	6.7%	6.7%	7.2%
연변동성	21.8%	13.1%	7.4%	7.4%	6.7%	5.6%
최대낙폭	55.9%	27.7%	14.4%	13.3%	14.2%	8.7%
최장 손실기간	68	25	14	44	16	18
샤프비율	0.12	0.30	0.38	0.50	0.55	0.74
김씨비율 (by MDD)	0.05	0.14	0.19	0.28	0.26	0.47
김씨비율 (by UWP)	0.0004	0.0015	0.0020	0.0008	0.0023	0.0023

기간: 1999년 12월 ~ 2022년 7월

간은 1년이 채 되지 않는다. 연 단위 성과를 비교해 보는 이유는 그런 사람들의 관점에서 포트폴리오들의 성과를 검토해 보기 위해서다. '장기적으로' 아무리 좋은 수익을 내주는 투자 시나리오일지라도 제대로 실행해 보지도 못한 채 도중에 중단되어 손실로 마무리된다면 의미가 없을 것이다.

[표 29] K-GAA 포트폴리오 구성 자산 간 상관관계

구분	한국 주식	미국 주식 (UH)	금(UH)	미국 국채 (UH)	한국 국채	현금성 자산
한국 주식	1.00	0.42	-0.11	-0.48	-0.09	-0.13
미국 주식 (UH)	0.42	1.00	-0.05	0.00	-0.22	-0.14
금(UH)	-0.11	-0.05	1.00	0.40	0.04	0.06
미국 국채 (UH)	-0.48	0.00	0.40	1.00	0.05	0.17
한국 국채	-0.09	-0.22	0.04	0.05	1.00	0.25
현금성 자산	-0.13	-0.14	0.06	0.17	0.25	1.00

기간: 1999년 12월 ~ 2022년 7월

2000년부터 2021년까지 K-GAA 포트폴리오에서 22년간 손실이 발생한 해는 2018년 단 1번이었다. 그마저도 연수익률이 -0.2%로 손실폭이 매우 낮았다. 다른 포트폴리오들의 경우 손실이 발생한 해가 GAA 포트폴리오는 3번, 영구 포트폴리오는 6번, 유대인 포트폴리오는 3번, 6040 포트폴리오는 4번이었다. 연 단위로 봤을 때 포트폴리오별 가장 큰 손실률은 GAA 포트폴리오와 영구 포트폴리오가 -7%, 유대인 포트폴리오가 -8%, 6040 포트폴리오가 -24%였으나 K-GAA 포트폴리오는 -3%에 그쳤다. K-GAA 포트폴리오가 상대적으로 얼마나 우수한지 알 수 있다(참고자료 2-9, 376쪽).

[표 30] K-GAA 포트폴리오를 위한 추천 ETF

구분	투자 대상	추천 ETF 상품명	투자 비중	
위험 자산	한국 주식	KOSEF 200 TR KBSTAR 200 TR	50%	17.5%
	미국 주식(UH)	TIGER 미국S&P 500 ACE 미국S&P 500		17.5%
	금(UH)	ACE KRX금현물		15%
안전 자산	한국 국채	KOSEF 국고채10년 ACE 국고채10년	50%	17.5%
	미국 국채(UH)	TIGER 미국채10년선물 KODEX 미국채10년선물		17.5%
	현금성 자산	TIGER 단기채권액티브 KODEX 단기채권PLUS 혹은 CMA		15%

기간: 1999년 12월 ~ 2022년 7월

2022년 7월 말 기준으로 K-GAA 포트폴리오는 -3%의 손실을 기록 중이지만 이 역시 다른 포트폴리오에 비해 양호한 편이며 연말까지 추이를 지켜볼 필요가 있다.

K-GAA 포트폴리오를 실제로 운용하고자 하는 개인 투자자를 위해, 가성비 좋은 ETF 상품을 정리했다. [표 30]을 참고하면 된다.

'한국 주식'에 'KOSEF 200 TR'와 'KBSTAR 200 TR' 등 2개의 상품을 추천한 이유는, 두 상품 모두 매입하라는 의미가 아니라 특정 자산운용사에 국한하지 않고 ETF를 선택할 수 있다는 점을 보여주기 위해서다. 나머지 투자 대상도 같은 의미로 복수의 ETF를 추천했다. 다만 '금(UH)'의 경우 상품 종류가 1개밖에 없어서 하나의 상품만 추천했다.

투자의 세계에서

마법 따위는 존재하지 않는다

- 윌리엄 번스타인

3부

두 번의
실패는 없다

무너진 자산을 다시 일으켜 세울 엑시트 시나리오 10

"요즘 같은 시기에
투자를 시작해도 될까요?"

"작가님의 책을 읽고 자산배분이 가성비 높은 투자법임을 알게

되었습니다. 그런데 요즘 같은 시기에 투자를 시작해도 될까요?"

2022년 상반기 내내 글로벌 자산 가격이 하락했다. 한국, 미국 할 것

없이 주식과 국채가 동시에 빠지는 장이었다. 이런 시기에는 투자를

시작하기가 망설여질 수 있다. 그런데 흥미로운 사실은 주가가 상승

할 때에도 비슷한 질문이 나온다는 것이다.

'지금 시작하기에는 주가가 너무 높은 게 아닐까요?'

'주식 시장의 열기가 좀 식은 후에 들어가는 편이 낫지 않을까요?'

투자자들이 이런 고민을 하는 건 어쩌면 당연한 일이다. 방송에 나

오는 전문가들과 유명 유튜버들이 이런 식으로 말하기 때문이다.

투자를 시작하기에 좋은 시점은 투자 전략에 따라 다르다. 주가 상승 모멘텀을 이용하는 전략이라면 주가가 오르는 게 확인되고 나서 시작하는 게 맞을 것이다. 혹은 가치에 비해 충분히 저평가되었을 때 매수하는 전략이라면 하락하는 시점에 시작할 수도 있다. 세상에는 수많은 투자 전략이 있고, 전문가마다 바라보는 관점도 다양해 일반화하기란 불가능하다. 따라서 앞의 질문자가 자산배분 전략으로 투자를 하겠다고 하면 필자는 다음과 같이 답할 수 있다.

"바로 지금이 투자의 적기입니다. 언제든 투자를 시작할 수 있습니다."

무슨 소리일까? 자산배분 투자는 기본적으로 매매 타이밍을 모른다고 가정한다. 그래서 여러 자산에 미리 분산해 놓는 것이다. 이번 달엔 주식이 오르고, 다음 달엔 금이 상승한다는 것을 미리 알 수 있다면 자산배분 투자 같은 전략은 필요 없을 것이다. 어느 시점이든 가장 많이 상승할 자산을 사고, 하락하기 전에 팔고 나오면 되기 때문이다. 어느 자산이 오를지, 그날이 언제인지 모르기에 우리는 자산을 배분하는 것이다.

자산배분 투자 전략이 늘 '부드럽게 우상향하는' 그래프를 그리는 것도 같은 맥락이다. 부드럽게 우상향하는 투자 전략이라면 '지금 이

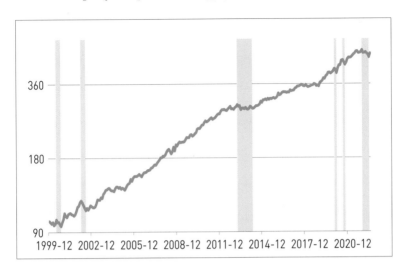

[그래프 43] K-GAA 포트폴리오의 주요 하락 구간

순간'이 가장 싼 시점이기 때문이다. 물론 완벽한 전략은 존재하지 않는다. [그래프 43]에서 확인할 수 있듯이 K-GAA 포트폴리오의 성과 추이도 전체 기간을 기준으로 대충 보면 부드럽게 우상향하는 것처럼 보이지만, 음영으로 표시된 2000년 6월, 2002년 3월, 2013년 3월, 2020년 1월, 2020년 8월, 2021년 12월을 보면 단기적인 고점이었다. 각 시점에 모든 투자 자산을 매도해 현금으로 보유했다면 하락 구간을 피하고 더 좋은 수익을 낼 수 있었을 것이다. 다만, 아무도 그 시점을 모르기 때문에 지금 시작하는 것이 가장 좋다고 말하는 것이다.

매매 시점을 알기 어렵다는 것을 보여준 사례는 무수히 많다. 가까운 예로 2020년 2월 중순 모든 자산을 팔고 현금으로 보유했다면 코로나19 대유행으로 인한 하락을 피할 수 있었을 것이다. 하지만 누가 과연 전염병의 대유행을 예측하고 그 시점을 정확히 맞힐 수 있었을까?

그로부터 겨우 두 달 뒤인 3월 말 코스피와 S&P 500 주가가 30% 이상 하락했을 때가 저점이었다는 것도 아무도 알 수 없었다. 당시 코스피는 불과 한 달여 만에 2200포인트 선에서 1439포인트까지 급락했고, 여러 전문가들은 금융 위기 때처럼 코스피가 1000포인트 선까지 하락할 것이라고 이야기하기도 했다. 하지만 코스피는 3월 19일 저점을 찍고 무섭게 상승했으며, 이듬해인 2021년 6월 25일에 3316포인트로 역사적인 최고점을 찍었다. 무려 130%나 상승했던 것이다.

책을 쓰고 있는 2022년 8월도 마찬가지다. 2022년 상반기 내내 주가가 이렇게 많이 빠지리라고 누가 예상했겠으며, 7월의 반등 역시 누가 알았겠는가? 물론 시장에는 미래의 주가 흐름을 알아맞힐 수 있다고 말하는 사람들이 늘 있어 왔다. 우리나라만 그런 것이 아니고 세계적으로도 비슷하다. 게다가 요즘에만 나오는 사람들도 아니다. 금융 시장의 역사에는 그런 예언가들이 항상 존재했다. 만약 그들의 예언이 그렇게 정확했다면 아마도 그들은 전 세계의 부를 거머쥐었을 것이다. 그러나 자신의 예언과 예측이 맞았다고 주장하는 사람들 중에서 큰 부자가 된 사람이 많지는 않아 보인다.

다시 한번 정리하겠다. 시장이 언제 어디로 튈지는 아무도 모른다. 그래서 미리 자산을 배분해 놓고 대응하는 것이 자산배분 투자 전략이다. 따라서 자산배분 투자자에게 최고의 투자 시점은 '바로 지금' 이다.

두 번째 시스템

투자 상황별 시나리오 2가지

1970~1980년대처럼
고물가 시기에도 돈 버는 투자법

"1970~1980년대와 같은 고물가 시기가 왔을 때도 자산배분 투자 전략이 유용할지 궁금합니다."

2022년 상반기, 코스피 지수는 21.7% 하락해 지난 30년 역사상 최악의 상반기 성적을 기록했다. 1980년 1월 4일 코스피 지수 산출 이래 두 번째로 나쁜 성과였으며, 최악의 성과(1990년 상반기의 -22.3%)와는 0.6%p 차이였다. 가히 역대급 하락이라고 부를 만하다. 2022년 상반기 주가 하락은 한국만의 일이 아니다. MSCI 신흥국 지수(MSCI EM)도 -18.8%로 1987년 이후 역대 두 번째로 큰 하락을 보였다.

2022년 상반기에 한국과 같은 신흥국만 주가가 하락한 것은 아니다. 미국 대형주(S&P 500)는 같은 기간 20.6% 하락해 1970년(-21.0%) 이후 52년 만에 최악의 성과를 보였고, 독일과 프랑스 등도 -20% 전후로 하락했다. 미국 기술주 지수인 나스닥은 상반기 29.5%나 하락했다. 지수가 산출되기 시작한 1980년 이후 최악의 성과였다. 두 번째로 나빴던 해는 2002년(-25.0%)으로 IT 버블이 꺼지던 시기였다.

투자자를 힘들게 하는 것은 주가 하락만이 아니다. 역대급으로 치솟는 물가 역시 투자자를 불안에 휩싸이게 한다. 전 세계를 인플레이션 공포에 몰아넣은 원인 중 하나는 러시아의 우크라이나 침공으로 시작된 전쟁이다. 러시아산 에너지에 크게 의존하는 유럽은 전쟁의 영향으로 물가상승이라는 직접적인 타격을 입고 있다. 독일의 소비자물가지수는 41년 만에 최고치를 기록했고, 인플레이션 수준 역시 73년 만에 최고 수준을 보였다.

인플레이션의 원인은 전쟁만이 아니다. 코로나19 팬데믹에 따른 경기 침체를 염려해 각국 중앙은행이 시중에 풀어놓은 막대한 유동성도 인플레이션 상승에 큰 축을 담당하고 있다. 미국의 인플레이션은 심각한 수준으로 1981년 이후 40년 만에 가장 큰 상승폭을 보이고 있다. 우리나라도 비슷한 상황이다. 2022년 5월 소비자물가지수는 전년 동기 대비 4.1% 상승해 금융 위기 직후인 2009년 3월 이후 13년 만에 최고치를 보이고 있다.

2022년 7월 많은 투자자들이 한 번도 경험해 보지 못한 고물가에 혼란스러워하고 있으며, 이로 인해 앞으로 투자 시장이 어떻게 흘러

갈지 염려하고 있다.

'백테스트backtest'란 어떤 투자 전략의 성과를 검증하기 위한 방법 중 하나다. '과거back'로 돌아가서 이와 동일한 방법으로 투자를 했다면 어떤 결과가 나왔을지를 '점검test'해 보는 것이다. 과거의 일이 미래에도 반복되리라는 보장은 없으나, 과거의 다양한 시장 상황에서 해당 투자 전략이 어떤 모습을 보였을지는 대략적으로 추정해 볼 수 있다.

백테스트는 '가정'을 최소화해야 오류를 줄일 수 있다. 질문자는 1970~1980년대처럼 고물가 시기가 지속된다면 그때도 자산배분 투자가 유용할지 질문했다. 그래서 필자는 1970~1980년대를 포함하면서 가급적 긴 기간 동안 K-GAA 포트폴리오의 성과가 어떻게 움직였는지를 백테스트 해봤다. 필수 데이터 중 하나인 달러원환율의 경우, 한국은행에서 조회할 수 있는 가장 오래된 시점인 '1964년 5월'을 백테스트의 시작점으로 잡아 최근까지의 모습을 살펴봤다.

앞에서 이야기했듯이 백테스트로 검증할 투자 전략은 K-GAA 포트폴리오다. K-GAA 포트폴리오를 구성하는 자산군은 미국 주식(UH), 한국 주식, 미국 국채(UH), 한국 국채, 현금성 자산, 금(UH)이다.

백테스트로 검증할 이 6가지 자산의 데이터를 어떻게 구성했는지 하나씩 살펴보자.

먼저 미국 주식 데이터는 S&P 500 TR 지수를 사용했다. 한국 주식은 데이터가 없어서 MSCI 신흥국 지수를 사용했다.

[그래프 44] 미국 국채와 한국 국채의 움직임

기간: 1999년 12월 ~ 2022년 7월   출처: 프리즘투자자문

　2000년 이후의 한국 국채 지수는 필자가 직접 추산하여 만든 데이터를 사용했고, 그 이전 데이터는 미국 국채 지수를 사용했다. 물론 한국 국채와 미국 국채의 움직임은 다르다. 다만 [그래프 44]처럼 주식과 반대로 움직이는 성향은 비슷했다. 따라서 2000년 이전의 한국 국채 데이터로 미국 국채 지수를 참고해도 큰 무리는 없을 것이라고 생각한다(1960~1990년대의 한국의 위상은 지금과 많이 달랐다. 국가 신용도도 훨씬 낮았고, 제대로 된 데이터는커녕 국채 시장 자체도 제대로 없었을 것이다. 궁여지책으로 택한 방편이라는 점을 참고해 주면 좋겠다).

　현금성 자산의 경우 1991년 3월 이후의 데이터는 한국은행이 제공하는 'CD91일물' 데이터를 사용했고, 그 이전의 데이터는 '미국

T-bill' 데이터를 사용했다. 금 데이터는 블룸버그의 데이터를 참조했고, 각각의 지수가 산출되기 이전 데이터는 웹사이트 'The Idea Farm(theideafarm.com)'에서 참고했다.

1964년 5월부터 2022년 7월까지 58년 2개월의 기간을 대상으로 백테스트를 한 이 포트폴리오는 'K-GAA 포트폴리오'가 아니라 'K-GAA(B) 포트폴리오'라고 이름 붙였다. 서로 비슷하긴 해도 동일한 것은 아니라는 의미다.

백테스트 결과를 보면, K-GAA(B) 포트폴리오의 연수익률은 10.0%로 같은 기간 신흥국 주식의 연수익률(10.9%)이나 미국 주식의 연수익률(10.2%)보다 다소 낮았다. 연변동성은 17%로 신흥국 주식(20%)이나 미국 주식(15%)에 비해 절반 이하다. 최대낙폭은 7%로 신흥국 주식(61%)이나 미국 주식(51%)의 3분의 1 수준이다. 손실최장기간 역시 K-GAA(B) 포트폴리오가 33개월로 신흥국 주식(116개월)이나 미국 주식(73개월)보다 훨씬 짧은 것으로 나온다. 위험 대비 수익 지표인 샤프비율은 K-GAA(B) 포트폴리오가 0.95로 신흥국 주식(0.38)보다 2배 이상 뛰어나고, 미국 주식(0.46)보다 2배 이상 좋게 나온다.

물론 한 번 투자를 한 뒤 계속 넣어두기만 하는 경우도 있겠지만, 매년 초에 투자해 연말에 투자금을 회수하는 식으로 투자를 이어가는 경우도 있을 것이다. 이 경우에는 수익률 등의 성과에서 어떤 차이를 보일까? 1965년부터 2021년까지 매년 초에 투자해 연말에 투자를 중단한 조건으로 연 단위 수익을 조사했다.

[표 31] K-GAA(B) 포트폴리오의 구성 자산 간 상관관계

	신흥국 주식	미국 주식 (UH)	금 (UH)	미국 국채 (UH)	한국 국채	현금성 자산
신흥국 주식	1.00	0.30	-0.03	-0.30	-0.01	0.02
미국 주식 (UH)	0.30	1.00	0.12	0.35	0.11	0.01
금(UH)	-0.03	0.12	1.00	0.32	-0.02	0.02
미국 국채 (UH)	-0.30	0.35	0.32	1.00	0.45	0.05
한국 국채	-0.01	0.11	-0.02	0.45	1.00	0.00
현금성 자산	0.02	0.01	0.02	0.05	0.00	1.00

기간: 1964년 5월 ~ 2022년 7월

- 신흥국 주식에 투자: 총 57번 중 19번 손실(33%)

- 미국 주식에 투자: 총 57번 중 12번 손실(21%)

- K-GAA(B) 포트폴리오에 투자: 총 57번 중 5번 손실(9%)

연 단위로 본 최악의 손실은 신흥국 주식이 -53%, 미국 주식이 -37%로 2008년 금융 위기 때의 성적이다. K-GAA(B) 포트폴리오의 최악의 손실은 -5%로, 미국이든 신흥국이든 어느 한 나라의 주식에만 투자했을 때와 비교하면 매우 양호한 수준이다.

[그래프 45]에는 K-GAA(B) 포트폴리오가 2개 그려져 있는데 'K-GAA(B) 실질'이라고 적힌 것은 물가상승분을 뺀 실제 성과를 나

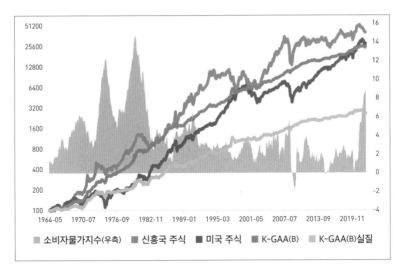

기간: 1964년 5월 ~ 2022년 7월   출처: 프리즘투자자문

타낸 것이다. K-GAA(B) 포트폴리오의 명목 수익률은 연 10.0%였고, 물가상승분을 뺀 실질 수익률은 5.8%였다. 물가상승분을 반영하더라도 그리 나쁜 성과는 아니었던 것으로 보인다. K-GAA(B) 포트폴리오가 연변동성, 최대낙폭, 손실최장기간 같은 위험성을 낮추며 준수한 수익을 보인 것은 역시 상관관계 덕분이었다. [표 31]과 같이 해당 기간 자산 간 상관관계는 매우 낮았다.

이처럼 K-GAA 포트폴리오와 가장 흡사하게 구성한 K-GAA(B) 포트폴리오를 백테스트로 검증한 결과, 1970~1980년대와 같은 고물가 시기가 지속되더라도 자산배분 투자 시나리오, 즉 K-GAA 포트폴리오를 통해 우리의 자산을 지킬 수 있다는 사실을 확인할 수 있었다.

'잃어버린 20년'이 와도
끄떡없는 안전한 포트폴리오

"유튜브에서 보니까 우리나라도 일본처럼 수십 년 동안 장기 불황이 올 수도 있다던데 자산배분 투자를 해도 괜찮나요?"

1964년 5월 이후 25년 넘게 상승한 일본 주가는 280배(연 14%)나 오르며 1989년 12월에 최고점을 찍었다. 이후 버블이 붕괴되며 30년이 넘는 시간 동안 전 고점을 회복하지 못하다가 2021년 3월에야 전 고점을 돌파했다. 일본의 이러한 장기 불황에 대해 전문가들은 다양한 분석을 내놓고 있고, 그들 중 일부는 한국에도 일본과 같은 긴 불황이 찾아올 수 있다고 이야기한다. 그런 상황이 정말 펼쳐질지는 알 수 없지만, 한국 주식 시장이 과거의 일본과 같은 상황에 처하게 된다는 가정 아래 K-GAA 포트폴리오 투자 전략을 점검해 보는 것도 의미가 있을 것이다.

일본의 장기 불황을 가정하고 진행하는 백테스트이므로, 자산군 역시 일본 주식을 반영했다. 다른 조건은 K-GAA(B) 포트폴리오와 동일하며 '한국 주식' 대신 사용했던 '신흥국 주식' 자리를 '토픽스 지수(일본 도쿄증권거래소가 1969년 7월부터 산출해 발표하는 주가지수)'로 대체했다. 이에 따라 포트폴리오의 이름을 기존 'K-GAA(B) 포트폴리오'에서 'K'를 떼고, 'Japan'의 앞 글자 'J'를 붙여서 'J-GAA(B) 포트폴리오'라고 부르기로 한다.

K-GAA(B) 포트폴리오 백테스트 때와 동일한 기간인 1964년 5월부터 2022년 7월까지 58년 2개월간을 백테스트의 기간으로 삼았다.

J-GAA(B) 포트폴리오의 연수익률은 9.0%로 일본 주식만 보유했을 때(6.0%)보다 3.0%p 높았다. 연변동성은 J-GAA(B) 포트폴리오가 7%로 일본 주식만 보유했을 때(17%)의 절반 이하이며, 최대낙폭은 J-GAA(B) 포트폴리오가 11%로 역시 일본 주식만 보유했을 때(70%)의 6분의 1 이하 수준이다. 일본 주식만 보유했을 경우 손실최장기간은 무려 374개월이다. 고점에 잘못 투자했을 경우 31년 넘게 원금을 회복하지 못했다는 뜻이다. 이에 비해 J-GAA(B) 포트폴리오는 손실최장기간이 32개월로 훨씬 양호하다.

그런데 이 분석은 1964년부터이니 일본 주가의 다양한 활황 기간이 포함되어 있다. 특히 1980년대 10년 동안 일본 주가는 527%나 상

[그래프 46] J-GAA(B) 포트폴리오의 장기 움직임

기간: 1964년 5월 ~ 2022년 7월
출처: 프리즘투자자문

승했다. 연환산 상승률이 20.2%로 보기 드문 활황장이었다. 앞선 질문의 내용처럼 투자 시점이 고점인 최악의 상황만 놓고 보면 어떨까? 만약 일본 주식이 정점을 찍었던 1989년 12월에 J-GAA(B) 포트폴리오로 투자를 시작했다면 그 투자자는 어떤 성과를 거뒀을까?

먼저, 일본 주식은 32.6년 동안 누적 수익률 6%의 성과를 보였다. '연 6%'가 아니라 32년간의 누적 수익률이다. 연으로 환산한 수익률은 0.2%로 현금성 자산의 연수익률인 0.3%보다도 낮았다. 반면 J-GAA(B) 포트폴리오는 같은 기간 무려 673%의 누적 수익률을 보였다. 연으로 환산하면 6.5%의 양호한 성과였다.

[그래프 47] J-GAA(B) 포트폴리오의 장기 움직임

기간: 1989년 12월 ~ 2022년 7월
출처: 프리즘투자자문

J-GAA(B) 포트폴리오의 변동성은 6%로 일본 주식(19%)의 3분의 1 수준이었고, 최대낙폭은 J-GAA(B) 포트폴리오가 11%, 일본 주식이 70%였다.

[그래프 46]에서 보면 일본 주식은 20년간 암울하게 하락했다. 이를 '일본의 잃어버린 20년'이라고 부르는데, 1980년대 형성된 거품이 붕괴되며 시작했고 2012년부터 회복으로 돌아선 뒤 2021년경에 전 고점으로 복귀하는 모습을 보였다([그래프 47]). 1989년 12월에 일본 주식 지수를 매수한 투자자가 있다면, 그는 30여 년 만에 원금을 회복했을 것이다. 그러나 일본의 장기 불황과 주가 폭락 시기에도

[표 32] J-GAA(B) 포트폴리오 구성 자산 간 상관관계

구분	일본 주식	미국 주식 (UH)	금 (UH)	미국 국채 (UH)	한국 국채	현금성 자산
일본 주식	1.00	0.33	-0.21	-0.28	-0.12	-0.10
미국 주식 (UH)	0.33	1.00	0.09	0.31	-0.01	0.00
금(UH)	-0.21	0.09	1.00	0.48	0.03	-0.04
미국 국채 (UH)	-0.28	0.31	0.48	1.00	0.20	0.03
한국 국채	-0.12	-0.01	0.03	0.20	1.00	0.01
현금성 자산	-0.10	0.00	-0.04	0.03	0.01	1.00

기간: 1989년 12월 ~ 2022년 7월

J-GAA(B) 포트폴리오는 큰 굴곡 없이 부드럽게 우상향하는 모습을 보였다.

어째서 이런 일이 벌어진 걸까? 역시 답은 자산 간 상관관계에 있었다. 일본 주식은 하락했지만, 일본 주식과 다른 움직임을 보이는 자산들을 편입해 둔 덕분에 꾸준히 우상향할 수 있었다. 주식은 하락했더라도 국채나 달러, 금이 상승했기에 포트폴리오의 수익을 보전한 것이다. 이처럼 자산배분 포트폴리오 투자 전략은 다른 자산이 하락할지라도 또 다른 자산들이 그 하락을 상쇄해 준다.

J-GAA(B) 포트폴리오 역시 대부분의 자산이 동시에 하락하는 기간도 있었지만, 그런 시기에는 현금성 자산이 든든하게 받쳐주어 '저가 매수'의 기회를 줬다. 우리나라에 당장 내일부터 일본과 같은 초장기 불황이 오더라도 그리 걱정할 필요는 없다. 안전하게 분산된 마법의 포트폴리오가 있기 때문이다.

세 번째 시스템

투자자 성향별 시나리오 4가지

레버지를
현명하게 활용하는 법

"자산배분 포트폴리오 투자법을 공부하다 보니 레버리지를 이용하면 어떻게 될지 궁금한데요. 작가님 생각은 어떠세요?"

'레버^{lever}'는 지렛대라는 뜻이며, '레버리지^{leverage}'는 지렛대를 활용하는 것을 말한다. 금융에서 쓰이는 '레버리지'라는 용어에는 크게 2가지 뜻이 있다. 하나는 대출 등의 빚을 이용해 보유 중인 자금보다 더 큰 규모로 투자를 하는 것이고, 다른 하나는 '레버리지 효과'가 있는 금융 상품을 이용하는 것이다.

첫 번째로 '빚'을 이용해 '빛'나는 수익을 챙기는 방법을 살펴보자. 이 책에서 언급한 K-GAA 포트폴리오의 기대 수익률은 7.2%다. 물론 이는 과거 22년간의 기간을 대상으로 한 백테스트 결과일 뿐이고 앞으로 어떤 상황이 펼쳐질지 모르기에 확정적인 것은 아니지만, 장기적으로 볼 때 그 정도라고 추정하는 것이다. 만약 7.2%의 수익률이 예상될 때 5%의 금리로 대출을 받을 수 있다면 이자를 내고도 2.2%의 수익이 남는다는 계산이 나온다. 혹은 더 낮은 금리로 대출을 받을 수 있다면 예상 수익률은 더 높아질 테니, 자연스럽게 '대출 레버리지'를 이용한 투자를 생각해 보게 될 것이다.

문제는 금리가 고정되어 있지 않다는 점이다. 주택담보대출 같은 경우를 제외하고는 대부분의 대출 금리는 '고정 금리'가 아닌 '변동 금리'이다. 변동 금리는 기준금리나 인플레이션, 대출을 받는 사람의 신용도, 경제 환경 등의 영향을 받는다. 예를 들어 1년 전에 2.1%로 대출을 받았더라도 1년 사이에 4.5%로 급격하게 금리가 오를 수 있다. 다음 대출을 갱신할 때는 기준금리가 더 높아져 대출 금리도 따라 올라갈 수 있고, 그사이에 내 신용도가 낮아진다면 금리는 더 올라간다. 만약 금리가 7.2%를 넘어간다면 이 레버리지 투자는 무조건 손실을 볼 것이다.

심리 역시 문제다. 금리는 올라가는데 포트폴리오에서 원하던 수익이 나오지 않으면 마음이 조급해진다. 이자는 이자대로 나가고, 여기에 투자 원금마저 손실이 나는 상황이 발생하는 것이다. 대출 이자는 매달 꼬박꼬박 나가지만 투자 수익이 발생하기까지는 몇 개월, 몇 년을 기다려야 할 수 있다. 이러한 '미스 매치mismatch'가 투자자의 마음을 괴롭히는 것이다.

또 하나는 대출 기간이다. 주택담보대출처럼 처음부터 5년, 10년 혹은 그 이상의 기간으로 대출을 받았다면 모르지만, 일반적인 신용 대출의 기간은 1년이다. 즉, 매년 대출을 연장해야 하거나 돈을 갚아야 한다. 만약 대출금을 상환해야 하는 상황에서 투자금이 손실 중이라면 그 손실을 확정 지을 수밖에 없다. 즉, '대출 기간'과 '투자 기간' 간에도 미스 매치가 발생하는 것이다. 이러한 미스 매치 역시 레버리지 투자의 리스크 중 하나다. 따라서 대출 레버리지를 일으켜 투자를 할 때는 이런 부분들을 꼼꼼히 따져봐야 한다.

두 번째는 아예 투자 상품 자체가 레버리지로 설계된 경우다. '레버리지 투자 상품'이란 여러 가지 투자 대상에 대해 원래 지수 움직임의 2배 혹은 3배 등으로 움직이도록 만든 상품을 말한다. 이론대로라면 더 화끈한 결과를 보여줄 것 같아 매력적이다. 하지만 장기적으로 보면 예상과 다른 모습을 보이는 경우가 많다. 왜냐하면 레버리지가 일일 수익률에 따라 작동하기 때문이다.

같은 자산운용사에서 운용하는 두 상품을 예로 들어 살펴보자. 'KODEX 200'은 코스피 200 지수와 동일한 움직임을 추종하는 ETF 상품이고, 'KODEX 레버리지'는 코스피 200 지수의 일별 수익률의 2배만큼 움직이도록 만든 ETF 상품이다. 가령 기초 지수인 코스피 200 지수가 하루에 1% 상승하면 'KODEX 레버리지'는 2% 상승하고, 1% 하락하면 2% 하락하도록 구성됐다.

KODEX 레버리지가 출시된 2010년 2월부터 2022년 7월까지의 데이터를 분석해 보면 연수익률이 3.8%로 나온다. 그런데 같은 기간 KODEX 200의 연수익률은 레버리지의 절반이 아니다. 오히려 더 높은 성과를 보여 연 5.28%의 수익률을 보였다. [그래프 48]에서 확인할 수 있듯이 12년간의 누적 수익률은 KODEX 레버리지가 오히려 더 낮았다. 반대로 변동성은 KODEX 레버리지가 34%로 KODEX 200(17%)의 2배였다.

KODEX 레버리지가 KODEX 200에 비해 변동성은 2배로 높은데, 수익률은 오히려 더 낮다? 이는 KODEX 레버리지가 '일일 변동성'의 2배만큼 움직이도록 만들어졌기 때문이다.

예를 들어 두 상품 모두 가격이 동일하게 1만 원으로 시작했다고 치자. 첫날 KODEX 200이 10% 상승했으면 KODEX 레버리지는 20% 상승한다. 이때 두 상품의 가격은 각각 '1만 1000원(1만 원×110%)'과 '1만 2000원(1만 원×120%)'이 된다. 다음 날 주가가 9% 하락하면 KODEX 200의 가격은 전날 종가인 1만 1000원에 '1-0.09'인 0.91(91%)을 곱한 값인 1만 10원이 된다. 이때 레버리지는 9%의 두 배인 18%만큼 하락하게 된다. KODEX 레버리지 가격은 전날 종가 1만 2000원에 '1-0.18'인 0.82(82%)를 곱한 값인 9840원이 된다.

이처럼 두 상품은 같은 기간 동안 같은 상승과 하락을 겪었지만 상반된 결과를 냈다. KODEX 200은 최종 1만 10원으로 10원의 수익이 발생했으나, KODEX 레버리지는 최종 9840원으로 160원의 손실

[그래프 48] KODEX 200, KODEX 레버리지 ETF 움직임

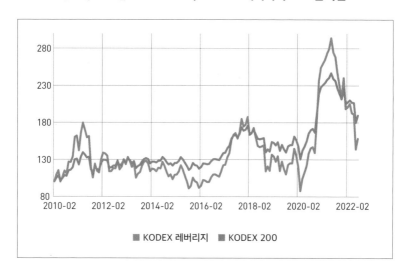

기간: 2010년 2월 ~ 2022년 7월

이 발생했다. 이처럼 레버리지 상품은 일일 변동성의 배수로 움직이기 때문에, 더 높은 수익을 내려고 레버리지 상품을 매수해 장기투자를 했다간 전혀 예상하지 못한 결과를 만날 수 있는 것이다.

하지만 방법이 있다

레버리지 ETF가 무조건 나쁘다는 뜻은 아니다. 투자 방식에 따라 여러 가지 결과를 가져올 수 있기 때문이다. 자산배분 투자는 자산 간 상관관계가 중요하다. 이 자산 간 상관관계를 해치지 않으면서 일부

자산군을 레버리지 상품으로 구성해 보면 어떤 결과가 나올까?

앞서 설명한 K-GAA 포트폴리오는 6가지 자산으로 구성되어 있다.

① 미국 주식(UH)　② 한국 주식　③ 미국 국채(UH)

④ 한국 국채　⑤ 현금성 자산　⑥ 금(UH)

이 자산들을 레버리지 상품으로 바꿔준다면 포트폴리오의 균형을 유지하면서 높은 수익률을 추구할 수 있지 않을까? 하나씩 살펴보자.

① 미국 주식(UH)

미국 주식(UH)의 경우 K-GAA 포트폴리오에서는 미국 대형주 지수인 S&P 500을 추종하면서 환노출인 상품(TIGER 미국S&P 500, ACE 미국S&P 500)을 선정했다. 그런데 이 조건에 해당하는 레버리지 상품이 없다. 그렇다면 어떤 상품으로 대체할 수 있을까? 미국 기술주 지수인 나스닥(UH)을 추종하는 ETF 상품을 검토해 볼 수 있다. 관련 상품으로는 'TIGER 미국나스닥 100', 'ACE 미국나스닥 100' 등이 있다. S&P 500과 나스닥을 비교 검토하는 첫 번째 이유는 상관관계다. [그래프 49]에서 볼 수 있듯이, 2000년 1월부터 2022년 7월까지 S&P 500과 나스닥 지수의 움직임은 상관관계가 0.9 수준으로 매우 비슷하게 움직였다. 두 번째 이유는 변동성이다. S&P500과 나스닥의 움직임은 유사한데 변동성은 나스닥이 28% 수준으로 S&P500(20%)보

[그래프 49] 미국 S&P 500과 나스닥 지수의 움직임

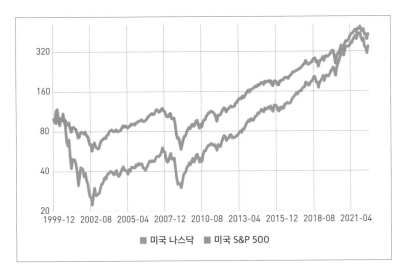

기간: 1999년 12월 ~ 2022년 7월

다 더 크다. 움직임의 방향성은 비슷한데 움직임의 크기는 더 큰 것
이다. 따라서 S&P500을 추종하는 ETF 레버리지 상품을 나스닥 지
수를 추종하는 ETF 상품으로 대체해 테스트해도 문제가 없을 것이
라 생각한다.

② 한국 주식

한국 주식의 경우 다양한 상품이 출시되어 있어 레버리지 ETF들도
다양하게 투자할 수 있다.

③ 미국 국채(UH)

미국 국채(UH)의 경우 레버리지 상품이 없다. K-GAA 포트폴리오와 마찬가지로 'TIGER 미국채10년선물' 혹은 'KODEX 미국채10년선물'로 구성했다.

④ 한국 국채

한국 국채의 경우 기존의 '10년물'과 '10년 레버리지', '30년Enhanced' 등의 지수를 추종하는 상품이 출시되어 있다. 각각의 지수에 해당하는 대표 상품은 10년물을 추종하는 'KOSEF 국고채10년'과 'ACE 국고채10년'이 있고, 10년 레버리지를 추종하는 'KOSEF 국고채10년 레버리지'와 30년Enhanced를 추종하는 'KBSTAR KIS국고채30년 Enhanced' 등이 있다. 국채의 경우 만기가 길수록 움직임이 크며 각 지수 간 상관관계는 0.9 이상으로 매우 높다. 10년물, 10년 레버리지, 30년Enhanced의 연수익률을 비교해 보면 각각 6.0%, 8.6%, 9.9%로 만기가 길수록 높게 나온다. 변동성 역시 만기가 길수록 높게 나오며 각각 6.9%, 11.2%, 16.9%이다. 최대낙폭도 각각 14.3%, 28.6%, 41.4%로 만기가 긴 상품이 더 크다. 이번 테스트에서는 레버리지 효과가 큰, 최장 만기인 30년Enhanced 지수(KBSTAR KIS국고채30년Enhanced)를 이용한다. 참고로, 국채 지수가 산출되기 전의 데이터는 자체 추산하여 사용했다.

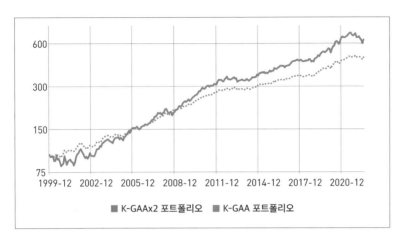

[그래프 50] K-GAA×2 포트폴리오와 K-GAA 포트폴리오의 누적 성과 비교

■ K-GAAx2 포트폴리오   ■ K-GAA 포트폴리오

기간: 1992년 12월 ~ 2022년 6월

⑤ 현금성 자산

현금성 자산의 특성은 현금처럼 변화가 거의 없다는 점이다. 따라서
별다른 레버리지 상품이 없으며, K-GAA 포트폴리오와 마찬가지로
구성했다.

⑥ 금(UH)

금(UH)의 경우 레버리지 상품이 없다. K-GAA 포트폴리오와 마찬
가지로 'ACE KRX금현물'로 구성했다.

이렇게 기존 K-GAA 포트폴리오에서 미국 주식(UH), 한국 주
식, 한국 국채를 각각 레버리지(혹은 레버리지 유사) 상품으로 변경한
'K-GAA×2 포트폴리오'를 [표 33]과 같이 구성했다.

[표 33] K-GAA×2 포트폴리오 구성 및 투자 비중

구분	투자 대상	K-GAA 포트폴리오 추천 ETF 상품명	K-GAA×2 포트폴리오 추천 ETF 상품명	투자 비중	
위험 자산	한국 주식	KOSEF 200 TR	KODEX 레버리지	50%	17.5%
		KBSTAR 200 TR	TIGER 레버리지		
	미국 주식 (UH)	TIGER 미국S&P 500	TIGER 미국나스닥 100		17.5%
		ACE 미국S&P 500	ACE 미국나스닥 100		
	금(UH)	ACE KRX금현물	ACE KRX금현물		15%
안전 자산	한국 국채	KOSEF 국고채10년	KBSTAR KIS국고채 30년Enhanced	50%	17.5%
		ACE 국고채10년			
	미국 국채 (UH)	TIGER 미국채10년 선물	TIGER 미국채10년 선물		17.5%
		KODEX 미국채10년 선물	KODEX 미국채10년선물		
	현금성 자산	TIGER 단기채권액티브	TIGER 단기채권액티브		15%
		KODEX 단기채권 PLUS	KODEX 단기채권 PLUS		
		혹은CMA	혹은CMA		

기간: 1989년 12월 ~ 2022년 7월

그럼 레버리지 포트폴리오 K-GAA×2 포트폴리오의 백테스트 결과를 확인해 보자. 2000년 1월부터 2022년 7월까지 한국 주식의 연수익률은 5.7%였으나 '한국 주식(레버리지)'은 2.4%로 오히려 더 낮은 성과를 보였다. 나스닥과 S&P 500은 각각 6.6%, 6.7%로 거의 유사한 수익률을 보였다. 한국 국채는 30년물이 10년물보다 3%p 높은 9.9%의 수익률을 보였다.

다음으로 K-GAA×2 포트폴리오와 K-GAA 포트폴리오의 성과를 비교해 보자. 수익률은 K-GAA×2 포트폴리오가 8.5%로 K-GAA 포트폴리오(7.2%)에 비해 1.3%p 개선됐다. 그 대신 위험 지표들은 나빠졌다. 변동성은 기존 5.6%에서 9.9%로 4.3%p나 커졌고, 최대낙폭 역시 8.7%에서 17.2%로 2배 가까이 나빠졌다. 손실최장기간도 기존 18개월에서 25개월로 더 길어졌다. 위험 대비 수익 지표인 샤프비율 등도 모두 더 나빠졌다.

두 전략의 연 단위 성과를 보면 K-GAA 포트폴리오는 22년간 단 한 해에만 손실이 발생했다. 반면 K-GAA×2 포트폴리오는 총 4번의 손실이 있었고 이 중에서 2000년은 -14%의 꽤 큰 하락을 보였다. 같은 기간 '한국 주식(레버리지)'이 82%나 하락했던 영향이 컸다. 2022년 연초 이후 7월까지의 성과도 역대급으로 좋지 않았다. K-GAA×2 포트폴리오는 -10% 손실인 데 반해 K-GAA 포트폴리오는 -3% 정도로 비교적 양호하다.

K-GAA×2 포트폴리오와 K-GAA 포트폴리오의 연 단위 성과를

[표 34] K-GAA×2 포트폴리오와 K-GAA 포트폴리오 성과 분석

구분	한국 주식 (레버리지)	한국 주식	미국 나스닥 (UH)	미국 S&P 500 (UH)	한국 국채 10년	한국 국채 30년	K-GAA ×2	K-GAA
기간 수익률	72%	252%	322%	331%	354%	751%	536%	379%
연수익률	2.4%	5.7%	6.6%	6.7%	6.9%	9.9%	8.5%	7.2%
연변동성	44.7%	21.8%	22.7%	15.4%	7.1%	16.9%	9.9%	5.6%
최대낙폭	85.8%	55.9%	77.6%	50.9%	13.6%	41.4%	17.2%	8.7%
손실최장기간 (개월)	119	68	176	73	28	47	25	18
샤프비율	-0.01	0.12	0.16	0.24	0.55	0.41	0.56	0.74
김씨비율 (by MDD)	-0.01	0.05	0.05	0.07	0.28	0.17	0.32	0.47
김씨비율 (by UWP)	-0.0001	0.0004	0.0002	0.0005	0.0014	0.0015	0.0022	0.0023

기간: 1989년 12월 ~ 2022년 7월

비교한 자료(참고자료 3-1, 377쪽)와 K-GAA×2 포트폴리오의 구성 자산 간 상관관계 데이터(참고자료 3-2, 378쪽)는 책의 말미를 확인하기 바란다.

　더 큰 위험을 감수하면서까지 높은 수익을 추구해야 할까? 이는 투자자 각자가 판단해야 할 부분이다. 다만 투자를 시작하기 전에 어느 정도의 위험을 감당할 수 있을지에 대해 백테스트를 비롯한 다양한 방법을 통해 꼼꼼히 따져봐야 한다.

위험 감내 수준에 따라
자유롭게 택하는 3가지 포트폴리오

"작가님 책을 읽고 자산배분 투자를 시작했는데요. 제가 운이 없는 건지, 시작하자마자 손실이 났어요. 장기적으로 봐야 한다는 건 알겠는데 실제로 마이너스가 되니까 부담스러워요. 수익은 좀 적더라도 손실이 최대한 덜 나면 좋겠어요. 어떻게 하면 될까요?"

이런 질문을 하는 투자자들이 생각보다 많다. 아무리 책을 잘 읽고 이해했다고 해도 막상 자기 계좌가 마이너스 상태면 상심이 클 수밖에 없다. 특히 투자 경험이 많지 않은 초보 투자자들이 더욱 그렇다.

이런 경우 위험 자산 비중을 줄이는 방식으로 포트폴리오를 변경할 수 있다. 앞서 소개한 K-GAA 포트폴리오의 투자 비중은 '중립형'이라고 할 수 있다. 중립형의 경우 위험 자산 50%에 안전 자산 50%로 구성했다. '안정형'은 위험 자산 비중을 30%로 낮추고, 그렇게 줄어든 20%의 비중을 안전 자산에 배분한다. 그 아래 세부 비중은 균등한 수준으로 나눈다. 이와 반대로 위험은 높아지더라도 수익성을 개선하는 방향으로 조정할 수도 있다. '성장형'은 위험 자산 70%에 안전 자산 30%로 구성한 후 세부 비중을 추가로 나눈다.

안정형, 중립형, 성장형 포트폴리오 중에서 기존 K-GAA 포트폴리오를 'K-GAA 중립형 포트폴리오'로 분류하고, 여기에 'K-GAA 안정형 포트폴리오'와 'K-GAA 성장형 포트폴리오'를 추가해 분석했다.

연수익률은 K-GAA 성장형 포트폴리오가 7.6%로 K-GAA 중립형 포트폴리오에 비해 0.4%p 개선됐다. 다만 K-GAA 성장형 포트폴리오의 위험 지표 역시 높아졌다. 변동성은 7.7로 K-GAA 중립형 포트폴리오에 비해 2.1%p 나빠졌고, 최대낙폭은 14.5%로 더 커졌다. K-GAA 성장형 포트폴리오는 수익성이 개선된 대신 위험성도 커진 것이다. K-GAA 안정형 포트폴리오의 경우 수익률은 연 6.2%로 K-GAA 중립형 포트폴리오보다 1%p 낮아졌다. 그 대신 변동성, 최대낙폭, 손실최장기간 등 모든 위험 지표가 개선됐다. 조금 더 안전해진 것이다.

독자들 중에는 이보다 더 안전한 포트폴리오를 원하는 이들도 있

[표 35] K-GAA 포트폴리오의 위험 감내도별 자산배분 예시(안정형, 중립형, 성장형)

구분		ETF 상품	투자 비중		
			K-GAA 안정형	K-GAA 중립형	K-GAA 성장형
위험 자산	한국 주식	KOSEF 200 TR	12.5%	17.5%	25%
		KBSTAR 200 TR			
	미국 주식 (UH)	TIGER 미국S&P 500	12.5%	17.5%	25%
		ACE 미국S&P 500			
	금(UH)	ACE KRX금현물	5%	15%	20%
안전 자산	한국 국채	KOSEF 국고채10년	20%	17.5%	10%
		ACE 국고채10년			
	미국 국채 (UH)	TIGER 미국채10년선물	20%	17.5%	10%
		KODEX 미국채10년선물			
	현금성 자산	TIGER 단기채권액티브	30%	15%	10%
		KODEX 단기채권PLUS			
		혹은 CMA			

[표 36] 3가지 K-GAA 포트폴리오의 성과 분석(안정형, 중립형, 성장형)

구분	K-GAA 안정형	K-GAA 중립형	K-GAA 성장형
기간 수익률	286%	379%	427%
연수익률	6.2%	7.2%	7.6%
연변동성	4.0%	5.6%	7.7%
최대낙폭	5.8%	8.7%	14.5%
손실최장기간(개월)	15	18	23
샤프비율	0.79	0.74	0.60
김씨비율(by MDD)	0.53	0.47	0.32
김씨비율(by UWP)	0.00208	0.00230	0.00200

기간: 1999년 12월 ~ 2022년 7월

을 것이다. 3가지 포트폴리오 중 가장 안전한 포트폴리오인 K-GAA 안정형 포트폴리오의 위험 지표 중 하나인 손실최장기간은 15개월이다. 운이 나빠 최악의 시기에 이 방법으로 투자를 시작했을 때 15개월간은 계좌 수익률에 마이너스가 찍힌 모습을 봐야 할 수도 있다는 것이다. 또한 최대낙폭이 5.8%라는 것은 5.8%까지도 손실이 발생할 수 있다는 말이기도 하다.

K-GAA 안정형 포트폴리오의 연수익률이 6.2%지만 이보다 더 낮

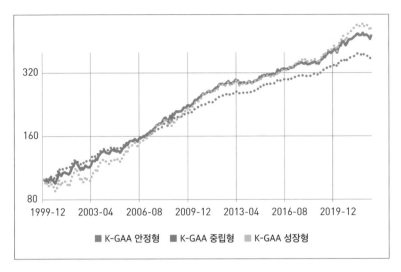

[그래프 51] 3가지 K-GAA 포트폴리오의 누적 성과(안정형, 중립형, 성장형)

■ K-GAA 안정형　■ K-GAA 중립형　■ K-GAA 성장형

기간: 1999년 12월 ~ 2022년 7월

은 수익이라도 괜찮으니 더 안전한 포트폴리오를 원하는 독자라면 뒤에 나오는 '시나리오 13'을 참고하기 바란다.

월 50만 원 투자로
평생 월 187만 원 받는 시나리오

"안녕하세요. 저는 직장 생활 3년 차인 사회 초년생입니다. 은퇴 준비용으로 한 달에 50만 원 정도 적금을 넣고 있는데 이제 자산배분 투자를 시작해 볼까 합니다. 이 정도 금액으로 노후 준비를 할 수 있을까요? 연금저축 계좌를 이용하는 방법도 있다고 하는데 어떤 방법이 있을까요?"

1부에서는 종잣돈에 대한 잘못된 인식을 설명했다. 부자 방정식을 통해 '수익률'과 '투자 기간'이 '종잣돈'보다 훨씬 더 중요하다고도 이야기했다. 대다수의 직장인들이 위의 질문자와 비슷한 고민을 갖고 있을 것이다. 질문자가 30세이며 앞으로 30년간 직장 생활을 하고

60세에 은퇴해 90세까지 노후 생활을 보낸다고 가정해 보자. 만약 지금처럼 은행에 적금만 한다면 어떻게 될까?

50만 원을 30년간 매달 납입하면 원금은 1억 8000만 원이다. 1부에서 설명했듯이 적금 금리는 표시된 금리의 절반을 받는다고 보면 된다. 최근 21년간(2000년 1월부터 2022년 6월까지) 시중은행의 1년 만기 예금 금리는 높을 때는 8.36%였다가 낮을 때는 0.91%였다. 이 시기 예금 금리의 평균값은 3.50%였다. 앞으로 다가올 수십 년 동안의 금리는 알 수 없으니 과거와 비슷한 수준이라고 가정하겠다.

매달 50만 원을 넣는 적금에 가입했다면 1년 후 원금은 600만 원 (50만 원×12개월)이 모일 것이다. 이자는 600만 원의 1.75%(3.50%÷2)인 10만 5000원인데, 여기에서 이자소득세 15.4%가 원천징수 되면 세후 이자는 1.481%((1.75%×(1-0.154))가 되어 실제 통장에 입금되는 이자는 8만 8830원(600만 원×1.481%)이 된다. 그리고 1년 후 만기된 적금을 찾아 원금과 이자를 모두 예금에 가입하고, 적금 통장을 새로 만들어 다시 매달 50만 원을 납입한다.

이와 같이 30년을 반복하면 모이는 돈은 3억 1516만 원이다. 하지만 실제로 통장에 찍히는 잔고는 세금(2730만 원)이 제외된 2억 8786만 원일 것이다. 그런데 30년 후의 2억 8786만 원은 얼마나 큰돈일까? 이 돈으로 무엇을 살 수 있을까? 이 돈의 가치는 얼마나 될까?

사실 이 3가지 질문은 모두 같은 의미를 담고 있다. 미래의 돈(2억 8786만 원)이 얼마의 가치를 지니고 있는지 계산하기 위해 쓰는 방법이 '현재가치'라는 개념이다. 현재가치는 줄임말로 '현가'라고 부르기도 하며 영어로는 'Present Value(PV)'라고 쓴다. 또한 '미래가치'의 상대적인 개념으로 쓰이는데, 미래가치는 'Future Value(FV)'라고 쓴다.

예를 들어 현재 우유 1통이 1000원이고 물가상승률이 10%라고 하면, 내년 우유 가격은 10%만큼 오른 1100원이 된다. 현재의 1만 원은 우유를 10통 살 수 있는 가치를 가진다. 그런데 내년에 생기는 1만 원은 우유를 약 9통(1만 원÷1100원) 살 수 있는 가치밖에 지니지 못한다. 이처럼 현재가치를 계산하기 위해서는 인플레이션(물가상승률)을 반영하면 된다. 위 사례에서 미래의 1만 원의 현재가치는 '1만 원'을 '물가상승률'로 나눈 '9090.9원'으로 계산할 수 있다(1만 원÷(1+0.1)).

누구도 미래의 물가상승률을 알 수 없기에 현재가치를 정확히 계산하는 것은 불가능하다. 여기서는 최근 21년간(2000년 1월부터 2022년 6월까지) 우리나라의 물가상승률(2.33%)이 미래에도 지속된다고 가정한다. 이렇게 계산할 경우 30년간 예적금으로 모은 2억 8786만 원의 현재가치는 1억 4760만 원(2억 8786만 원÷(1+0.0233)$^{(30-1)}$)이 된다.

뭔가 이상하다고 생각한 독자도 있을 것이다. 매달 50만 원씩 모아 매년 600만 원을 저축했으면 30년 동안 쌓인 원금만 1억 8000만 원인데 어째서 원금보다도 적은 1억 4760만 원의 가치밖에 안 된다는 걸까?

이는 내가 저축한 금액에 대해서도 현재가치를 계산해 보면 이해할 수 있다. 올해 내가 저축하는 600만 원은 현재가치로 계산하면

600만 원이 맞다. 하지만 내년에 저축하는 600만 원은 물가가 2.33% 오른 상태에서 저축하는 것이므로 올해 기준으로는 586만 원(600만 원÷(1+0.0233%))을 저축하는 것이 된다. 30년 후에 저축하는 600만 원은 현재 기준으로 보면 308만 원(600만 원÷$(1+0.0233)^{(30-1)}$)을 저축하는 것과 같다.

이렇게 내 저축 금액의 현재가치를 계산해 보면 1억 8000만 원을 저축한 게 아니라 실제로는 1억 3147만 원을 저축한 것임을 알 수 있다. 즉, 1억 3147만 원을 저축해서 결과적으로는 1억 4760만 원이 모인다. 두 금액의 차액인 1613만 원이 예적금을 이용한 이자 수익이다.

적금 말고 안전하게 노후자금을 극대화할 방법은 없을까?

60세에 은퇴해 90세까지 생활비로 쓸 돈으로 (현재가치로) 1억 4760만 원이 생겼다. 이 돈을 3.5% 금리로 예금해 30년간 생활비로 모두 쓴다고 가정하면 매년 약 540만 원을 받을 수 있다. 현재가치로 한 달에 45만 원을 노후자금으로 사용할 수 있다는 말이다. 지금 당장 한 달에 45만 원으로 살 수 있는지를 스스로에게 물어보면 각자 답이 나올 것이다. 아마도 대다수의 사람이 '부족하다'고 대답할 것이다.

이번에는 앞의 질문자가 투자를 결심했다고 하자. 이 책에 나오는

K-GAA 포트폴리오로 투자했다면 어떨까? 앞서 보았듯 K-GAA 포트폴리오 전략은 연 7.2%의 수익률을 기대해 볼 수 있다. 물론 5.6%의 변동성을 감내해야 한다. 또한 시작 시점에 운이 나빴다면 원금에서 최대낙폭만큼인 -8.7%나 손실이 나는 계좌를 보게 될 수 있고, 무려 18개월이라는 손실최장기간 동안 마이너스 상태인 계좌를 보게 될지도 모른다. 다만 노후 자금이라 생각하고 전략을 신뢰하며 장기투자를 한다면 이런 위험성도 상쇄된다. 그럼 30년간 연 7.2%의 수익률로 투자를 이어나간다면 30년 후에는 얼마가 되어 있을까?

한 달에 50만 원씩 납입했다면, 그리고 주식 계좌에서 K-GAA 포트폴리오대로 운용했다면 30년 후 계좌에는 6억 672만 원이 모이게 된다. 이 금액은 세금을 계산하기 전이고, 예적금에서처럼 세금을 빼주어야 한다.

예적금의 경우 이자 수익의 15.4%를 세금으로 걷어 간다. ETF도 매매 차익의 15.4%를 세금으로 걷어 간다. 단, 국내 주식형 ETF의 경우는 매매 차익에 대해서는 비과세다. K-GAA 포트폴리오에서는 국내 주식형 ETF의 비중이 17.5%이니 이를 제외한 82.5%가 과세 대상이다.

이 중에서 어느 자산이 얼마나 수익을 냈는지는 알 수 없으니 대략 보유 비중만큼 수익이 났다고 가정하면 세후 수익률은 6.29%(7.2%×(1-(15.4%×82.5%)))로 계산이 된다. 이를 반영한 세후 잔고는 5억 1307만 원이다. 여기에 인플레이션 2.33%를 반영한 투자 잔고의 현재가치는 2억 6308만 원이다(ETF에 대한 과세는 2022년 10월의 세법을 기준으로 적용한 것이며 법률 개정 등으로 변할 수 있다).

이 돈(2억 6308만 원)을 계속 일반 주식 계좌에 넣어두고 투자하면서 60세부터 90세까지 모두 받는다고 가정하면, 매년 1500만 원을 수령할 수 있다. 이는 매달 125만 원을 생활비로 쓸 수 있다는 뜻이다(이 돈은 현재가치로 계산한 것이다). 지금부터 매달 125만 원이 생긴다면 어떨까? 생활에 큰 도움이 되지 않을까? 만약 1인 가구라면 혼자 쓰기에 부족함이 없을 수 있다. 4인 가구라면 조금 부족할 수 있지만 예적금으로 굴렸을 때의 '월 45만 원'에 비하면 3배 가까이 큰 금액이다. 이 정도라면 따로 투자 통장을 만들어 매달 50만 원씩 '적립 투자'를 하는 것도 꽤 괜찮지 않을까?

125만 원 vs. 188만 원

그런데 일반 주식 계좌보다 더 유리한 계좌가 있다. 연금저축펀드와 IRP 계좌가 그것이다. 이 두 계좌 모두 ETF 투자가 가능하며, 굉장히 좋은 세제 혜택들이 있다.

'연금저축펀드'는 개인의 노후 생활 및 장래의 생활 안정을 목적으로 일정 금액을 적립하여 노후에 연금으로 수령할 수 있는 저축 계좌다. 누구나 가입이 가능하며 최소 5년 이상 납부하면 55세 이후 연금으로 수령이 가능하다. 연금저축펀드의 혜택으로는 '과세이연', '저율과세', '세액공제' 등이 있다. 매매 차익에 대한 과세(15.4%)를 연금을 받을 시점까지 미뤄주는데, 연금으로 수령할 때 내는 세금은 '15.4%'가 아닌 5.5%에서 3.3%까지의 낮은 세율을 적용한다. 또한 연금에 납입한 금액에 대해서는 최대 16.5%의 세액공제 혜택을 준다.

'IRP'는 근로자의 퇴직금을 자신 명의의 퇴직 계좌에 적립해 연금 등 노후 자금으로 활용할 수 있도록 돕는 제도로, 퇴직하지 않아도 누구나 개설할 수 있다. IRP의 세제 혜택은 연금저축펀드와 동일하다. 연간 총급여 5500만 원 이하인 경우 연금저축펀드와 IRP를 합해 연 최대 700만 원에 대해 16.5%의 세액공제 혜택을 준다. 이는 연말정산에서 최대 115.5만 원을 환급받을 수 있다는 뜻인데, 이 금액만 단순히 모아도 30년간 쌓이면 무려 3465만 원이 된다. 2023년부터 세액공제 대상 납입 한도가 연금저축펀드 600만 원, IRP 300만 원으로 확대 변경되었다.

이러한 두 연금 제도의 혜택들을 노후 대비 투자에 활용해 보면 어떨까?

연금저축펀드에 매달 50만 원을 납입해서 1년간 600만 원을 채우면 다음 해 연말정산 때 세액공제로 99만 원(600만 원×16.5%)을 돌려받을 수 있다. 이 돈을 쓰지 않고 다시 IRP 계좌에 납입한다.

두 번째 해에도 연금저축펀드에 600만 원을 납입하고, IRP에는 전년도에 세액공제로 돌려받은 99만 원을 납입했으니 두 계좌의 총잔액 699만 원의 16.5%인 115만 원이 세액공제로 환급된다.

세 번째 해에도 연금저축펀드에 600만 원을 납입하고, IRP에도 역시 전년도에 세액공제로 돌려받은 115만 원을 납입해 118만 원((600만 원+115만 원)×16.5%)을 세액공제 받는다. 네 번째 해에는 이 118만 원을 다시 IRP에 납입한다.

이런 식으로 매년 세액공제 혜택을 받은 금액을 계속해서 IRP 계좌에 투자하면 실로 상당한 금액이 모인다. 60세에 연금저축펀드 계좌에만 6억 672만 원이 모이고, IRP 계좌에는 1억 1437만 원이 모여 두 계좌 합산 7억 2109만 원이라는 노후 자금이 생긴다. 이는 현재가치로 계산하면 3억 6975만 원이며, 60세부터 90세까지 매년 2256만 원을 받을 수 있는 금액이다. 매달 쓸 수 있는 생활비로 188만 원이 생긴다는 뜻이다. 단, 두 연금 계좌에 있는 자금을 연금으로 수령할 때는 앞에서 설명했듯이 연금소득세가 과세된다. 연금소득세는 나이에 따라 3.3%에서 5.5%를 부과하는데 여기서는 중간값인 4.4%를 과세한다고 가정했다([표 37]).

연금저축펀드와 IRP 계좌를 통해 받을 수 있는 노후 생활비 188만 원은 일반 주식 계좌를 이용했을 때의 125만 원과 비교하면 50%가량인 63만 원이나 더 큰 금액이다. 또한 예적금을 했을 때의 월수령액인 45만 원의 4배가 넘는 금액이다.

물론 연금 수령액이 커지면 종합소득세 과세 대상이 되거나 건강

[표 37] '월 50만 원'으로 노후 자금 만들기 예시

구분	30세 시작, 60세 만기 시 잔고의 현재가치 (30년 후의 미래가치)	30세 시작, 60세 만기 시 월수령액의 현재가치 (30년 후의 미래가치)
예적금	1억 4760만 원 (2억 8786만 원)	45만 원 (88만 원)
일반 주식 계좌	2억 6308만 원 (5억 1307만 원)	125만 원 (243만 원)
연금저축펀드 + IRP	3억 6975만 원 (7억 2109만 원)	188만 원 (367만 원)

조건: 예금 금리 3.50%, 인플레이션 2.33%, 투자 수익률 7.2%, 이자소득세 15.4%,
　　　연금소득세 4.4%

보험료가 늘어날 수 있다. 정확한 세금을 계산하려면 '공적연금 수령 금액'이나 '부양가족' 등 공제 사항도 정확히 알아야 하기 때문에 이 책에서 모두 다루기는 어렵다. 그러나 무엇보다 중요한 사실은 "세금 도 수익이 있어야 내는 것"이라는 점이다. 세금을 걱정하기 전에, 일 단 모으고 굴려서 노후 자금을 만들어놓는 것이 먼저다.

최소한의 시간으로
분산투자의 효과를 누리는 투자법

"작가님 책을 읽고 자산배분 투자법이 저와 같은 직장인 투자자에게 잘 맞는다는 생각이 들었습니다. 그런데 '리밸런싱'하는 것도 영 귀찮은데, 그냥 좋은 상품 하나 추천해 주시면 안 될까요?"

많은 독자들이 이와 비슷한 질문을 한다. 자산배분 포트폴리오를 아예 펀드 같은 상품으로 만들면 좋겠다거나, 운용 실적이 좋고 자산 규모도 안정적인 자산배분 상품이 있으면 추천해 달라고 말한다. 이번 장에서는 실제 국내에 운용되거나 데이터를 조회할 수 있는 펀드들 중에서 '자산배분'이라는 이름을 사용하는 상품들을 조사해 봤다.

펀드의 성과는 금융투자협회의 공시를 통해 누구나 확인할 수 있다. 해당 공시 자료를 바탕으로 '자산배분형 펀드'의 성과를 정리했다. 그리고 그 성과를 K-GAA 포트폴리오의 성과와 비교했다.

한 가지 주의할 사항은 K-GAA 포트폴리오의 성과 분석은 백테스트 결과일 뿐이고, 이 장에서 소개하는 펀드들의 성과는 실제로 운용한 내역을 토대로 분석했다는 차이점이 있다는 것이다. K-GAA 포트폴리오에 포함되는 ETF 중에는 과거의 백테스트 기간에는 출시되지 않았던 상품들도 있다. 그리고 실제 포트폴리오를 운용하기 위해 소요되는 각종 비용도 포함하지 못했다. 운용 보수 등을 포함한 각종 비용은 경우에 따라 매우 달라 과거의 상황을 추산하기 어렵다. 대략 추산하면 연 0.3%~0.5% 수준일 것으로 보이나 상황에 따라 1%를 넘길 수도 있다.

즉, 여러 상황을 고려할 때 실제 운용되었거나, 운용되고 있는 펀드들과 K-GAA 포트폴리오의 성과를 같은 선상에서 볼 수는 없다. 다만, 둘이 어떤 움직임을 보였는지를 대략적으로나마 비교해 볼 수는 있을 것이다.

특정 펀드가 과거에 성과를 냈다고 해서 미래에도 비슷한 움직임을 보일 것이라고 가정할 수는 없다(좋은 경우든 나쁜 경우든 말이다). 펀드매니저가 바뀌거나, 운용사의 운용 방법론 등이 변할 경우 영향을 받을 수 있다. 이런 다양한 가능성에 대해 인식하고 있어야 한다.

국내에 운용 중인 펀드들 가운데 '자산배분'이라는 이름을 달고 있는 상품들을 '금융투자협회 사이트(kofia.or.kr)'에서 조회했다. 사모

[표 38] 국내 자산배분 펀드 현황

펀드명	설정일	ABCD 총비용	총보수 (A)	TER (A+B)
다올KTB액티브자산배분형증권자투자신탁 1[주식혼합]종류C	2008-03-05	2.343	1.837	1.84
하이글로벌자산배분증권투자신탁(주식혼합-재간접형)(H)(C-e)	2009-08-25	1.76	1.72	1.76
멀티에셋퇴직연금자산배분증권자투자신탁 1[채권혼합]	2009-10-13	0.799	0.78	0.79
삼성글로벌자산배분성장증권자투자신탁 1[주식혼합-재간접형](C6)	2012-01-25	1.777	1.7	1.74
유경PSG좋은생각자산배분형증권투자신탁(주식혼합형)Class C-e	2014-09-11	1.582	1.255	1.26
한국투자EMP글로벌자산배분증권자투자신탁(주식혼합-재간접형)(C-e)	2015-07-30	2.38	1.138	1.3
삼성글로벌다이나믹자산배분증권자투자신탁H[주식혼합-재간접형]_Ce	2015-08-04	1.123	0.99	1.01
한국투자글로벌매크로팩터자산배분증권투자신탁(주식혼합-재간접형)(C-e)	2016-05-30	1.515	1.368	1.42
트러스톤파운트로보자산배분증권자투자신탁[주식혼합-재간접형]Cp2클래스	2017-04-18	1.023	0.88	0.89
트러스톤백년대계EMP50자산배분증권자투자신탁[채권혼합-재간접형]CP2클래스	2017-06-28	1.084	0.88	0.91
대신로보어드바이저자산배분성과보수증권자투자신탁 1[혼합-재간접형]ClassC-e	2017-07-17	0.148	0.087	0.09
브이아이한국형글로벌자산배분증권투자신탁[혼합-재간접형]C-E	2017-08-30	1.074	1.04	1.05
미래에셋QV글로벌자산배분50증권투자신탁 1(채권혼합-재간접형)종류C-P2e	2017-09-01	0.725	0.68	0.69
NH-AmundiQV글로벌자산배분EMP증권투자신탁[혼합-재간접형]ClassCe	2018-02-05	1.017	0.85	0.9
유경플레인바닐라글로벌자산배분증권자투자신탁(주식)ClassC-e	2019-12-09	2.107	1.512	1.55
신한SHAI네오(NEO)자산배분증권투자신탁(H)[주식혼합-재간접형](종류C-e)	2020-01-28	1.393	1.155	1.23

펀드 등을 제외하고 약 16개 펀드의 성과를 분석했다. 조사 대상 펀드들 중에서 가장 오래된 상품은 '다올KTB액티브자산배분형'으로, 2008년 3월의 성과부터 조사가 가능하다. 조사 가능 기간이 가장 짧은 상품은 '신한SHAI네오(NEO)자산배분'으로 2020년 1월의 성과부터 할 수 있다.

금융투자협회의 '펀드다모아 사이트(fundamoa.kofia.or.kr)'의 자료를 기준으로 분석했으며, 성과 분석은 펀드별 운용 기간이 달라 크게 4개의 구간으로 나누었다. 그래프의 맨 앞에는 해당 기간 동안 코스피 200의 성과와 K-GAA 포트폴리오의 성과를 함께 배치했다.

[그래프 52]는 16개 펀드 전체를 비교하기 위해 2020년 1월부터 2022년 7월까지 2년 반 동안의 성과를 계산한 것이다. 해당 기간 연수익률이 가장 높았던 것은 '유경PSG좋은생각'으로 9.4%였다. 가장 낮은 연수익률은 '신한SHAI네오(NEO)'로 -2.7%였다.

수익률 말고도 위험 지표로 변동성도 체크했다. 연변동성이 가장 큰 상품은 '다올KTB액티브(24%)'였다. 위험 대비 수익 지표의 경우 '연수익률'을 '연변동성'으로 나누어 검토했다. 위험 대비 수익 지표는 K-GAA 포트폴리오가 0.80으로 가장 높았다. 그다음이 '유경PSG좋은생각'으로 0.47이었는데 연수익률은 9.4%로 가장 높았으나 연변동성이 20%로 두 번째로 높았다. K-GAA 포트폴리오는 연수익률(5.7%)이 두 번째로 높았고, 연변동성은 가장 낮았다(7%).

[그래프 54]는 2018년 2월부터 4년 6개월 동안 존재했던 14개의

[그래프 52] 자산배분 펀드 성과 비교

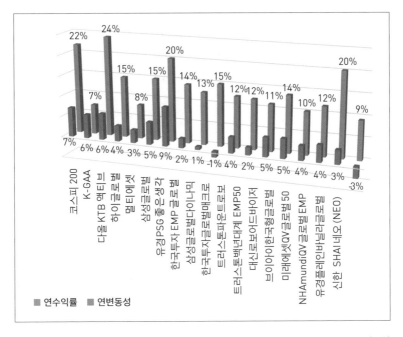

기간: 2020년 1월 ~ 2022년 7월

펀드를 대상으로 분석한 결과다. 이 시기 연수익률이 가장 높았던 것은 K-GAA 포트폴리오(7.2%)였으며, 그다음은 6.5%인 '삼성글로벌'이었다. 가장 낮은 '한국투자글로벌매크로'의 성과는 -0.1%였다. 연변동성이 가장 큰 상품은 '다올KTB액티브(20%)'였고 가장 낮은 상품은 K-GAA 포트폴리오로 6% 수준이었다. 위험 대비 수익 지표의 경우 K-GAA 포트폴리오가 1.18로 가장 높았으며, 수익률은 7.2%였고 변동성은 6%였다. 위험 대비 수익 지표가 두 번째로 높은 상품은 '삼성글로벌(0.51)'인데 수익률은 6.5%, 변동성은 13%를 기록했다.

[그래프 53] 자산배분 펀드 위험 대비 수익 성과 비교

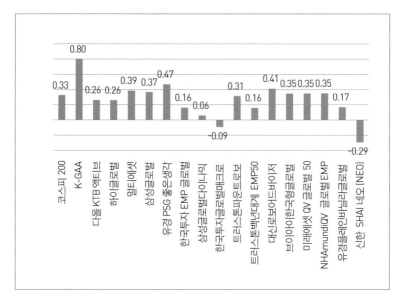

기간: 2020년 1월 ~ 2022년 7월

[그래프 56]은 2012년 1월부터의 성과를 비교 분석한 그래프로 10년 넘는 기간을 조사했으며 이 기간 동안 실제로 운용되었던 펀드는 총 4개였다. 이 시기 연수익률이 가장 높았던 것은 '삼성글로벌'과 K-GAA 포트폴리오로 연 5.3% 수준이었다. 연변동성은 각각 10%와 5%로 K-GAA 포트폴리오의 변동성이 더 낮았고, 그로 인해 위험 대비 수익 지표 역시 K-GAA 포트폴리오가 가장 우수했다.

이와 같은 분석은 최근의 성과가 좋으면 전체 기간에도 해당 성과가 반영될 수 있다. 그래서 이번에는 최근부터 과거로 3년씩 기간을 나누어 분석해 보았다.

[그래프 54] 자산배분 펀드 성과 비교

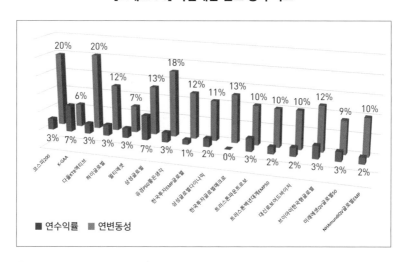

■ 연수익률　■ 연변동성

기간: 2018년 2월 ~ 2022년 7월

[그래프 55] 자산배분 펀드 위험 대비 수익 성과 비교

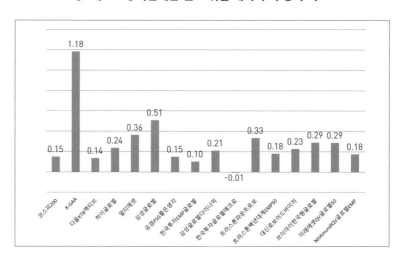

기간: 2018년 2월 ~ 2022년 7월

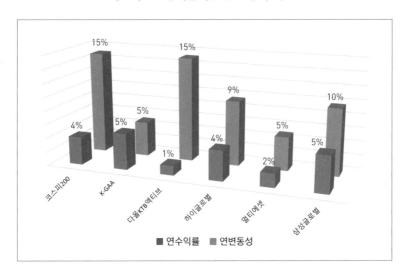

[그래프 56] 자산배분 펀드 성과 비교

15%
15%
9%
10%
4%
5%
5%
5%
5%
4%
2%
1%

코스피200
K-GAA
다올KTB액티브
하이글로벌
멀티에셋
삼성글로벌

■ 연수익률   ■ 연변동성

기간: 2012년 1월 ~ 2022년 7월

2019년 8월부터 2022년 7월까지의 성과를 보면, 위험 대비 수익

지표는 K-GAA 포트폴리오가 1.02로 가장 높았고, 그다음이 '대신

로보어드바이저'로 0.53이었다. 연수익률은 '유경PSG좋은생각'이 가

장 높은 9.2%였고, '다올KTB액티브(8.5%)'와 K-GAA 포트폴리오

(6.9%)가 그다음이었다. '유경PSG좋은생각'과 '다올KTB액티브'는

연변동성이 가장 높았는데 각각 23%, 19%로 1위와 2위를 차지했다.

반면 K-GAA 포트폴리오의 변동성은 7%로 가장 낮았다(참고자료

3-3, 379쪽).

2016년 8월부터 2019년 7월까지의 성과를 보면, 위험 대비 수익

지표는 K-GAA 포트폴리오가 1.41로 가장 높았고, 그다음이 '삼성

[그래프 57] 자산배분 펀드 위험 대비 수익 위험 대비 수익 성과 비교

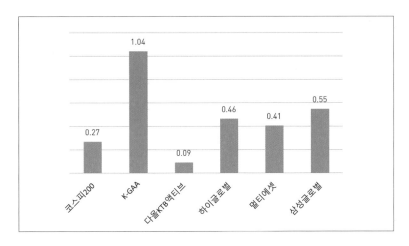

기간: 2012년 1월 ~ 2022년 7월

글로벌다이나믹(0.80)'이었다. 연수익률은 K-GAA 포트폴리오(5.4%),
'삼성글로벌다이나믹(4.9%)', '한국투자글로벌매크로(4.8%)' 순이었
다. 연변동성은 K-GAA 포트폴리오와 '멀티에셋'이 4%로 가장 낮았
다(참고자료 3-4, 380쪽).

2013년 8월부터 2016년 7월까지의 성과를 보면, 위험 대비 수익
지표는 K-GAA 포트폴리오가 1.29로 가장 높았고, 그다음이 '삼성
글로벌다이나믹(0.51)'이었다. 연수익률은 K-GAA 포트폴리오(5.2%),
'삼성글로벌다이나믹(3.4%)', '하이글로벌(2.9%)' 순이었다. 연변동성
은 '멀티에셋'이 가장 낮은 2%였고, K-GAA 포트폴리오가 4%였다
(참고자료 3-5, 381쪽).

네 번째 시스템

성공한 레퍼런스로 검증된 시나리오 2가지

'토빈의 분리정리'로
라면 물 조절하듯 간편하게 투자하기

"자산배분 포트폴리오로 위험을 낮추면서 수익을 추구한다는 분산투자의 개념은 잘 이해했습니다. 그런데 사람마다 취향과 성격이 다르니, 그에 맞춰 좀 더 디테일하고 간편하게 배분 비율을 조절할 수는 없을까요?"

앞의 '시나리오 10'에서 투자자의 위험 감내도에 따라서 선택할 수 있는 안정형, 중립형, 성장형 포트폴리오를 설명했다. 하지만 투자자마다 원하는 성과의 수준이 다를 것이고, 그에 맞춰 위험 지표와 수익률의 정도를 조절하고 싶어 할 것이다. 이에 크게 어렵지 않은 방법을 설명하고자 한다.

이 방법을 아주 짧게 요약하면 '라면의 물 맞추기'와 같다. 라면 봉지 뒷면의 레시피는 라면 회사에서 연구한, 라면을 가장 맛있게 요리하는 '슈퍼 레시피'다. 이 슈퍼 레시피대로 끓인 라면을 중학생인 첫째는 조금 맵다고 하고, 초등학생인 둘째는 많이 맵다고 한다. 그래서 아이들을 위해 첫째에게는 물을 조금 추가해 주고, 둘째에게는 더 많은 물을 넣어 준다. 물이 적당히 추가되면 아이들은 덜 매워하며 맛있게 라면을 먹게 된다. 이처럼 투자 포트폴리오 역시 매운 정도를 조절할 수 있다. 물을 맞추듯 '현금성 자산'의 비중을 조절하면서 말이다. 아래의 설명을 천천히 따라가 보자.

위험 대비 수익 관점에서 가장 우수한 포트폴리오를 '슈퍼 포트폴리오'라고 부르자. (경제학적으로) 합리적인 사람이라면 슈퍼 포트폴리오대로 투자하는 게 맞을 것이다. 하지만 사람들의 투자 결정은 최근 자신이 경험했던 내용이나 현재의 심리 상태 등에 따라 많이 흔들린다. 아무 위험 없이 수익을 낼 방법 따위는 없으니 슈퍼 포트폴리오 역시 위험을 내포하고 있다. 손실 가능성 등 위험 정도가 부담스러운 투자자는 슈퍼 포트폴리오대로 투자하면서도 위험은 더 낮추고자 할 것이다. 이때 현금성 자산의 비중을 조정함으로써 위험 정도를 관리할 수 있다.

이 내용은 노벨 경제학상 수상자인 제임스 토빈James Tobin이 이야기했던 '토빈의 분리정리Tobin's separation theorem'를 적용해 만든 것이다. 토빈의 분리정리를 요약하면, 위험 자산으로 구성되는 포트폴리오는

[표 39] S-GAA 포트폴리오 구성 및 투자 비중

투자 대상	추천 ETF 상품명	투자 비중
한국 주식	KOSEF 200 TR KBSTAR 200 TR	20%
미국 주식(UH)	TIGER 미국S&P 500 KINDEX 미국S&P 500	20%
금(UH)	KINDEX KRX금현물	20%
한국 국채	KOSEF 국고채10년 KINDEX 국고채10년	20%
미국 국채(UH)	TIGER 미국채10년선물 KODEX 미국채10년선물	20%

투자자의 위험 회피도와 무관하게 결정되기 때문에 최적의 포트폴리오는 하나이고 이 포트폴리오 안에서 현금(혹은 현금성 자산) 비중을 조절하여 위험 성향에 맞추면 된다는 내용이다.

앞에서 설명한 'K-GAA 포트폴리오'의 구성 요소는 한국 주식, 미국 주식(UH), 금(UH), 한국 국채, 미국 국채(UH), 현금성 자산 등 총 6가지였다. 이 중에서 현금성 자산을 뺀 5가지 자산의 비중을 동일하게 구성한 포트폴리오가 'S-GAA 포트폴리오'다. 합리적인 투자자라면 위험 대비 수익 관점에서 우수한, 즉 5가지 자산군에 동등하게 20%씩 분배된 이 S-GAA 포트폴리오대로 투자할 것이다. 하지만 여기서 더 위험을 낮추고자 한다면 S-GAA 포트폴리오에 현금 비중을 추가하여 위험 정도를 조정할 수 있다.

[표 40] C-GAA 포트폴리오 성과 분석

구분	K-GAA	C-GAA_0	C-GAA_10	C-GAA_20	C-GAA_30
기간 수익률	379%	464%	410%	361%	316%
연수익률	7.2%	8.0%	7.5%	7.0%	6.5%
연변동성	5.6%	6.7%	6.0%	5.3%	4.7%
최대낙폭	8.7%	10.4%	9.2%	8.1%	6.9%
손실최장기간 (개월)	18	19	19	19	18
샤프비율	0.736	0.738	0.739	0.741	0.742
김씨비율 (by MDD)	0.474	0.473	0.479	0.489	0.501
김씨비율 (by UWP)	0.0023	0.0026	0.0023	0.0021	0.0019

기간: 1999년 12월 ~ 2022년 7월

S-GAA 포트폴리오에 현금 비중을 추가한 포트폴리오를 '완전 complete 포트폴리오'라고 하며, 앞 글자 'C'를 따서 'C-GAA 포트폴리오'라고 부르겠다. 그리고 이 C-GAA 포트폴리오는 현금 보유 비중에 따라 'C-GAA_0 포트폴리오', 'C-GAA_10 포트폴리오', 'C-GAA_20 포트폴리오' … 'C-GAA_90 포트폴리오' 등의 이름이 붙는다. C-GAA_0 포트폴리오는 현금 비중이 0%이니 S-GAA 포트폴리오와 자산 구성 비중이 동일하고, C-GAA_90 포트폴리오는 기존 S-GAA 포트폴리오의 구성 비율을 전체의 10%로 축소시키고 그

[표 41] C-GAA 포트폴리오 성과 분석

구분	C-GAA_40	C-GAA_50	C-GAA_60	C-GAA_70	C-GAA_80	C-GAA_90
기간 수익률	275%	238%	204%	173%	145%	120%
연수익률	6.0%	5.5%	5.0%	4.5%	4.0%	3.5%
연변동성	4.0%	3.3%	2.7%	2.0%	1.4%	0.8%
최대낙폭	5.7%	4.5%	3.3%	2.1%	1.0%	0.4%
손실최장 기간(개월)	17	15	11	9	6	3
샤프비율	0.743	0.743	0.742	0.737	0.720	0.631
김씨비율 (by MDD)	0.519	0.548	0.598	0.707	1.053	1.185
김씨비율 (by UWP)	0.0018	0.0017	0.0018	0.0017	0.0017	0.0017

기간: 1999년 12월 ~ 2022년 7월

렇게 줄어든 90% 자리를 현금성 자산으로 채운 포트폴리오다.

과연 이 C-GAA_0~C-GAA_90 포트폴리오 중에서 어떤 포트폴리오가 가장 성과가 좋았을까? 이 역시 백테스트를 통해 알아볼 수 있다. 검토 기간은 1999년 12월부터 2022년 7월까지다. 이를 K-GAA 포트폴리오와 비교해 알아보도록 하자. C-GAA 포트폴리오의 성과를 보면 K-GAA 포트폴리오 성과는 G-GAA_10 포트폴리오와 G-GAA_20 포트폴리오 사이쯤에 위치한다는 것을 알 수 있다.

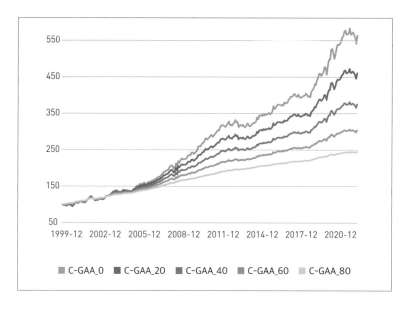

[그래프 58] C-GAA 포트폴리오의 누적 성과

기간: 1999년 12월 ~2022년 7월

G-GAA_0 포트폴리오부터 G-GAA_90 포트폴리오까지의 성과를
비교해 보면 연수익률은 8.0%에서 3.5%로 점점 작아진다(같은 기간 현
금성 자산의 연수익률은 3.0%였다). 그 대신 변동성도 6.7%에서 0.8%로 작
아져 변동성 대비 수익 지표인 샤프비율은 거의 비슷하게 유지된다.

최대낙폭은 10.4%에서 0.4%로 낮아지며, 김씨비율(by MDD)은 0.47
수준에서 유지되다가 현금 비중이 80% 이상 커지면서 높아진다. 손
실최장기간은 19개월에서 3개월까지 낮아지고, 김씨비율(by UWP) 역
시 조금씩 낮아진다. 연도별 수익률 비교 자료를 보면 C-GAA_40 포
트폴리오부터는 한 해도 손실이 발생하지 않았다. C-GAA_0 포트폴

[표 42] C-GAA_40 포트폴리오 구성 예시

투자 대상	추천 ETF 상품명	투자 비중
한국 주식	KOSEF 200 TR KBSTAR 200 TR	12%
미국 주식(UH)	TIGER 미국S&P 500 KINDEX 미국S&P 500	12%
금(UH)	KINDEX KRX금현물	12%
한국 국채	KOSEF 국고채10년 KINDEX 국고채10년	12%
미국 국채(UH)	TIGER 미국채10년선물 KODEX 미국채10년선물	12%
현금성 자산		40%

리오의 경우 두 차례 손실이 발생했으며, 각각 -1.3%, -0.4%로 미미한 수준이었다(참고자료 3-6~7, 382~383쪽).

선택의 시간이다. 연 단위 수익률 기준으로 단 한 해도 손실이 발생하지 않기 시작한 C-GAA_40 포트폴리오 정도면 괜찮겠는가? 백테스트 결과 C-GAA_40 포트폴리오의 연수익률은 6.0% 정도이니 나쁘지 않아 보인다. 물론 변동성이 4.0%이고 최대낙폭이 5.7%이니 손실 가능성은 여전히 존재한다. 손실최장기간도 17개월이니 정말 운 나쁜 시점에 시작하면 1년 5개월간 마이너스 상태인 계좌를 지켜봐야 할 수도 있다. 투자에는 반드시 위험이 따른다. 투자를 시작하기 전에 자신이 어느 정도까지 위험을 견딜 수 있을지 잘 고민해 보자.

수십억 달러 규모의
글로벌 포트폴리오의 성적은?

"미국에는 자산배분형 ETF가 많다고 합니다. 이런 ETF에 투자하는 것은 어떤가요?"

"국민연금 수익률이 안정적이라던데 어느 정도인지요? 다른 나라의 연기금 성과와 비교해 주세요."

2022년 8월 기준으로 미국에는 자산배분 ETF가 무려 120개가 있고, 이들의 운용 자금을 모두 합치면 약 177억 달러(24조 원)이다. 운용 자산의 규모를 기준으로 상위 10개의 ETF 상품을 정리하면 [표 43]과 같다.

이 중에서 규모가 가장 큰 자산배분 ETF는 19억 4000만 달러의

[표 43] 미국 자산배분 ETF 운용 규모 상위 10개

티커명	ETF 이름	운용사	운용 규모	보수율	상장일
AOR	iShares Core Growth Allocation ETF	Blackrock	$1.94B	0.15%	2008-11-04
AOM	iShares Core Moderate Allocation ETF	Blackrock	$1.55B	0.15%	2008-11-04
AOA	iShares Core Aggressive Allocation ETF	Blackrock	$1.50B	0.15%	2008-11-04
HNDL	Strategy Shares NASDAQ 7 HANDL Index ETF	Strategy Shares	$1.41B	0.97%	2018-01-12
RPAR	RPAR Risk Parity ETF	Toroso Investments	$1.32B	0.51%	2019-12-13
DRSK	Aptus Defined Risk ETF	Aptus Capital Advisors	$844.27M	0.79%	2018-08-08
NTSX	WisdomTree U.S. Efficient Core Fund	WisdomTree	$802.48M	0.20%	2018-08-02
PCEF	Invesco CEF Income Composite ETF	Invesco	$766.30M	1.97%	2010-02-19
AOK	iShares Core Conservative Allocation ETF	Blackrock	$756.60M	0.15%	2008-11-04
TDSC	Cabana Target Drawdown 10 ETF	Exchange Traded Concepts	$637.36M	0.69%	2020-09-17

출처: ETF.COM

자산을 보유한 블랙록의 AOR(iShares Core Growth Allocation ETF)이다. 이 외에도 AOM(iShares Core Moderate Allocation ETF), AOA(iShares Core Aggressive Allocation ETF), AOK(iShares Core Conservative Allocation ETF) 등 블랙록의 상품이 4개나 포함되어 있다. 이 ETF들은 미국 대형주, 중형주, 소형주, 신흥국 주식, 선진국, 국제 채권, 달러 채권 등에 분산해 투자한다. 자산 구성 내역 안에서 주식 비중이 큰 순서로 나열하면 AOA, AOR, AOM, AOK이다. ETF 이름은 위험 정도에 따라 정했는데, 각각 Aggressive(공격), Growth(성장), Moderate(중립), Conservative(안정) 등의 단어가 사용됐다.

미국 내 운용 규모 상위 10개
자산배분 ETF의 투자 실적은?

HNDL(Strategy Shares NASDAQ 7 HANDL ETF)은 'Nasdaq 7 HANDL™ 지수'를 추종하도록 만들어졌다. Nasdaq 7 HANDL™이라는 지수는 '코어 포트폴리오Core Portfolio'와 '도시 라이트 익스플로러 포트폴리오Dorsey Wright Explore Portfolio'에 절반씩 배분한다.

'코어 포트폴리오'는 미국 채권 70%와 미국 주식 30%로 구성되어 있다. 미국 주식 부분은 대형주 ETF와 QQQ에 절반씩 투자된다.

'도시 라이트 익스플로러 포트폴리오'는 전술적으로 운용되며, '하이 인컴high income'을 제공하는 12개의 자산 범주를 선택한다. 12개의 ETF는 모멘텀, 수익률 및 위험 지표 등을 포함하는 독점적 방법론을 기반으로 가중치를 부여한다. 이 지수는 기초 자산의 1.3배 레버리지를 제공하며 목표 수익률은 연 7%다.

RPAR(RPAR Risk Parity ETF)은 글로벌 주식, 미국 국채, 상품, TIPS의 4가지 자산군에 분산하며, 위험도를 기준으로 균등하게 나눈다. RPAR은 액티브 펀드지만 위험도에 대한 균형을 맞추려고 노력한다. 자산군별 위험도는 과거 역사적 변동성을 이용해 조정하며 위험 기여도를 균등하게 유지한다.

DRSK(Aptus Defined Risk)는 미국 회사채와 미국 대형주 콜옵션 오버레이를 결합한 적극 운용형 펀드다. DRKS는 미국 달러 표시 투자 등급 회사채에 자산의 90~95%를 투자하고 나머지 5~10%는 미국 주식의 콜옵션에 투자한다.

NTSX(WisdomTree U.S. Efficient Core Fund)는 미국 주식과 미국 국채 선물을 이용해 '60/40 레버리지 전략'을 수행하는 액티브 펀드이다. 펀드는 자산의 90%를 미국 주식에, 나머지 10%는 국채 선물 계약에 둔다. 국채 선물에 대한 개념적인 노출 정도(익스포저)는 펀드 자산의 60%에 해당한다. 결과적으로 발생하는 비중은 주식과 국채에 90/60 또는 150% 레버리지 된 60/40 할당에 해당한다. 주식은 미국 대형주 위주이고 미국 국채는 2년물에서 30년물 사이이며, 목표 듀레이션은 3년에서 8년이다.

[표 44] 미국 자산배분 ETF 성과 비교

구분	K-GAA 포트폴리오	AOR	AOM	AOA	HNDL
연수익률	6.7%	3.4%	1.9%	4.9%	3.0%
연변동성	6.9%	12.3%	9.1%	15.8%	12.4%
최대낙폭	6.5%	15.7%	14.0%	18.2%	18.3%
손실최장기간 (개월)	7	7	7	7	7
수익률/변동성	0.96	0.28	0.20	0.31	0.24

PCEF(Invesco CEF Income Composite ETF)는 상장된 폐쇄형 펀드(CEF, Closed End Fund) 120여 개에 분산투자 하는 재간접 펀드다. 투자 등급 채권, 고수익 채권, 주식 옵션 작성selling 전략 등 세 종류의 CEF를 보유하고 있다.

이 중에서 운용 기간이 가장 짧은 TDSC(Cabana Target Drawdown 10 ETF)를 제외한 나머지 9개의 ETF에 대해 2019년 12월 31일부터 2022년 7월 31일까지의 성과를 분석했다.

분석 기간 중 수익률이 가장 우수했던 ETF는 NTSX였다. 수익률은 연 9.4%였다. K-GAA 포트폴리오(6.7%), AOA(4.9%) 등이 그다음이었다. 역시 선물 등 레버리지 효과를 반영한 NTSX의 성과가 가장 돋보였다. 코로나 이후 주가 급등기 때 다른 ETF들보다 상대적으로

[표 45] 미국 자산배분 ETF 성과 비교

구분	RPAR	DRSK	NTSX	PCEF	AOK
연수익률	2.7%	3.3%	9.4%	0.8%	1.1%
연변동성	12.9%	6.9%	18.6%	18.5%	8.1%
최대낙폭	21.7%	9.9%	24.6%	23.8%	13.2%
손실최장기간 (개월)	7	12	7	11	7
수익률/변동성	0.21	0.48	0.50	0.04	0.14

더 큰 수익을 챙겨 간 것으로 예상된다.

다음으로 안정성을 체크해 보자. 변동성 지표로 보면 K-GAA 포트폴리오, DRSK, AOK, AOM 등이 한 자릿수 변동성을 보이며 안정적이었다. 수익률을 변동성으로 나눈 위험 대비 수익 지표로는 K-GAA 포트폴리오가 0.96으로 가장 높았으며, 그다음은 NTSX(0.50), DRSK(0.48), AOA(0.31) 등의 순서였다.

연기금 포트폴리오 중 어디가 가장 수익률이 뛰어날까?

연기금의 경우 각 나라별로 회계 기준이 다르기 때문에 연 단위 성과

[표 46] 세계 연기금 투자 성과 비교

구분	NPS(한국)	GPIF(일본)	CALpers(미국)	CPPIB(캐나다)
연수익률	6.42%	3.26%	6.40%	8.86%
최대값	11.4%	25.2%	21.7%	40.1%
최소값	-0.9%	-7.6%	-24.0%	-18.6%
연변동성	3.6%	7.8%	11.0%	11.6%
샤프비율	1.12	0.40	0.37	0.60

비교는 어렵다. 다만 연 단위 수익률은 공개되어 있어서 해당 기록을 이용해 장기 성과를 조사했다. 조사 기간은 2000년부터 2021년까지 22년간이다. 단, GPIF(일본)는 2000년 성과가 조사되지 않아 2001년 부터의 자료를 이용했다. 초과 수익률 계산은 각국의 무위험수익률 대신 각국의 인플레이션을 이용했다.[31]

조사 기간 중에서 수익률이 가장 높은 연기금은 캐나다의 CPPIB 로 연 8.86%였다. 다음으로 NPS(한국), CALpers(미국) 등이 6.4% 정 도의 성과를 보였다. K-GAA 포트폴리오의 경우 K-GAA 안정형 포트폴리오가 NPS와 비슷한 수준이었고, K-GAA 성장형 포트폴리 오가 CPPIB(캐나다) 다음으로 높았다(8.06%).

연 단위 수익률에서 낙폭이 가장 컸던 경우는 CALpers로 -24.0%

[표 47] 세계 연기금 투자 성과 비교

구분	ABP (네덜란드)	GPFG (노르웨이)	K-GAA 안정형	K-GAA 중립형	K-GAA 성장형
연수익률	6.18%	6.25%	6.46%	7.53%	8.06%
최대값	20.2%	25.6%	12.3%	16.6%	21.4%
최소값	-20.2%	-23.3%	1.0%	-0.2%	-7.8%
연변동성	8.7%	10.4%	3.3%	5.1%	8.2%
샤프비율	0.47	0.40	1.23	1.01	0.69

이였는데, 2008년 금융 위기의 여파가 남아 있던 시기에 발생했다. GPFG(노르웨이), ABP(네덜란드), CPPIB 등도 -20% 전후의 성과를 보였다.

반면 NPS의 위기 관리 능력은 뛰어났던 것으로 보인다. 위험 대비 수익 관점에서 샤프비율을 보면 NPS가 1.12로 연기금 중에서 가장 높은 성과를 보여 타 연기금 대비 2배 이상 우수했다. K-GAA 안정형 포트폴리오의 경우 수익률과 변동성 등이 NPS와 비슷한 수준으로 보이며, K-GAA 성장형 포트폴리오의 경우 CPPIB 다음으로 높은 수익률을 보였는데 변동성마저 더 양호했다.

수익률을 극대화하는 시나리오 2가지

연금저축펀드, IRP 계좌로
절세 포트폴리오 구축하기

"연금 저축을 통해 노후를 대비하려고 하는데요. 듣기로는 연금 저축펀드에서 투자 가능한 종목이 일반 주식 계좌에서 투자할 수 있는 종목보다 범위가 좁다고 하더라고요. 연금 저축에도 분산투자 시나리오를 적용하고 싶은데 어떻게 하면 좋을까요? 게다가 세금 감면 혜택이 큰 IRP 계좌라는 것도 있다는데 어떻게 투자를 해야 절세 효과를 극대화할 수 있을까요?"

앞에서 연금저축펀드 계좌와 IRP 계좌를 활용해 절세 효과를 누림으로써 일반 주식 계좌로 돈을 모으는 것보다 훨씬 더 큰 돈을 굴릴 수 있다는 사실을 확인했다(시나리오 11).

그런데 문제는 이 두 계좌에서 투자할 수 있는 상품의 종류가 일반 계좌에 비해 제한되어 있다는 점이다. 예를 들어 연금저축펀드 계좌에서는 레버리지 상품과 인버스 ETF를 거래할 수 없다. 또 IRP 계좌에서는 실물 ETF 중 위험 평가액 40%를 초과하는 ETF, 레버리지 상품, 인버스 ETF 및 증권 이외 기초 자산인 합성 ETF 등을 매매할 수 없다. 그리고 계좌 안에서 반드시 안전자산(국채 등)을 30% 이상 보유해야 한다.

즉, K-GAA 포트폴리오를 구성하는 자산군을 연금저축펀드 계좌와 IRP 계좌에 그대로 옮겨오는 것이 어렵다는 뜻이다. 어떻게 해야 할까?

방법이 있다. 제한된 조건 안에서, K-GAA 포트폴리오 전략과 비슷하면서 각 계좌의 특성을 반영한 포트폴리오를 구성하면 된다. 우선 연금저축펀드 계좌부터 알아보자. [표 48]은 연금저축펀드 계좌를 위해 새롭게 구성한 K-GAA(P) 포트폴리오다. 연금^{pension}의 앞 글자 'P'를 따와 'K-GAA(P) 포트폴리오'라는 이름을 붙였다.

기존 K-GAA 포트폴리오와 동일한데 한국 주식 ETF 대신 신흥국 ETF를 넣었다. 일반 계좌에서 신흥국 ETF는 매매 차익의 15.4%를 세금으로 내야 한다. 그러나 국내 주식, 즉 한국 주식 ETF는 매매 차익이 비과세다. 이러한 세금 차이로 인해 일반 계좌에서는 한국 주식 ETF를 선택했던 것이다. 하지만 연금저축펀드 계좌에서는 한국이든 신흥국이든 동일하게 과세 대상이다. 상품 다양성과 저비용 구

[표 48] 연금저축펀드 계좌를 위한 K-GAA(P) 포트폴리오

투자 대상	K-GAA	K-GAA(P)	투자 비중
한국 주식 또는 신흥국 주식	KOSEF 200 TR KBSTAR 200 TR	ARIRANG 신흥국 MSCI(합성 H)	17.5%
미국 주식(UH)	TIGER 미국S&P 500 KINDEX 미국S&P 500	TIGER 미국S&P 500 KINDEX 미국S&P 500	17.5%
금(UH)	KINDEX KRX금현물	KINDEX KRX금현물	15%
한국 국채	KOSEF 국고채10년 KINDEX 국고채10년	KOSEF 국고채10년 KINDEX 국고채10년	17.5%
미국 국채(UH)	TIGER 미국채10년선물 KODEX 미국채10년선물	TIGER 미국채10년선물 KODEX 미국채10년선물	17.5%
현금성 자산	TIGER 단기채권액티브 KODEX 단기채권PLUS 혹은 CMA	TIGER 단기채권액티브 KODEX 단기채권PLUS 혹은 CMA	15%

조 측면에서는 한국 주식 ETF가 우수하다고 할 수 있지만, 한국 주식 시장이 홀로 나빠질 가능성도 배제할 수는 없다. 하지만 신흥국 ETF는 신흥국 전반에 분산되어 있기 때문에 특정 국가에서 발생할 위험을 낮춰준다. 이런 이유로 한국 주식 ETF 대신 신흥국 ETF를 선정했다.

[표 49]는 'K-GAA(P) 포트폴리오'와 'K-GAA(I) 포트폴리오'의 자산 구성을 비교한 표이다. IRP의 앞 글자 'I'를 따와 'K-GAA(I) 포트폴리오'라고 이름 붙였다. 다른 영역은 모두 동일한데 미국 국

[표 49] IRP 계좌를 위한 K-GAA(I) 포트폴리오

투자 대상	K-GAA(P)	K-GAA(I)	투자 비중
한국 주식 또는 신흥국 주식	ARIRANG 신흥국MSCI (합성 H)	ARIRANG 신흥국 MSCI(합성 H)	6%
미국 주식(UH)	TIGER 미국S&P 500 KINDEX 미국S&P 500	TIGER 미국S&P 500 KINDEX 미국S&P 500	17.5%
금(UH)	KINDEX KRX금현물	KINDEX KRX금현물	15%
한국 국채	KOSEF 국고채10년 KINDEX 국고채10년	KOSEF 국고채10년 KINDEX 국고채10년	17.5%
미국 국채(UH)	TIGER 미국채10년선물 KODEX 미국채10년선물	KODEX 200미국채혼합	29%
현금성 자산	TIGER 단기채권액티브 KODEX 단기채권PLUS 혹은 CMA	TIGER 단기채권액티브 KODEX 단기채권PLUS 혹은 CMA	15%

채(UH)만 서로 다르다. 미국 국채의 경우 '선물'이라는 상품 구조 때문에 IRP 계좌에서는 매매가 불가능하다. 이를 대체하기 위해 'KODEX 200미국채혼합' ETF를 편입했다. 이 상품은 'KOSPI200 미국채혼합' 지수를 추종하며, '코스피 200'과 '미국국채선물 10년물 (환노출)'에 약 4 대 6의 비율로 투자한다.

이에 따라 포트폴리오의 비중도 조정했다. 'KODEX 200미국채혼합'을 K-GAA(I) 포트폴리오에서 29% 편입하면, 이 중에서 60%가 미국국채선물 10년물(환노출)을 추종하므로 결과적으로는 전체 포트폴리오의 17.4%(29%×60%)를 미국 국채에 편입하는 효과가 생기는

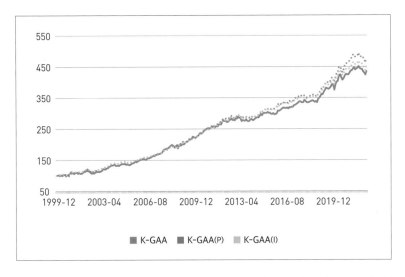

[그래프 59] K-GAA, K-GAA(P), K-GAA(I) 누적 성과 비교

기간: 1999년 12월 ~ 2022년 7월

것이다. 이와 동시에 코스피 200 지수를 11.6%(29%×40%)만큼 편입

한 효과도 생기기 때문에, 'ARIRANG 신흥국MSCI(합성 H)'의 비중

을 6%로 줄임으로써 신흥국 전체 비중을 17.6%(11.6%+6.0%)로 맞추

어 전체적인 균형을 잡았다.

　이렇게 해서 연금저축펀드 계좌와 IRP 계좌에 최적화된 포트폴리

오를 구축했다. K-GAA(P) 포트폴리오와 K-GAA(I) 포트폴리오의

성과를 기존 K-GAA 포트폴리오와 비교, 분석해 보자. 백테스트 검

토 기간은 1999년 12월부터 2022년 7월까지로 잡았다.

　분석 결과 수익률은 K-GAA 포트폴리오(7.2%)가 가장 우수하다.

위험 지표(연변동성, 최대낙폭, 손실최장기간) 부문은 K-GAA(P) 포트폴

[표 50] K-GAA, K-GAA(P), K-GAA(I) 성과 분석

구분	K-GAA	K-GAA(P)	K-GAA(I)
기간 수익률	379%	335%	352%
연수익률	7.2%	6.7%	6.9%
연변동성	5.6%	5.2%	4.9%
최대낙폭	8.7%	8.1%	6.7%
손실최장기간(개월)	18	18	17
샤프비율	0.74	0.71	0.79
김씨비율(by MDD)	0.47	0.45	0.58
김씨비율(by UWP)	0.00230	0.00204	0.00227

기간: 1999년 12월 ~ 2022년 7월

리오와 K-GAA(I) 포트폴리오의 성과가 조금 더 우수하다. 위험 대비 성과 지표의 경우 3개의 포트폴리오가 유사하다.

시장의 변동성을
내 편으로 만드는 간단한 방법

"리밸런싱 기준에 대해 문의드립니다. 리밸런싱은 어떤 주기로 해야 하나요?"

"모든 종목이 마이너스인데 리밸런싱을 해야 할까요? 이런 상황에서는 어떻게 대응하면 좋을까요?"

"적립식으로 투자하고 있는데요. 어떤 시점에, 얼마나 적립금을 넣어야 하나요?"

이제 마지막 시나리오다. 리밸런싱(rebalancing, 자산재분배)이란 흐트러진 '균형balance'을 '다시re' 맞추는 것이다. 처음에 계획한 배분 비중보다 커진 자산을 일부 매도하고, 비중이 작아진 자산을 추가로 매수하는 것이다.

리밸런싱의 효과를 예시를 통해 알아보자. [표 51]은 주식과 국채
에 단순하게 50%씩 투자한 경우를 보여준다. 원금이 1000만 원이라
고 하면 그중 절반인 500만 원으로 주식을 매수하고, 나머지 500만
원으로 국채를 매수한다(이 사례에서는 이해의 편의를 위해 국채 가격의 움
직임이 없다고 가정한다).

1개월 후에 주가지수가 2000포인트에서 2200포인트로 10% 상승
하면 보유했던 주식 500만 원은 마찬가지로 10% 상승한 550만 원
이 될 것이다. 이를 국채 500만 원과 합하면 포트폴리오의 잔고는
1050만 원이 된다. 이제 주식이 국채보다 50만 원 더 많아졌으니 원
래 목표했던 비중(50%)에 맞추기 위해 주식 25만 원을 매도해 국채를
매수한다. 포트폴리오 내에서 상대적으로 비싸진(비중이 커진) 주식을
팔고, 그 돈으로 국채를 산 것이다.

이제 포트폴리오에는 주식 525만 원과 국채 525만 원이 배분되어
있다. 다음 달 주가지수가 2200포인트에서 1800포인트로 하락하면서
보유 중인 주식 525만 원도 429.5만 원으로 줄어들었다. 국채 잔고
(525만 원)가 주식 잔고(429.5만 원)보다 크기 때문에 차액 95.5만 원의
절반인 47.7만 원만큼의 국채를 매도해 다시 주식을 추가 매수한다.

3개월 후 주가는 전달보다 11% 상승해 투자를 처음 시작하던 때
와 같은 2000포인트가 됐다. 477.3만 원이던 주식 잔고는 530.3만 원
이 되고, 국채 잔고 477만 원과 합한 포트폴리오의 잔고는 1007.6만

원이 된다.

2000포인트에서 시작한 주가지수는 3개월간 상승과 하락을 거쳐 다시 원래의 수준으로 돌아왔다. 리밸런싱을 하지 않았다면 포트폴리오 잔고는 여전히 1000만 원이었을 것이다. 주식, 국채 간 리밸런싱을 했을 뿐인데 포트폴리오의 잔고가 7.7만 원 증가한 것이다. 이 7.7만 원의 수익을 '리밸런싱 보너스'라고도 부른다. 리밸런싱을 하지 않았다면 생기지 않았을 수익이니까 말이다. 이처럼 자산배분 투자자는 리밸런싱을 통해 변동성을 자신의 편으로 만들 수 있다.

[그래프 60]과 [그래프 61]은 주가지수의 변동폭(0~1000)에 따른

[표 51] 포트폴리오 리밸런싱 예시

구분	초기 투자	1개월 후	재분배	2개월 후	재분배	3개월 후	재분배
주가지수	2000	2200	2200	1800	1800	2000	2000
주식 잔고 (만 원)	500.0	550.0	525.0	429.5	477.3	530.3	503.8
국채 잔고 (만 원)	500.0	500.0	525.0	525.0	477	477	504
잔고 합계 (만 원)	1000.0	1050.0	1050.0	954.5	954.5	1007.6	1007.6

최종 포트폴리오의 잔고를 그래프로 나타낸 것이다. 예를 들어, 앞의 사례에서는 주가지수가 2000포인트로 시작해 위로 200포인트가 오르고(2200), 아래로 200포인트가 떨어진(1800) 경우를 살펴봤다. 즉, 변동폭이 '200포인트'일 경우 최종 포트폴리오의 잔고는 약 1008만 원이 된다.

[그래프 60]은 주가지수가 시작 시점과 마찬가지로 2000포인트로 끝난 경우이고, [그래프 61]은 주가지수가 시작 시점보다 떨어진 1950포인트로 끝난 경우다. 두 그래프를 보면 변동폭이 커질수록 포트폴리오의 성과가 상당히 좋아지는 것을 확인할 수 있다.

물론 [표 51]의 경우처럼 주가지수가 한 달 만에 10% 올랐다가, 다음 달에 20% 가까이 하락하고, 그다음 달에 다시 10% 넘게 오르는

[그래프 60] 주가지수 변동폭에 따른 포트폴리오 잔고 변화
(주가가 2000포인트로 끝난 경우)

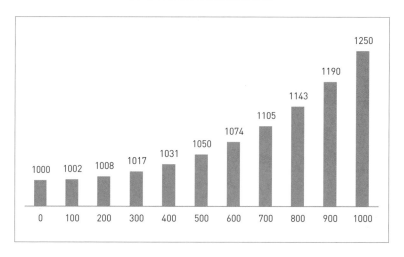

현상은 거의 벌어지지 않는다. 다만, 필자가 이 그래프를 통해 독자들에게 전하고 싶은 이야기는 이것이다.

"리밸런싱은 안 하는 것보다 하는 것이 낫고, 변동성이 커질수록 리밸런싱 보너스도 커진다."

심지어 주가가 하락하는 경우에도 리밸런싱은 투자자에게 수익을 가져다주거나, 손실을 만회해 준다. [그래프 61]은 주가지수가 시작 시점의 2000포인트보다 낮은 1950포인트로 끝난 경우다. 이때 리밸런싱을 안 했다면 최종 포트폴리오의 잔고는 988만 원으로 끝났을 것이고 12만 원의 손실을 봤을 것이다. 그러나 주가지수가 변화할 때마다 적절한 리밸런싱을 해주었다면 손실이 줄어들었을 것이고, 만약 변동폭이 컸다면 오히려 수익을 얻었을 것이다. 이것이 리밸런싱

[그래프 61] 주가지수 변동폭에 따른 포트폴리오 잔고 변화
(주가가 1950포인트로 끝난 경우)

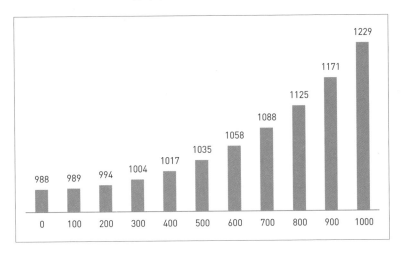

보너스의 힘이다.

　리밸런싱은 얼마나 자주 해야 할까? 최적의 리밸런싱 시점을 찾는 것은 최적의 배분 비중을 찾는 것만큼이나 정답이 없는 문제다. 한 가지 확실한 것은 리밸런싱은 안 하는 것보다 하는 게 좋다는 것이다. 그리고 매매 비용이 리밸런싱 보너스를 넘지 않는 수준이어야 한다. 만약 개인 투자자가 직접 매매하는 경우라면 한 달에 한 번 정도면 무난할 것이고, 최소 분기에 한 번 정도는 해줄 것을 권한다.

내 '진짜 수익률'을 계산하는 방법

적금과 예금, 펀드뿐 아니라 주식이나 부동산 등 다양한 자산에 투자할 때 수익률이 얼마인지 제대로 계산할 줄 알아야 한다. 자신의 진짜 수익률을 직접 계산하고 이해할 수만 있어도 투자에서 많은 것을 얻을 수 있기 때문이다. 다음의 몇 가지 수익률 계산 방법을 참고하기 바란다.

1. 기간 수익률 계산하기

기간 수익률(HPR: Holding Period Return, '보유 기간 수익률'과 같은 의미)
은 가장 간단하며 직관적인 계산 방법으로 '원금 대비 수익의 비율'
을 뜻한다. 투자 후 보유 기간 동안 누적된 수익을 보여주기 때문에
누적 수익률(Cumulative Return)이라고도 부르며 계산 방법은 다음과
같다.

$$기간\ 수익률 = \frac{수익}{원금} = \frac{최종\ 가격 - 원금}{원금}$$

[사례] 1000만 원 투자해서 100만 원의 수익이 났다면 기간 수익률
은 '10%'이다.

2. 연환산 수익률 계산하기

기간 수익률에는 투자 기간이 반영되지 않았다. 즉, 얼마 동안의 투
자 결과인지를 알 수 없는 것이다. 이럴 때 수익률을 연 단위로 환산
하면 비교하기가 편하다. 연환산 수익률(Annualized HPR)은 투자 기간
을 연 단위로 표기할 때 계산하는 방법이다.

$$연환산 수익률 = (1 + 기간 수익률)^{\frac{1}{투자\,기간}} - 1$$

[사례] A, B, C 상품에 각각 1000만 원을 투자해 100만 원씩의 수익을 얻었다고 가정하자. 이때 기간 수익률은 모두 10%로 동일하다. 하지만 연환산 수익률은 각각 21%, 10%, 6.6%로 큰 차이를 보인다. 투자 기간이 각각 6개월, 12개월, 18개월로 달랐기 때문이다. 각각의 연환순 수익률을 구하는 계산은 아래와 같다.

A 상품: 투자 기간이 6개월(0.5년)이라면, 연환산 수익률은 '21%'이다.

$$계산 방법 = (1 + 10\%)^{\left(\frac{1}{0.5}\right)} - 1$$

B 상품: 투자 기간이 12개월(1년)이라면, 연환산 수익률은 '10%'이다.

$$계산 방법 = (1 + 10\%)^{\left(\frac{1}{1}\right)} - 1$$

C 상품: 투자 기간이 18개월(1.5년)이라면, 연환산 수익률은 '6.6%'
이다.

$$계산 방법 = (1+10\%)^{\wedge}(\frac{1}{1.5}) - 1$$

같은 100만 원의 수익일지라도 투자 기간이 다르다면 연환산 수익
률 역시 달라진다. A, B, C 상품 모두 10%의 수익이 났지만, 연환산
수익률로 따지자면 가장 짧은 시간에 10%의 수익을 낸 A 상품이 가
장 뛰어났던 것이다.

TIP: 각종 수익률을 구할 때 '승수(^)' 계산이 자주 등장하는데, 승수
(^)를 계산하려면 엑셀 프로그램을 사용하면 간편하다(컴퓨터에 설치
되어 있는 계산기 프로그램에서 '공학용 계산기 기능'을 사용하거나, 또는 스마
트폰의 계산기 애플리케이션을 사용해도 된다).

| B2 ▾ | f_x | =(1+10%)^(1/0.5)-1 |

3. 산술평균 수익률 vs. 기하평균 수익률 이해하기

산술평균(Arithmetic Average) 수익률이란 각각의 수익률들을 더한 후 기간(혹은 횟수)으로 나누어 계산하는 방식이다. 예를 들어 첫해 수익률이 50%이고, 다음 해 수익률이 -50%일 때 산술평균 수익률은 얼마일까? 계산법은 아래와 같다.

$$\{(+50\%)+(-50\%)\}\div2$$

이 경우 산술평균 수익률은 '0%'로 나오는데, 실제 투자 성과도 수익률이 0%인지 검증해 보자. 예를 들어 투자 원금이 1000만 원이었다면, 그다음 해에 50%의 수익이 발생했으니 1500만 원이 되었을 것이다. 다음 해에는 -50%로 손실이 났으니 잔고는 750만 원(1500만 원×(1-50%))으로 줄어들었을 것이다. 최초 투자금(1000만 원)과 비교하면 250만 원의 손실이 발생한 것이다. 2년 동안 투자금 중 25%를 잃은 것이다. 그런데 앞에서 계산한 산술평균 수익률은 '0%'였다. 산술평균 수익률은 '-25%'의 손실을 표현하기에 적합하지 않아 보인다.

위 사례에 대해 기하평균(Geometric Average) 수익률로 계산해 보면 '-13.4%'라는 값이 나온다. 공식은 다음과 같다.

$$=\{(1+0.5)\times(1-0.5)^{\frac{1}{2}}-1$$

투자 원금 1000만 원에서 첫해 13.4%의 손실이 일어나면 866만 원이 되고, 다음 해에 이 866만 원에 '-13.4%'의 성과가 다시 발생하면 750만 원이 된다. 즉 2년간 250만 원이 줄어들었다면 이는 매년 13.4%씩 손실을 봤다는 뜻이다. 기하평균 수익률은 '연율화 복리 성장률(CAGR: Compound Annual Growth Rate)'로 표기하기도 하며, 계산 방법은 아래와 같다.

기하평균 수익률=
$$\{(1+첫\ 번째\ 수익률)\times(1+두\ 번째\ 수익률)\times\cdots\}^{\frac{1}{투자\ 기간}}-1$$

매해의 수익률이 아닌 투자 기간 전체의 누적 성과인 기간 수익률을 알고 있을 때는 다음 방식으로 계산할 수 있다. 앞서 본 연환산 수익률과 같은 공식이다.

산술평균 수익률은 계산하기는 쉬우나 투자의 수익률을 계산할 때는 적절하지 않은 경우가 많다. 이에 반해 기하평균 수익률은 좀 복잡해 보이긴 하지만 정확한 실제 수익률을 찾는 데에는 더 적합하다.

4. 시간가중 수익률 vs. 금액가중 수익률 비교하기

신문 기사나 펀드 광고에서 종종 "펀드 설정 이후 수익률 50%", "연초 이후 13%의 수익률을 보였다" 등의 내용을 본 적이 있을 것이다. 하지만 내가 계산한 수익률과 다른 경우가 많은데 왜 그럴까?

여기서 펀드 운용사가 말하는 수익률은 시간가중 수익률(Time Weighted Return)이다. 시간가중 수익률이란 시작할 때 넣은 돈의 액수가 변하지 않았다는 가정 아래 그 펀드의 성과를 설명하는 계산법이다. 즉, 중간에 투자금을 추가로 납입하거나 반대로 일부 자금을 인출하는 것이 반영된 투자자의 실제 수익률과 다를 수밖에 없는 것이다.

시간가중 수익률은 앞서 본 연환산 수익률 계산 방법과 같다. 즉 '펀드 설정 이후'라는 표현은, 설정일(펀드가 출시한 날)에 투자를 시작해 중간에 입출 없이 현재까지 계속 투자되었을 경우를 가정한 것이다. '연초 이후 수익률'이란 연초에 돈을 넣고 현재까지 입출 없이 투자되었을 경우의 수익률을 뜻한다.

펀드 운용사가 말하는 수익률과 투자자의 실제 수익률에 차이가 발생하는 또 다른 이유는, 실제 펀드의 경우 가입할 때 판매 보수를 차감하는 경우가 많고 또한 매년 투자금에서 운용 보수를 차감하기 때문이다. 아무리 투자자가 직접 시작 시점에 돈을 넣은 뒤 입출이 없었다고 할지라도 투자자의 잔고는 펀드 운용사가 말하는 수익률보

시간가중 수익률과 금액가중 수익률 계산 예시

	A	B	C	D	E	F	G	H	I	J
1			펀드(상품)운영 결과			투자자입장의 수익률				
2	date	종가	기간 수익률	시간가중 수익률	시간가중 수익률 (연환산)	입출내역	수익반영 고객잔고	고객잔고 (입출반영후)	납입원금 (수익계산용)	금액가중 수익률
3	0	1000				1000	1000.00	1000.00	1000.00	
4	30	1000.1	0.01%	0.01%	0.12%	500	1000.10	1500.10	1500.00	0.01%
5	60	993.0	-0.71%	-0.70%	-4.18%	600	1489.45	2089.45	2100.00	-0.70%
6	200	1022.0	2.92%	2.20%	4.05%	-2100	2150.47	50.47	49.29	2.40%
7	365	1010.0	-1.17%	1.00%	1.00%	0	49.88	49.88	49.29	1.20%
8	730	1033.0	2.28%	3.30%	1.64%	0	51.01	51.01	49.29	3.51%

다 보수 차감분만큼 낮을 수밖에 없다.

시간가중 수익률과 금액가중 수익률(Money Weighted Return)은 계산 방법이 다소 복잡하여 엑셀의 도움을 받는 게 그나마 간편한 방법이다.

위의 그림을 보면 펀드의 종가(기준 가격)가 엑셀 파일 B열에 입력되어 있다. 펀드의 종가는 (1좌당) 1000원에서 투자 기간 730일(2년)이 지난 후 1033원으로 올랐다.

※ 다음 글에서 노란색으로 칠해진 부분은 엑셀에서 셀에 입력하는 수식이다.

- **기간 수익률:** 전기의 종가와 현재 종가를 이용하여 계산한다. 30일째 기간 수익률은 =(B4/B3-1)로 계산하여 '0.01%'가 나온 것이다.

- **시간가중 수익률**: 시작 시점부터의 누적 수익을 알아내는 방법이다. 30일째 시간가중 수익률은 =(1+D3)×(1+C4)-1로 계산한다. 같은 방식으로 730일째 시간가중 수익률은 =(1+D7)×(1+C8)-1로 계산한다. 계산 결과 '3.30%'가 나온다. 펀드의 현재가가 1033원이고, 시작 시 1000원이었으므로, 수익 33원을 1000원으로 나눈 값과 같은 결과다.

- **시간가중 수익률(연환산)**: 시간가중 수익률에 투자 기간 개념을 포함하면 '시간가중 수익률(연환산)'을 계산할 수 있다. 30일째 시간가중 수익률(연환산)은 =(1+D4)^(365/(A4-A\$3))-1과 같이 계산한다. 365일(1년)째 시간가중 수익률(연환산)은 =(1+D7)^(365/(A7-A\$3))-1로 계산하며, 시간가중 수익률 '1.00%'와 동일하다. 730일(2년)째 시간가중 수익률(연환산)은 =(1+D8)^(365/(A8-A\$3))-1로 계산하며 값은 '1.64%'가 나왔다. 시간가중 수익률 3.30%가 2년 치 결과이며, 매년 1.64%의 수익을 얻은 것과 같다는 의미다.

그렇다면 펀드 투자 시작 시 1000만 원을 입금한 투자자 입장에서 본 수익률은 어떨까?

※ 실제 펀드는 투자금 입금 후 잔고 반영까지 며칠이 걸리지만, 여기에서

는 계산의 편의를 위해 당일 저녁에 바로 처리가 된다고 가정했다.

- **30일 후**: 수익이 반영된 고객 잔고는 =H3×(1+C4)로 계산하며 1,000.10만 원이다. '0.01%'의 수익률이다. 이날 500만 원을 추가 입금했고, 입출금 반영 후 고객 잔고는 1,500.10만 원(=G4+F4)가 되었다. 그리고 지금까지의 납입 원금은 1500만 원이다. 납입 원 금 계산식은 =IF(F4⟨0,I3+F4×(I3/G4),I3+F4)이다. 다소 복잡해 보 이는 데 풀어서 설명하면 이렇다. 당일 잔고 변화가 '입금'일 경 우라면 단순히 더하면 되지만, '출금'일 때는 원금과 수익이 함 께 출금이 된다. 그래서 이렇게 복잡해 보이는 수식이 필요한 것 이다. 금액가중 수익률은 =G4/I3-1로 계산한다.

- **200일 후**: 수익이 반영된 고객 잔고는 =H5×(1+C6)으로 계산 하며 2150.47만 원이다. 이날 2100만 원을 출금했으나, 이미 수 익이 발생하였기 때문에 입출금 반영 후 고객 잔고는 50.47만 원(=G6+F6)이다. 그리고 출금할 때 수익이 난 부분도 같이 출 금되었으니 납입 원금은 49.29만 원이다. 납입 원금 계산식은 =IF(F6⟨0,I5+F6×(I5/G6),I5+F6)이다. 즉 잔고 50.47만 원 중 투자 원금이 49.29만 원이고 1.18만 원이 수익 발생분이다. 금액가중 수익률은 =G6/I5-1로 '2.40%'가 나온다.

시간가중 수익률은 계산이 간편하지만 투자자의 입장과 다를 수밖에 없다는 한계가 있다. 금액가중 수익률은 입출금이 빈번한 만큼 계산하기가 복잡하다. 하지만 실제 투자금의 변화를 반영할 수 있는 장점이 있다. 다만 투자 기간에 대한 부분은 반영되지 않는다는 단점이 있다.

'3년 동안 투자한 내 수익률은 연 단위로 얼마일까?'와 같은 질문에 대답하기란 쉽지 않다. 절대적으로 유리한 수익률 계산 방법은 없다. 시간가중 수익률로는 투자 상품이나 투자 전략의 수익률 흐름을 기간 단위로 체크해 보고, 실제 투자 금액 대비 성과는 금액가중 수익률로 확인할 수밖에 없다. 다만, 엑셀 같은 툴을 사용한다면 두 가지 방법을 같이 이용해 자신의 '진짜 수익률'을 주기적으로 점검해 볼 수 있을 것이다.

※ 계산 사례와 수식이 포함된 엑셀 파일은 필자의 블로그에 올려두었으며, 아래 QR 코드와 URL을 통해 접속해 내려받을 수 있다.

blog.naver.com/ksi0428/220996435503

참고자료

[1-1] 미국 주식과 신흥국 주식 주가 추이(1930년대)

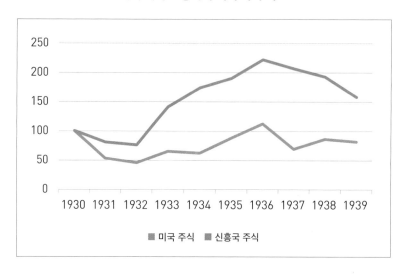

[1-2] 미국 주식과 신흥국 주식 주가 추이(1940년대)

[1-3] 미국 주식과 신흥국 주식 주가 추이(1950년대)

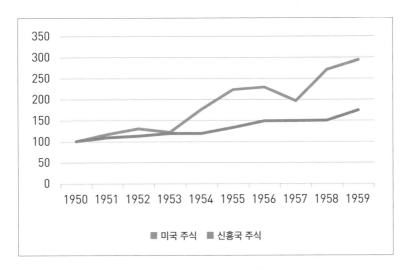

[1-4] 미국 주식과 신흥국 주식 주가 추이(1960년대)

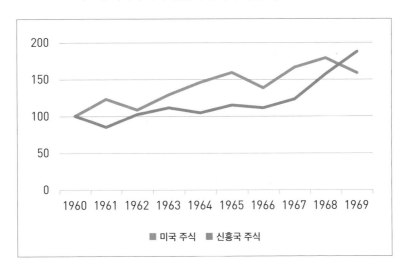

[1-5] 미국 주식과 신흥국 주식 주가 추이(1970년대)

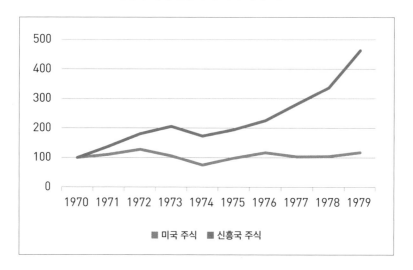

[1-6] 미국 주식과 신흥국 주식 주가 추이(1980년대)

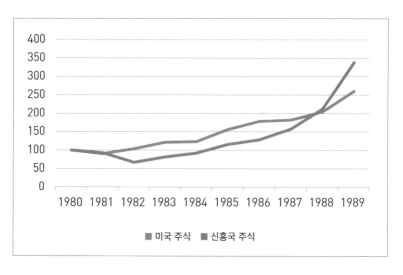

[1-7] 미국 주식과 신흥국 주식 주가 추이(1990년대)

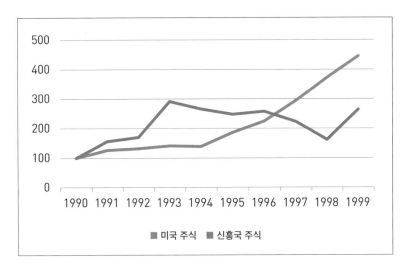

[1-8] 미국 주식과 신흥국 주식 주가 추이(2000년대)

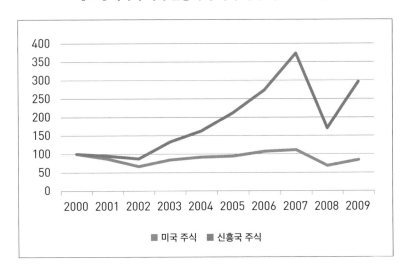

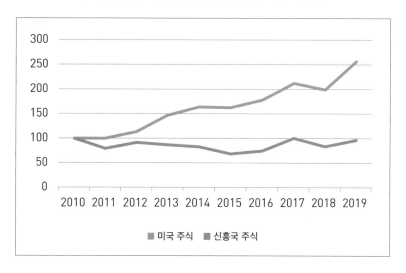

[1-9] 미국 주식과 신흥국 주식 주가 추이(2010년대)

■ 미국 주식 ■ 신흥국 주식

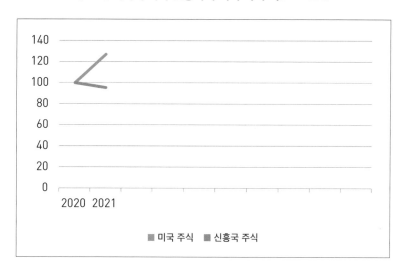

[1-10] 미국 주식과 신흥국 주식 주가 추이(2020년대)

■ 미국 주식 ■ 신흥국 주식

[1-11] 미국, 영국, 한국, 인도 국가별 주가지수 추이

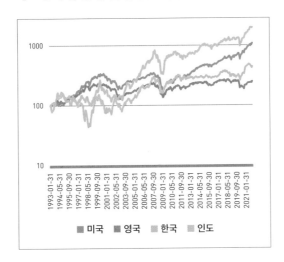

[1-12] 일본, 중국 국가별 주가지수 추이

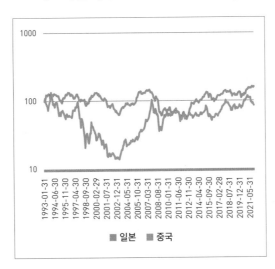

[1-13] 코스피 200 대비 각 ESG 지수의 초과 성과 현황

구분	KRX Eco 리더 100	KRX ESG 리더 150	KRX 거버넌스 리더 100	코스피 200 ESG 지수	MSCI Korea ESG Universal Capped Index	MSCI Korea ESG Universal Index	MSCI Korea Country ESG Leaders Capped Index
지수 운영 기간 (연도)	11	11	11	9	9	4	4
초과 성과 횟수 (연단위)	6	6	6	6	6	2	2
초과 성과 비율	55%	55%	55%	67%	67%	50%	50%
초과 성과 누적 수익률	-6%	-27%	-10%	7%	11%	2%	0%
초과 성과 연환산 수익률	-0.6%	-2.5%	-0.9%	0.8%	1.2%	0.5%	0.0%

기간: 지수 발행 연도 ~ 2021년 12월

[1-14] 코스피 200 대비 ESG 관련 지수의 연 단위 초과 성과 비교

기간	KRX Eco 리더 100	KRX ESG 리더 150	KRX 거버넌스 리더 100	코스피 200 ESG 지수	MSCI Korea ESG Universal Capped Index	MSCI Korea ESG Universal Index	MSCI Korea Country ESG Leaders Capped Index
2011-12-31	11%	3%	13%				
2012-12-31	-1%	-8%	-5%				
2013-12-31	2%	1%	2%	0%	-1%		
2014-12-31	1%	4%	3%	0%	0%		
2015-12-31	10%	5%	7%	-2%	2%		
2016-12-31	-4%	-8%	-13%	5%	3%		
2017-12-31	-4%	-7%	-1%	1%	5%		
2018-12-31	5%	6%	7%	1%	-1%	-1%	2%
2019-12-31	-13%	-15%	-15%	3%	1%	3%	-2%
2020-12-31	-14%	-16%	-16%	-4%	-1%	1%	-1%
2021-12-31	5%	11%	13%	5%	2%	-1%	1%

[1-15] 코스피 200 대비 각 ESG 지수의 초과 성과 현황

ETF명	KBSTAR ESG 사회책임투자	FOCUS ESG 리더스	KODEX MSCI KOREA ESG 유니버설	TIGER MSCI KOREA ESG 리더스
2017-12-31		(ETF 상장 연도)		
2018-12-31	(ETF 상장 연도)	6%p	(ETF 상장 연도)	(ETF 상장 연도)
2019-12-31	-1%p	-16%p	1%p	-3%p
2020-12-31	2%p	-16%p	-1%p	-3%p
2021-12-31	3%p	12%p	0%p	0%p

[1-16] 미국 주가지수 대비 버크셔해서웨이의 초과 수익률(10년 단위 투자 시)

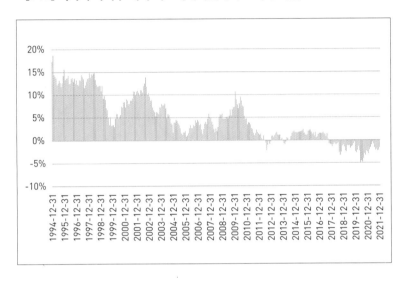

[1-17] 인공지능 ETF MIND 누적 성과
(월별 수익률 기준)

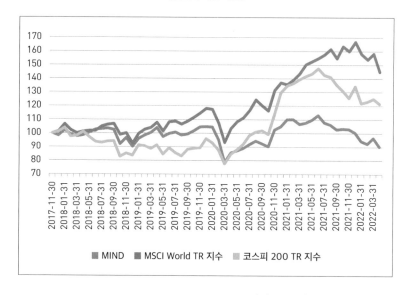

기간: 2017년 11월 ~ 2022년 4월

[1-18] 인공지능 ETF TIGER AI코리아그로스액티브의 누적 성과
(일별 수익률 기준)

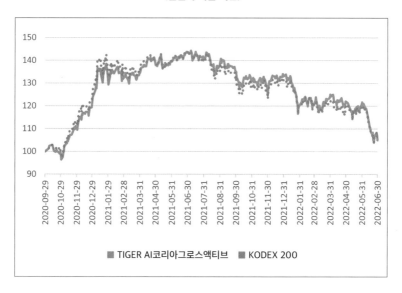

TIGER AI코리아그로스액티브 ■ KODEX 200

기간: 2020년 9월 29일 ~ 2022년 6월 30일

[1-19] 인공지능 ETF AIEQ 성과
(월별 수익률 기준)

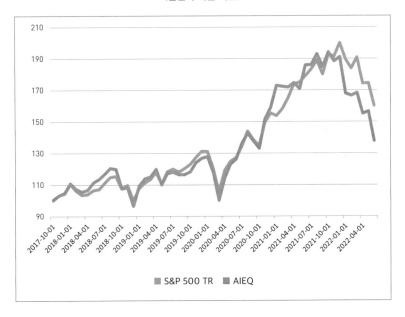

기간: 2017년 10월 ~ 2022년 6월

[1-20] 지수 단순 보유 대비 핼러윈 투자 전략의 연 단위 상대 수익률(5개국)

기간	S&P 500	KOSPI	NIKKE I225	Hang Seng	DAX	기간	S&P 500	KOSPI	NIKKE I225	Hang Seng	DAX
1980년	15%	-15%	0%	64%	-6%	2001년	-17%	-12%	-28%	-26%	-32%
1981년	-15%	-8%	-11%	-18%	-10%	2002년	-17%	-26%	-28%	-19%	-34%
1982년	10%	-4%	-7%	-45%	-7%	2003년	16%	30%	32%	38%	26%
1983년	-6%	-12%	5%	-26%	3%	2004년	1%	-5%	-11%	9%	-1%
1984년	-1%	-11%	-3%	-10%	-2%	2005년	3%	31%	25%	2%	17%
1985년	2%	2%	1%	8%	50%	2006년	3%	-7%	-6%	9%	2%
1986년	1%	22%	5%	27%	-9%	2007년	2%	31%	-6%	47%	7%
1987년	-18%	53%	-6%	-20%	-10%	2008년	-27%	-39%	-36%	-44%	-24%
1988년	4%	14%	-2%	-3%	22%	2009년	19%	20%	14%	43%	15%
1989년	7%	-9%	2%	-20%	4%	2010년	0%	9%	-20%	9%	8%
1990년	-12%	-3%	-13%	-2%	-24%	2011년	-9%	-13%	-8%	-16%	-19%
1991년	2%	4%	-6%	13%	-5%	2012년	1%	-4%	-8%	3%	9%
1992년	-1%	-2%	-4%	15%	-18%	2013년	12%	3%	5%	2%	16%
1993년	5%	3%	-8%	55%	30%	2014년	7%	0%	14%	8%	-3%
1994년	2%	19%	-1%	3%	-10%	2015년	0%	-5%	-3%	-23%	-6%
1995년	12%	6%	2%	15%	5%	2016년	3%	1%	4%	8%	6%
1996년	6%	-24%	-10%	13%	4%	2017년	8%	15%	15%	17%	6%
1997년	13%	-31%	-15%	-20%	8%	2018년	1%	-21%	-3%	-21%	-9%
1998년	-5%	-10%	-16%	-4%	-14%	2019년	3%	-7%	2%	-13%	4%
1999년	0%	14%	7%	-5%	0%	2020년	13%	18%	14%	-2%	6%
2000년	-4%	-22%	-20%	-6%	-7%	2021년	12%	-6%	0%	-11%	4%

비고: 연도별로 지수 수익률에서 핼러윈 투자 전략의 수익률을 빼서 계산하였음

[1-21] 여름(5월~10월) 주식 보유 성과(국가별)

기간	S&P 500	KOSPI	NIKKE I225	Hang Seng	DAX	비고
1997년 5월 ~ 10월	13%	-40%	-15%	-19%	8%	동아시아 외환 위기
1998년 5월 ~ 10월	-1%	-4%	-14%	-2%	-9%	동아시아 외환 위기
1999년 5월 ~ 10월	2%	10%	7%	-1%	2%	
2000년 5월 ~ 10월	-2%	-34%	-21%	-4%	-5%	IT 버블 붕괴
2001년 5월 ~ 10월	-16%	-7%	-30%	-28%	-32%	IT 버블 붕괴
2002년 5월 ~ 10월	-20%	-25%	-29%	-20%	-47%	IT 버블 붕괴
2003년 5월 ~ 10월	14%	27%	30%	34%	22%	
2004년 5월 ~ 10월	2%	-3%	-9%	9%	-1%	
2005년 5월 ~ 10월	4%	24%	21%	3%	16%	
2006년 5월 ~ 10월	5%	-4%	-3%	10%	4%	
2007년 5월 ~ 10월	4%	29%	-4%	43%	8%	
2008년 5월 ~ 10월	-36%	-49%	-48%	-61%	-33%	미국 모기지발 금융 위기
2009년 5월 ~ 10월	17%	14%	13%	34%	13%	
2010년 5월 ~ 10월	0%	8%	-18%	9%	7%	
2011년 5월 ~ 10월	-8%	-14%	-9%	-18%	-20%	남유럽 국가 신용 위기
2012년 5월 ~ 10월	1%	-4%	-6%	3%	7%	
2013년 5월 ~ 10월	9%	3%	3%	2%	13%	
2014년 5월 ~ 10월	7%	0%	14%	8%	-3%	
2015년 5월 ~ 10월	0%	-5%	-2%	-22%	-5%	미국 금리 인상 (2008년 이후 처음)
2016년 5월 ~ 10월	3%	1%	4%	8%	6%	
2017년 5월 ~ 10월	8%	13%	14%	14%	6%	
2018년 5월 ~ 10월	2%	-21%	-2%	-21%	-10%	미중 무역 분쟁, 미국 금리 인상
2019년 5월 ~ 10월	3%	-6%	3%	-10%	4%	
2020년 5월 ~ 10월	12%	15%	13%	-2%	6%	코로나19 팬데믹
2021년 5월 ~ 10월	10%	-6%	0%	-12%	4%	

[2-1] 미국의 자산별 누적 수익(연 단위)

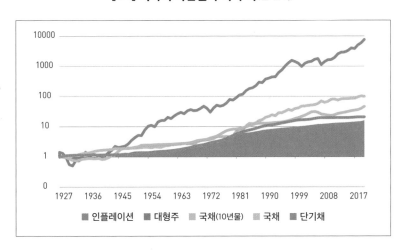

기간: 1927년~2021년   출처: NYU

[2-2] 한국의 자산별 누적 수익(월 단위)

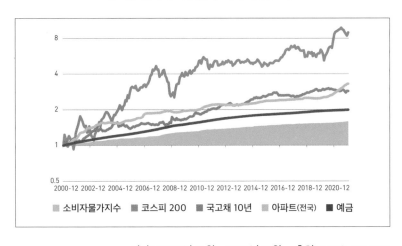

기간: 2000년 12월 ~ 2021년 12월   출처: ECOS, KBLAND

[2-3] 미국과 한국 영구 포트폴리오 간 조시 기간에 따른 성과 차이
(1999년 12월 ~ 2010년 12월)

미국 주식 ■ 한국 주식

미국 영구 포트폴리오 ■ 한국 영구 포트폴리오

[2-4] 미국과 한국 영구 포트폴리오 간 조사 기간에 따른 성과 차이
(2011년 1월 ~ 2022년 7월)

[2-5] 선진국과 미국(S&P 500) 주가지수를 추종하는 ETF 현황
(거래대금은 20영업일 평균)

종목명	기초지수명	총보수	환헤지	거래대금 (백만 원)	순자산총액 (억 원)
ARIRANG 선진국 MSCI(합성 H)	MSCI EAFE	0.5	Y	82	72
KODEX 선진국MSCI World	MSCI World	0.3	N	622	4,882
TIGER 미국 S&P 500	S&P 500	0.07	N	12,858	18,165
ACE 미국 S&P 500	S&P 500	0.07	N	1,463	5,346
KODEX 미국 S&P 500TR	S&P 500 TR	0.05	N	2,372	4,681
TIGER 미국 S&P 500선물(H)	S&P 500 선물(ER)	0.3	Y	10,061	2,973
KBSTAR 미국 S&P 500	S&P 500	0.021	N	1,609	2,344
KODEX 미국 S&P 500선물(H)	S&P 500 선물 TR	0.25	Y	1,824	1,417
ARIRANG 미국 S&P 500(H)	S&P 500	0.3	Y	311	535
SOL 미국 S&P 500	S&P 500	0.05	N	529	207
ARIRANG 미국 S&P 500	S&P 500	0.07	N	428	179
HANARO 미국 S&P 500	S&P 500	0.045	N	3	83

기준: 2022년 8월 15일

[2-6] 신흥국과 한국(코스피 200TR) 주가지수를 추종하는 ETF 현황
(거래대금은 20영업일 평균)

종목명	기초지수명	총보수	환헤지	거래대금 (백만 원)	순자산총액 (억 원)
ARIRANG 신흥국 MSCI(합성 H)	MSCI EM	0.5	Y	173	680
KODEX MSCI EM 선물(H)	iEdge EM선물 (ER)	0.45	Y	0.85	49
KODEX 20 0TR	코스피 200 TR	0.05		1476	11499
KOSEF 200 TR	코스피 200 TR	0.012		1382	4898
SOL 200 TR	코스피 200 TR	0.05		1393	1723
HANARO 200 TR	코스피 200 TR	0.029		741	1206
TIGER 200 TR	코스피 200 TR	0.09		55	558
KBSTAR 200 TR	코스피 200 TR	0.012		273	426
ACE 200 TR	코스피 200 TR	0.03		146	289

기준: 2022년 8월 15일

[2-7] 자산배분 포트폴리오간 성과 비교(위험 지표)

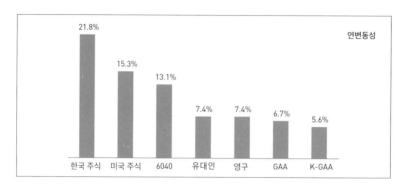

연변동성

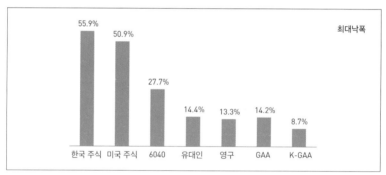

최대낙폭

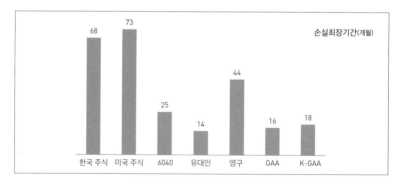

손실최장기간(개월)

기간: 1999년 12월 ~ 2022년 7월

[2-8] 자산배분 포트폴리오간 성과 비교(위험 대비 수익 지표)

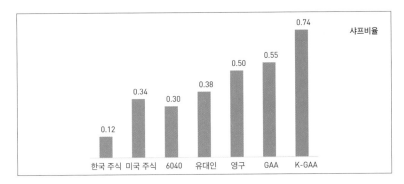

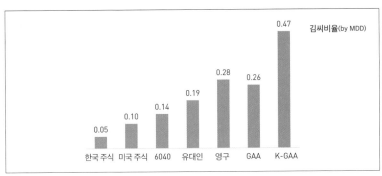

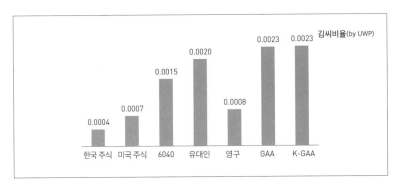

기간: 1999년 12월 ~ 2022년 7월

[2-9] 포트폴리오 간 연 단위 수익률 비교

기간	한국 주식	미국 주식	6040	유대인	영구	GAA	K-GAA
2000-12	-53%	-8%	-24%	-8%	-7%	-4%	2%
2001-12	37%	-12%	27%	18%	14%	9%	12%
2002-12	-6%	-22%	4%	6%	11%	6%	1%
2003-12	35%	29%	24%	16%	17%	17%	17%
2004-12	13%	11%	16%	12%	10%	10%	3%
2005-12	57%	5%	27%	15%	16%	12%	10%
2006-12	7%	16%	8%	7%	11%	10%	6%
2007-12	32%	5%	19%	12%	17%	14%	14%
2008-12	-38%	-37%	-19%	-7%	-4%	-7%	10%
2009-12	54%	26%	28%	16%	19%	16%	11%
2010-12	24%	15%	19%	13%	17%	15%	14%
2011-12	-11%	2%	-2%	1%	4%	5%	7%
2012-12	12%	16%	11%	8%	9%	9%	4%
2013-12	1%	32%	1%	1%	-6%	0%	0%
2014-12	-6%	14%	1%	3%	2%	5%	7%
2015-12	-0.10%	1%	3%	3%	-1%	0%	4%
2016-12	10%	12%	7%	5%	6%	6%	8%
2017-12	27%	22%	15%	9%	10%	11%	4%
2018-12	-17%	-4%	-8%	-3%	-3%	-2%	-0.20%
2019-12	15%	31%	11%	7%	10%	13%	15%
2020-12	35%	18%	21%	12%	16%	15%	12%
2021-12	4%	29%	2%	1%	-0.20%	4%	9%
2022-07	-17%	-13%	-13%	-7%	-6%	-8%	-3%

기준: 2022년 8월 15일

[3-1] K-GAAx2 포트폴리오, K-GAA 포트폴리오 연 단위 성과 비교

기간	한국 주식	미국 주식	K-GAAx2	K-GAA
2000-12	-53%	-8%	-14%	2%
2001-12	37%	-12%	17%	12%
2002-12	-6%	-22%	-2%	1%
2003-12	35%	29%	26%	17%
2004-12	13%	11%	7%	3%
2005-12	57%	5%	15%	10%
2006-12	7%	16%	5%	6%
2007-12	32%	5%	21%	14%
2008-12	-38%	-37%	1%	10%
2009-12	54%	26%	23%	11%
2010-12	24%	15%	21%	14%
2011-12	-11%	2%	5%	7%
2012-12	12%	16%	8%	4%
2013-12	1%	32%	-1%	0%
2014-12	-6%	14%	8%	7%
2015-12	-0.1%	1%	8%	4%
2016-12	10%	12%	8%	8%
2017-12	27%	22%	9%	4%
2018-12	-17%	-4%	-2%	-0.2%
2019-12	15%	31%	21%	15%
2020-12	35%	18%	22%	12%
2021-12	4%	29%	7%	9%

기간: 2000년 12월 ~ 2021년 12월

[3-2] K-GAAx2 포트폴리오의 구성 자산 간 상관관계

구분	한국 주식 레버리지	미국 나스닥 (UH)	금(UH)	미국 국채 (UH)	한국 국채30년	현금성 자산
한국 주식 레버리지	1.00	0.48	-0.11	-0.49	-0.08	-0.16
미국 나스닥 (UH)	0.48	1.00	-0.08	-0.11	-0.15	-0.19
금 (UH)	-0.11	-0.08	1.00	0.40	0.06	0.06
미국 국채 (UH)	-0.49	-0.11	0.40	1.00	0.06	0.17
한국 국채30년	-0.08	-0.15	0.06	0.06	1.00	0.16
현금성 자산	-0.16	-0.19	0.06	0.17	0.16	1.00

[3-3] 자산배분 펀드 성과 비교
(2019년 8월 ~ 2022년 7월)

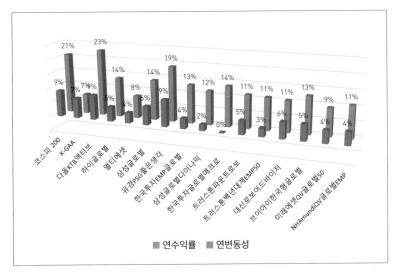

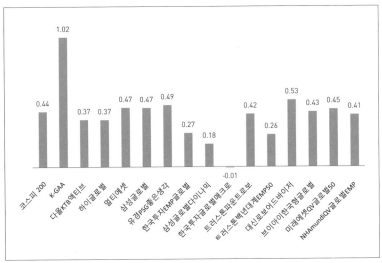

[3-4] 자산배분 펀드 성과 비교
(2016년 8월 ~ 2019년 7월)

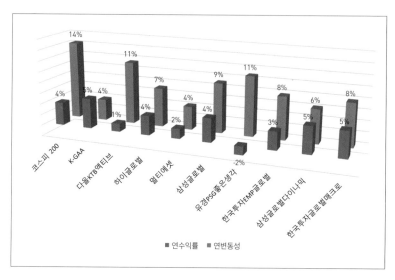

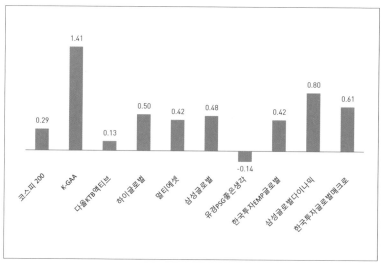

[3-5] 자산배분 펀드 성과 비교
(2013년 8월 ~ 2016년 7월)

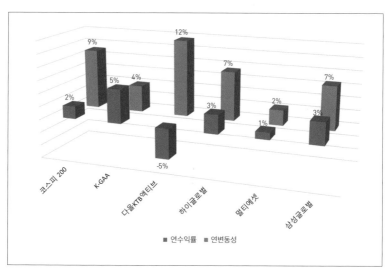

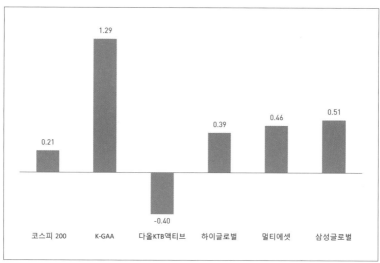

[3-6] C-GAA 포트폴리오의 연도별 수익 비교

기간	S-GAA	S-GAA_9010	S-GAA_8020	S-GAA_7030	S-GAA_6040
2000-12	1%	2%	2%	3%	4%
2001-12	13%	12%	11%	11%	10%
2002-12	0%	1%	1%	2%	2%
2003-12	19%	17%	16%	14%	13%
2004-12	2%	3%	3%	3%	3%
2005-12	12%	11%	10%	9%	8%
2006-12	6%	6%	6%	6%	5%
2007-12	17%	15%	14%	13%	12%
2008-12	12%	11%	10%	10%	9%
2009-12	13%	12%	11%	10%	9%
2010-12	16%	15%	13%	12%	10%
2011-12	7%	7%	7%	6%	6%
2012-12	4%	4%	4%	4%	4%
2013-12	-1.3%	-0.9%	-0.5%	-0.1%	0%
2014-12	7%	7%	6%	6%	5%
2015-12	5%	4%	4%	4%	4%
2016-12	9%	8%	7%	7%	6%
2017-12	4%	4%	4%	3%	3%
2018-12	-0.4%	-0.2%	-0.01%	0%	0%
2019-12	18%	16%	14%	13%	11%
2020-12	14%	13%	12%	10%	9%
2021-12	10%	9%	8%	7%	6%

기간: 2013년 8월 ~ 2016년 7월

[3-7] C-GAA 포트폴리오의 연도별 수익 비교

기간	S-GAA_5050	S-GAA_4060	S-GAA_3070	S-GAA_2080	S-GAA_1090
2000-12	4%	5%	5%	6%	7%
2001-12	9%	8%	8%	7%	6%
2002-12	3%	3%	4%	4%	4%
2003-12	11%	10%	9%	7%	6%
2004-12	3%	3%	3%	4%	4%
2005-12	8%	7%	6%	5%	4%
2006-12	5%	5%	5%	5%	5%
2007-12	11%	10%	8%	7%	6%
2008-12	8%	8%	7%	6%	6%
2009-12	7%	6%	5%	4%	3%
2010-12	9%	8%	6%	5%	4%
2011-12	5%	5%	5%	4%	4%
2012-12	4%	4%	4%	3%	3%
2013-12	1%	1%	1%	2%	2%
2014-12	5%	4%	4%	3%	3%
2015-12	3%	3%	3%	2%	2%
2016-12	5%	4%	4%	3%	2%
2017-12	3%	2%	2%	2%	2%
2018-12	1%	1%	1%	1%	1%
2019-12	9%	8%	6%	5%	3%

기간	S-GAA_5050	S-GAA_4060	S-GAA_3070	S-GAA_2080	S-GAA_1090
2020-12	8%	6%	5%	3%	2%
2021-12	5%	4%	3%	2%	2%

기간: 2013년 8월 ~ 2016년 7월

미주

1   네이트 실버(이경식 옮김), 『신호와 소음』(개정판), 더퀘스트, 2021년.

2   생명보험협회 공시실(pub.insure.or.kr)에서 조회(2022년 3월 12일 기준). 사업 비율 상위 기준이며 보험사별 1개 상품씩 표기하였다.

3   웹사이트 'companiesmarketcap.com' 참조.

4   미국 주식은 S&P 500 지수를 사용했으며, 신흥국 주식과 세계 주식(미국 제외)은 MSCI의 데이터를 사용하였다. 다만 시계열이 부족한 부분은 QTAA의 데이터를 이용하여 분석 기간을 확장하였다.

5   한경증권, "하한가 13개 모조리 '반기문 테마주' … 결국 다 털리는 '대선 테마주'", 2017년 2월 2일.

6   헤럴드경제, "대선테마주, '쪽박' 역사만 15년… 섶 지고 뛰어드는 개미들", 2017년 4월 1일.

7   남길남, 『20대 대통령 선거 정치테마주 현상에 대한 소고』, 자본시장연구원, 2022년.

8   남길남, 『대통령 선거 국면의 정치테마주 특징과 시사점』, 자본시장연구원, 2017년.

9   미국 노틸러스 투자 리서치(Nautilus Investment Research)의 조사 자료를 참고하여 작성하였다.

10 제이슨 츠바이크(김성일 옮김), 『투자의 비밀』, 에이지21, 2021년.

11 한국일보, "中 청년들 '2020년 02월 02일' 혼인신고 열풍", 2020년 1월 14일.

12 폴 W. 글림처(권춘오 외 옮김), 『돈 굴리는 뇌』, 일상이상, 2013년, 18쪽.

13 하노 벡(배명자 옮김), 『부자들의 생각법』, 갤리온, 2013년, 56쪽.

14 나심 니콜라스 탈레브(이건 옮김), 『행운에 속지 마라』, 중앙북스, 2016년,
    156쪽.

15 한국경제, "직접 투자하며 '주식만화' 그린 허영만 … 결국 25% 손실",
    2020년 6월 19일.

16 서울경제, "허영만, '인생도 주식도 어려울 때가 기회 … 긍정적이어야 성공
    하죠'", 2020년 1월 3일.

17 주간동아, "천슬라? 테슬라 아직 고점 아니다", 2021년 12월 4일.

18 네덜란드 틸부르크 대학의 벤 야콥슨(Ben Jacobsen) 교수와 새모르 캐피털
    (Saemor Capital)사의 대표인 스벤 부만(Sven Bouman)은 1998년 4월에 「핼러윈
    지표, 5월에 팔고 떠나라: 또 다른 퍼즐(The Halloween Indicator, 'Sell in May and
    Go Away': Another Puzzle)」이라는 논문을 발표했다.

19 벤 야콥슨은 중국 노팅엄 대학의 체리 장(Cherry Y. Zhang) 교수와 2018년에
    또 다른 논문 「핼러윈 지표, 5월에 팔고 떠나라: 언제 어디서나(The Halloween
    Indicator, "Sell in May and Go Away": Everywhere and All the Time)」을 발표했다.

20 타데우즈 티츠카와 피요트르 질론카의 연구 결과 인용. 나심 니콜라스 탈레
    브(차익종 옮김), 『블랙스완』, 동녘사이언스, 2008년, 258~260쪽.

21 나심 니콜라스 탈레브(차익종 옮김), 『블랙스완』, 동녘사이언스, 2008년,
    258~260쪽.

22 비즈니스포스트, "한국 애널리스트들의 분석은 왜 틀릴까", 2014년 7월 25일.

23 나심 니콜라스 탈레브(이건 옮김), 『행운에 속지 마라』, 중앙북스, 2016년,
    140쪽.

24 2011년 금융투자협회 보도자료 "증권사 애널리스트 및 리포트 현황 분석 결
    과(2011. 5. 3)"를 참조하였다. 조사 기간은 2005년부터 2010년까지 6년간이다.

25   비즈니스포스트, "한국 애널리스트들의 분석은 왜 틀릴까", 2014년 7월 25일.

26   이승희·주소현, 「애널리스트의 이익 추정과 행동재무학적 휴리스틱」, 『소비
자학연구』 제24권 제2호, 2013년 6월.

27   2011년 금융투자협회 보도자료 "증권사 애널리스트 및 리포트 현황 분석 결
과(2011. 5. 3)"를 참조하였다. 조사 기간은 2005년부터 2010년까지 6년간이다.

28   이재홍 외 2명, 「과잉 투자가 애널리스트 커버리지에 미치는 영향」, 『한국증
권학회지』 제44권 제4호, 2015년, 729~769쪽.

29   왕샤오밍(김성은 옮김), 『이기는 투자』, 평단문화사, 2012년, 298쪽.

30   유튜브 영상, "영구적 포트폴리오The Permanent Portfolio"(youtube.com/
watch?v=73CBINwjZxo).

31   한국 2.38%, 일본 0.13%, 미국 2.35%, 캐나다 1.90%, 네델란드 2.03%, 노르웨
이 2.10%로 FRED 데이터를 기준으로 하였다.

마법의 투자 시나리오

초판 1쇄 인쇄 2022년 11월 22일
초판 1쇄 발행 2022년 11월 29일

지은이 김성일
펴낸이 김선식

경영총괄 김은영
기획편집 성기병 **디자인** 윤유정 **책임마케터** 이고은
콘텐츠사업1팀장 임보윤 **콘텐츠사업1팀** 윤유정, 한다혜, 성기병, 문주연
편집관리팀 조세현, 백설희 **저작권팀** 한승빈, 김재원, 이슬
마케팅본부장 권장규 **마케팅2팀** 이고은, 김지우
미디어홍보본부장 정명찬 **홍보팀** 안지혜, 김민정, 오수미, 송현석
뉴미디어팀 허지호, 박지수, 임유나, 송희진, 홍수경 **디자인파트** 김은지, 이소영
재무관리팀 하미선, 윤이경, 김재경, 안혜선, 이보람
인사총무팀 강미숙, 김혜진 **제작관리팀** 박상민, 최완규, 이지우, 김소영, 김진경, 양지환
물류관리팀 김형기, 김선진, 한유현, 민주홍, 전태환, 전태연, 양문현, 최창우

펴낸곳 다산북스 **출판등록** 2005년 12월 23일 제313-2005-00277호
주소 경기도 파주시 회동길 490
전화 02-702-1724 **팩스** 02-703-2219 **이메일** dasanbooks@dasanbooks.com
홈페이지 www.dasan.group **블로그** blog.naver.com/dasan_books
종이 IPP **인쇄** (주)북토리 **제본** 국일문화사 **후가공** 평창피앤지

ISBN 979-11-306-9540-2 (03320)

다산북스(DASANBOOKS)는 독자 여러분의 책에 관한 아이디어와 원고 투고를 기쁜 마음으로 기다리고 있습니다.
책 출간을 원하는 아이디어가 있으신 분은 다산북스 홈페이지 '투고원고'란으로 간단한 개요와 취지, 연락처 등을 보내주세요.
머뭇거리지 말고 문을 두드리세요.